首都零售企业社会责任评价研究

唐立军　孙永波　刘文纲　编著

中国财富出版社

图书在版编目（CIP）数据

首都零售企业社会责任评价研究 / 唐立军，孙永波，刘文纲编著．—北京：中国财富出版社，2015.6

ISBN 978 - 7 - 5047 - 5736 - 4

Ⅰ.①首… Ⅱ.①唐…②孙…③刘… Ⅲ.①零售企业—社会责任—研究—北京市 Ⅳ.①F724.2

中国版本图书馆 CIP 数据核字（2015）第 122102 号

策划编辑	张 茜	责任编辑	曹保利 禹 冰		
责任印制	何崇杭	责任校对	杨小静	责任发行	斯 琴

出版发行	中国财富出版社（原中国物资出版社）	
社　　址	北京市丰台区南四环西路 188 号 5 区 20 楼	邮政编码　100070
电　　话	010 - 52227568（发行部）	010 - 52227588 转 307（总编室）
	010 - 68589540（读者服务部）	010 - 52227588 转 305（质检部）
网　　址	http://www.cfpress.com.cn	
经　　销	新华书店	
印　　刷	中国农业出版社印刷厂	
书　　号	ISBN 978 - 7 - 5047 - 5736 - 4/F · 2401	
开　　本	787mm×1092mm　1/16	版　次　2015 年 6 月第 1 版
印　　张	13.5	印　次　2015 年 6 月第 1 次印刷
字　　数	312 千字	定　价　48.00 元

前　言

近年来，企业社会责任运动已经成为经济全球化的重要特征，就我国企业而言，很多企业已经意识到企业是社会公民，不能一味追求经济利润，只关注股东权益，必须兼顾消费者、员工、政府、社区等利益相关者的利益，并履行社会责任，将其作为企业的经营理念。而大多数的研究也表明，企业承担社会责任与企业竞争力存在某种正相关的关系，但在实际中，对社会责任的认识还停留在一个浅层次的水平上，更由于如何量化企业社会责任还没有完整的结论，很多企业自身只从片面的角度来认定其履行社会责任水平，甚至只依据企业的捐赠情况就确定企业履行社会责任的好坏。与此同时，外界对企业的评价更多地局限于经济责任。显然，这两种评价模式都是不完整的，因此，我们必须对企业履行社会责任的内涵进行深入剖析，尤其对零售企业而言，建立适合其发展特征的企业社会责任评价体系，也是研究目的所在。

就建立零售企业社会责任评价体系而言，在理论及现实方面均有重要意义。

就其理论意义来说，目前，对企业社会责任的内涵研究已经比较成熟，但是如何对企业社会责任进行评价研究还很少，特别是针对零售企业的社会责任评价体系更是廖若晨星。因此，本书试图建立针对零售企业的社会责任评价体系，可以在一定层面上细化该理论的研究，通过各方面的综合评价，全方位了解零售企业履行社会责任状况。

就其现实意义来说，社会责任被认为是企业品牌竞争的软实力，但据中国社会科学院经济学部和社会科学文献出版社在 2014 年 11 月 13 日共同发布的《企业社会责任蓝皮书（2014）》可知，零售企业社会责任发展指数平均仅仅为 18.8 分，整体处于"旁观者"阶段，70％以上的企业社会责任意识还很淡薄。通过建立完善的零售企业的社会责任评价体系，可以客观地反映企业履行社会责任的情况，公正地对外发布，由此可以使企业明确其承担社会责任的具体方面，哪方面需要保持，哪方面需要改进，哪方面需要建立，从而强化企业履行社会责任意识，促进企业履行社会责任。尤其是针对零售企业而言，对社会责任的履行还处于不成熟阶段。通过社会责任评价体系的建立，切实促使零售企业应用此体系检测自身社会责任履行情况，并在其薄弱方面巩固加强。

构建客观、公正的零售企业社会责任评价体系，就企业内部而言，有利于改变企业内部管理者的社会责任意识。业界普遍认为，零售业属于微利行业，竞争优势更多依靠成本领先来获得，但事实上履行社会责任将有利于企业获得更长久的竞争力。就企业外部而言，有利于政府加强监督，以社会责任评价体系要求企业履行社会责任，形成良好的社会风潮，推进社会和谐发展。

总体而言，建立适合零售企业自身行业特点的社会责任评价体系，符合科学发展观要求，使企业目标和社会目标一致，经济效益和社会效益兼顾。而目前国内关于零售企业的社会责任评价体系研究很少，多为指导性意见，具有概括性，没有针对性，因此构建零售企业的社会责任评价体系就显得异常重要。

北京工商大学企业社会责任管理研究团队基于上述研究背景及自身使命，申报获批北京市教育委员会科技创新平台——首都零售企业社会责任研究与评价中心创建及管理研究项目，从零售企业社会责任评价指标体系研究入手，系统研究了构建零售企业社会责任评价指标体系的理论依据，零售企业社会责任内容及评价维度，零售企业社会责任评价指标体系的构建，零售企业社会责任评价指标体系的应用。从首都零售企业社会责任管理体系研究与构建展开研究，分析了首都地区零售企业社会责任发展的历史与现状，构建首都零售企业社会责任管理体系。进而论述我国零售企业社会责任实现机制，分析了我国零售企业社会责任实现的状况及原因，我国零售企业社会责任实现机制的建立目标、原则与内容体系，我国零售企业社会责任实现机制的构建措施。进一步研究了零售企业社会责任报告编制流程及评价。最后以国有、外资、民营零售企业社会责任案例进行了实证研究。

全书展现的是项目研究的主要成果，由项目主持人唐立军教授拟定项目研究思路、研究计划与内容体系，组织多次调研、讨论和交流，指导研究团队成员开展专题研究并完成项目研究成果。各章的写作分工如下：第一章由李彩、孙永波执笔，第二章由李振国、孙永波执笔，第三章由周佳、唐立军执笔，第四章由孙永波、刘文纲、高雪执笔，第五章由高雪、杨清桃、孙永波、唐立军执笔。唐立军、孙永波负责统稿。

本书作为相关课题研究成果的集结，在结构体系、研究内容、学术观点及写作风格上存在浅薄与不足之处在所难免，恳请各位专家批评指正！在项目研究过程中，得到北京翠微集团等多家零售商业企业领导和员工的参与支持，本书写作过程中也参考了许多专家学者的观点与研究成果，在此一并表示真诚的感谢！

作　者

2015 年 4 月

目 录

第一章　零售企业社会责任评价指标体系研究

一、绪论

（一）研究背景、目的及意义

1. 研究背景

近年来，企业社会责任的研究越来越广泛地受到国内外社会的关注。国际上，早在 1997 年，美国社会责任国际组织（Social Accountability International，SAI）就制定了全球第一个可用于第三方认证的社会责任标准，即为 SA 8000 社会责任国际标准（Social Accountability 8000 International Standard，SA 8000），其主要内容包括童工、强迫劳动、健康与安全、歧视、结社自由、集体谈判权、工作时间、工作报酬八个方面，该标准适用于世界各地各行各业，旨在规范符合社会责任标准的采购活动，改善全球工人的工作条件，最终达到公平的工作环境。社会及伦理责任研究所（Institute of Social and Ethical Accountability）（1999）发布 AA1000S 框架，此框架重点关注财务报表、审计报告及社会伦理报告，特别是围绕公司股东而制定的责任标准。而国际标准化组织（International Standard Organization，ISO）2004 年 6 月决定开发一个"社会责任"国际标准化组织指南标准，该标准需适用于包括政府在内的所有社会组织，编号为 ISO 26000，2011 年 11 月，该标准正式出台。当然，就社会责任标准而言，远远不止 SA 8000、ISO 26000 两项标准，还包括其他社会责任标准体系，但正是这些标准的出台，将相关理论学者及实践工作者的关注点集中到如何对企业社会责任进行评价上。

2006 年 1 月 1 日，《中华人民共和国公司法》修订版正式实行，并明确规定企业需承担社会责任。同年 3 月 10 日，国家电网公司发布企业社会责任报告，这是我国国企首次向外发布社会责任报告。2008 年 1 月，国资委发布《关于中央企业履行社会责任的指导意见》，该《意见》不仅提出央企实行社会责任的指导思想、总体要求及基本原则，还明确了基本内容及实施措施。2014 年 6 月 17 日，《中国企业社会责任评价准则》在京隆重发布，该评价准则包含"道德伦理、质量安全、科技创新、透明诚信、消费者权益、股东权益、员工权益、能源环境、和谐社区、责任管理"10 个一级评价指标，以及"健康的商业价值伦理、产品质量认证、诚信经营、消费者保护、投资者良好关系、和谐劳动关系、环境保护措施、慈善捐赠、有社会责任感的企业文化"等 63 个二级和三级评价指标，这是由中国企业评价协会联合清华大学社会科学学院联合创新起草，并借鉴国内外已有的研究和实践经验，经过近两年的反复讨论、研究和试测最终起草发布的。① 近年来，中欧企业社会责任圆桌论坛、中国企业社会责任报告国际研讨会等企业社会责任专题会议的多次开展，金蜜蜂企业社会责任（CSR）发展中心、中国社会科学院经济学部企业社会责任研究中心等研究所对企业社会责任的深入研究，都意味着中国企业开始认识到企业履行社会责任的重要性，但就我国理论界而言，更多的研究还是体现在企业社会责任内涵上，而对企业社会责任评价指标的研究处于起步阶段。企业社会责任评价指标体系，是企业需遵循的行动准则，也是企业履行社会责任的行动指南。事实证明，在结合企业自身能力的情况下，企业履行社会责任与最终获得收益成正比关系，适当地履行社会责任，企业公众形象就好，最终获得的经济及社会收益就好。对于零售企业而言，尽管国内关于社会责任的研究已经开始增多，但是零售企业履行社会责任意识比较淡薄。11 月 13 日，中国社科院发布了《企业社会责任蓝皮书（2014）》，其中表明，零售企业的社会责任指数在 20 分以下（18.8 分），仍处于旁观阶段，在电力行业（65.1 分）、通信行业（64.9 分）、特种设备制造行业（52.1 分）、银行业（50.9 分）等 14 个行业中相对落后，并且发布企业社会责任报告的零售企业也屈指可数。

构建客观、公正的零售企业社会责任指标体系，就企业内部而言，有利于改变企业内部管理者社会责任意识，业界普遍认为，零售业属于微利行业，竞争优势更多地依靠成本领先来获得，但事实上履行社会责任将有利于企业获得更长久的竞争力。就企业外部而言，有利于政府加强监督，以社会责任指标评价体系要求企业履行社会责任，形成良好的社会风潮，推进社会和谐发展。

总体而言，建立适合零售企业自身行业特点的社会责任评价指标体系，符合科学发展观要求，使企业目标和社会目标一致，经济效益和社会效益兼顾。而目前国内关于零售企业的社会责任指标体系研究很少，多为指导性意见，具有概括性，没有针对性，因此构建零售企业的社会责任评价指标体系就显得异常重要。

2. 研究目的及意义

近年来，企业社会责任运动已经成为经济全球化的重要特征，就我国企业而言，很多企业已经意识到企业是社会公民，不能一味追求经济利润，只关注股东权益，必须兼顾消费者、员工、政府、社区等利益相关者的利益，并履行社会责任，将其作为企业的经营理念。而大多数的研究也表明，企业承担社会责任与企业竞争力存在某种正相关的关系，但在实际中，对社会责任的认识还停留在一个浅层次的水平上，更由于如何量化企业社会责任还没有完整的结论，很多企业自身只从片面的角度来认定其履行社会责任水平，例如，只依据企业的捐赠情况就确定企业履行社会责任的好坏，与此同时，外界对企业的评价更多局限于经济责任，显然，这两种评价模式都是不完整的，因此，我们必须对企业履行社会责任的内涵进行深入剖析，尤其对零售企业而言，建立适合其发展特征的企业社会责任评价指标体系，也是研究目的所在。

---

① 资料来源：http://finance.sina.com.cn/hy/20140617/144819438021.shtml。

就建立零售企业社会责任评价体系而言，在理论及现实方面均有一定的意义。

就其理论意义来说，目前，对企业社会责任的内涵研究已经比较成熟，但是如何对企业社会责任进行评价的研究还很少，特别是针对零售企业的社会责任指标评价体系更是廖若晨星。因此，本课题试图建立针对零售企业的社会责任指标评价体系，可以在一定层面上细化该理论的研究，通过各方面的综合评价，全方位了解零售企业履行社会责任状况。

就其现实意义来说，社会责任被认为是企业品牌竞争的软实力，但据中国社会科学院经济学部和社会科学文献出版社在2014年11月13日共同发布的《企业社会责任蓝皮书（2014）》可知，零售企业社会责任发展指数平均仅为18.8分，整体处于"旁观者"阶段，70％以上的企业社会责任意识还很淡薄。通过建立完善的零售企业的社会责任指标评价体系，可以将企业履行社会责任的情况进行客观反映，公正地对外发布，由此可以使企业明确其承担社会责任的具体方面，哪方面需要保持，哪方面需要改进，以及哪方面需要建立，从而强化企业履行社会责任意识，促进企业履行社会责任。尤其是针对零售企业而言，对社会责任的履行还处于观摩状态，但其发展对国民经济而言，具有一定的支撑作用，通过社会责任指标体系的建立，切实能够使零售企业应用此体系检测，并在其薄弱方面巩固加强。

（二）文献综述

1. 企业社会责任定义研究

对企业社会责任定义的把握是研究企业社会责任的基础，下面从国外和国内两方面对此展开讨论。

大多数学者都认为，社会责任概念起源于美国，奥利弗·谢尔登（Oliver Sheldon，1924）在《管理的哲学》中提出，企业社会责任需要考虑公司产业内外各界人士的需要，并认为企业社会责任包含道德因素，由此，对企业社会责任的研究拉开了帷幕。1953年，享有"公司社会责任之父"之称的霍华德·鲍恩（Howard R Bowen）在其著作《商人的社会责任》中正式提出企业必须承担社会责任，自此开拓了现代企业的社会责任研究领域。随着经济社会的变迁，社会责任的定义还没有完全统一的标准，并出现了分歧，主要差别是关于社会责任具体内容及是否分层两方面，主要包括同级观和层级观。

就同级观而言，伊尔斯和沃尔顿（Eells & Walton，1961）提出社会责任是"当企业与社会发生互动时产生的问题及治理企业和社会关系的道德准则"。麦克奎尔（McGuire，1963）提出"社会责任假定企业不仅仅包含经济责任和法律责任，还有超越这些义务的社会责任"。沃蒂克和科克伦（Wartick & Cochran，1985）认为企业社会责任包含经济责任、法律责任、道德责任及其他责任。世界经济论坛（2003）指出，企业社会责任包括四方面：一是优秀的公司治理及道德标准；二是人的责任，包括员工安全、就业机会均等、薪酬公平等；三是环境的责任，包括维护环境质量、应对气候变化、保护生物多样性等；四是对社会的广义贡献，例如向贫困地区提供水、能源、医药等。就层级观而言，典型的代表是卡罗尔（Carroll，1979）提出的金字塔模型与美国经济发展委员会（Committee for Economic Development，CED）（1971）提出的同心圆模型。

Carroll 的金字塔模型主要从企业的角度考虑先后次序及重要性，认为社会责任是一个结构成分，包含在特定时期社会对经济组织的经济、法律、伦理和慈善四方面的期望，图 1-1 很好地诠释了此含义。

而同心圆模型阐述的企业社会责任思想包含三层，内圆表示企业的基本责任，中间圆是指企业对其可能影响的社会、环境变化承担责任，外圆则是更大范围推动社会进步的其他无形责任。如图 1-2 所示。

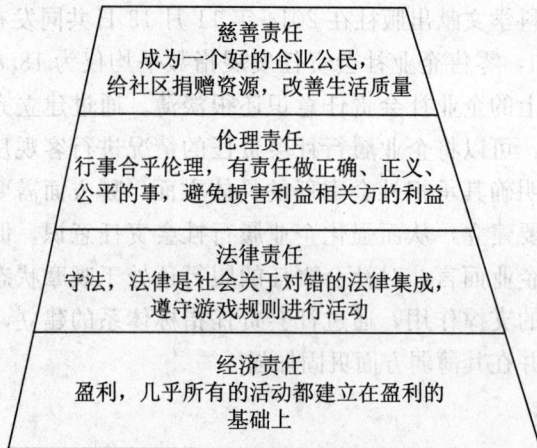

慈善责任
成为一个好的企业公民，
给社区捐赠资源，改善生活质量

伦理责任
行事合乎伦理，有责任做正确、正义、
公平的事，避免损害利益相关方的利益

法律责任
守法，法律是社会关于对错的法律集成，
遵守游戏规则进行活动

经济责任
盈利，几乎所有的活动都建立在盈利的
基础上

图 1-1　Carroll 的金字塔模型

新兴而未定型的责任

履行经济责任时，应顾及
改变社会价值和优先顺序

产品、工作
和经济增长

图 1-2　CED 的同心圆模型

关于企业社会责任的研究，国内起步较晚，对于企业社会责任的理解远远没有西方学者成熟，但目前已对社会责任做了大量研究，并形成了各种不同的观点。王明洋（1989）最早将企业社会责任定义为企业为了所在社会的全面且长远的利益，必须关心并全力履行的义务，表现为对社会的适应以及发展的参与。袁家方（1990）指出，企业社会责任是在其争取自身的生存与发展的同时，面对社会需要及各种社会问题，为维护国家、社会及人类的根本利益，必须承担的义务，其主编的《企业社会责任》从消费者、自然资源、能源等层面分析企业社会责任，为后来的企业社会责任研究奠定了一定的基础。王志平（1996）认为，企业社会责任"主要是指企业及其活动对社会的安全、进步承担义务和责任。而这种义务和责任，需通过消费者、员工、营销环境承担义务的责任来实现"。陈炳富（2000）将企业社会责任理解为支持公益事业，如赞助慈善活动等。著名法学家卢代富（2002）指出，企业社会责任就是指企业在追求利润最大化之外所承担的维护及提高社会利益的义务，其责任包括雇员的责任、对消费者的责任、对债权人的责任、对环境及资源保护与合理利用的责任、对所在社区经济发展的责任、对社会福利和社会公益事业的责任。张彦宁（2004）认为企业社会责任从广义的角度来讲，包括社会的经济责任、道义责任、社会公德及对整个社会的影响，具体包括职工安全卫生、劳动条件、工资报酬、工作时间、禁用童工、严禁性别歧视、保障人权等。周祖城（2005）认为：企业社会责任是指企业应该承担的，以利益相关者为对象，包含经济责任、法律责任和道德责任在内的一种综合责任。高勇强（2009）认为，要对企业社会责任的定义达成一致是很困难的事。他认为可以把企业社会责任比作一个连续的光谱，光谱的一端是股东利益最大化，是最低的社会责任；光谱的另一端是社会利益最大化，代表最高的社会责任；光谱的中间是股东与其利益相关者之间利益的均衡，是接近现实的社会责任观点。李伟阳（2011）认为企业社会责任是指在特定的制度安排下，企业追求在预期存续期内最大限度地增进社会福利的意愿、行为和绩效。企业应从企业视角和社会视角两方面建立企业社会责任实践逻辑。刘娜（2013）认为企业社会责任是可持续发展思想的角色化表现。可持续发展观下的企业社会责任实践是社会责任期望管理、企业经营需求管理以及社会责任实践整合三个方面的综合体现。辛杰（2014）提出非正式制度是被忽略的企业社会责任管理变量，非正式制度嵌入视角下的企业社会责任自律与型构包括：塑造道德自律、形成企业家群体共享的责任价值观和信仰、充分发挥第三方组织与舆论的他律作用、发展低碳经营模式、塑造企业社会责任文化五个方面。

从企业社会责任的定义来看，所包含的实质内容并无本质差别，仅是研究出发点有所不同，有狭义和广义之分，有同级和层级观之分，而本课题展开的研究是基于广义的企业社会责任，从利益相关者的角度阐述零售企业的社会责任，并建立与其相关的社会责任指标体系。

2. 企业社会责任评价研究

尽管学术界对社会责任的关注已经有上百年的历史，但是对于社会责任指标评价体系的研究大概始于20世纪70年代，对企业绩效评价由经济绩效开始向社会绩效转变，当时，最广为应用的社会责任评价方法主要有声誉指数法和内容分析法。声誉指数法主要通过专家学者对企业履行社会责任状况进行主观评价，得出企业声誉并进行排序。此方法应用最早的是美国经济委员会在1975年对造纸业24家公司控制污染的表现进行排序。而内容分析法是通过对企业发布的各种报告及文件分析每个项目的数值，从而得出对公司的评价。显然，这两种方法都有明显的缺陷，无法真实反映出企业履行社会责任的状况。

从 20 世纪 80 年代开始，一些西方学者克服上述两种方法的缺陷，基于利益相关者的角度相继提出了不同的评价模式，其中最有代表性的是美国学者杰弗里·索南费尔德（Jeffrey Sonnenfeld，1982）提出的外部利益相关者评价模式和加拿大学者克拉克森（Clarkson，1995）提出的 RDAP 模式。

外部利益相关者模式主要从社会敏感性的角度出发，以 6 家林业企业作为调查对象，向其利益相关者发放问卷，包括政府监管员、专家学者、工会领导、投资家、环保维护者、行业协会研究员等，采用定量分析方法对企业履行社会责任进行综合评价。该模式的优点是通过外部利益相关者评价企业履行社会责任状况，不仅提高了外部利益相关者维护自身利益的权利，同时也可以让企业自身了解其履行社会责任的行业地位，考虑其利益相关者的社会敏感度，指导企业如何分配企业资源，最终促进相互沟通。但其缺陷在于没有考虑内部利益相关者——企业职工，并且评价的七个维度无权重之分。

RDAP 模式认为应该从利益相关者的角度考虑，包括股东、债权人、员工、顾客、供应商等利益相关者，收集相关证据，进行定性分析，对企业的利益相关者管理战略进行归类，分为四大类型，如表 1-1 所示。

表 1-1　　　　　　　　　　　　　　　RDAP 模式

类型	对待社会责任的态度	社会责任行为
对抗型	否认责任	尽量不履行
防御型	承认但消极对抗责任	尽量少履行
适应型	承认并接受责任	只对要求的履行
预见型	预见责任	比要求的多履行

此模式的优点是包含了全方位的利益相关者，从权力的角度进行评价，但缺陷在于采用定性分析，无法对同一类型的企业进行精确比较，且利用的数据多来自于企业内部，真实性有待进一步考证。

到 20 世纪 90 年代以后，企业社会责任运动蓬勃发展，出现了各种各样的社会责任评价体系，例如社会投资机构（Kinder, Lydenberg, Domini, and Co. Inc. KLD）（1995）从利益相关者之间的关系来评价社会责任的 KLD 指数法，即多米尼社会责任投资指数，由美国加州大学环境管理科学部顾问、原美国三菱公司总裁木内多知和美国新经济学家比尔·沙伊尔曼于 1995 年共同创建的"未来 500 强组织"的评估体系，表 1-2 涵盖了国外近期有影响力的社会责任评价指数。

表 1－2　　　　　　　　　　国外企业社会责任指数

发布时间 （年）	指数名称	发布方	发布对象	分类原则
2013	全球报告倡议组织（GRI）可持续发展报告指南（G4）	全球报告倡议组织	全球企业	战略及概况、管理方针、绩效指标及标准披露
2006	全球报告倡议组织（GRI）可持续发展报告指南（G3）	全球报告倡议组织	全球企业	战略及概况、管理方针及绩效指标
2004	《财富》100强约翰内斯堡股票交易所责任指数排名	英国受托责任研究所及企业社会责任网络咨询公司	《财富》全球500强前100名的企业	战略、利益相关者、绩效管理、公开披露和是否聘用外部独立审计
2004	约翰内斯堡股票交易所责任投资指数	富时集团和约翰内斯堡股票交易所	约翰内斯堡股票交易所的前40家公司	经济、社会、环境、公司治理
2002	英国企业商会企业责任指数	英国企业商会	英国企业商会中的大公司和道琼斯可持续发展指数中各行业中的领先公司	环境、社会
2001	富时可持续性投资指数	伦敦证交所和英国伦敦《金融时报》	英国、美国、欧洲大陆等地的100家公司	利益相关者、社会、人权、环境、供应链中的劳工和反腐败等标准
1999	道琼斯可持续发展指数（DJSI）	道琼斯公司和可持续资产管理公司	道琼斯指数所覆盖的24个国家、58个工业组织中前10%的可持续发展领域领先的公司	经济、社会、环境

中国企业评价协会联合清华大学社会科学学院经过多年研究，反复讨论和试测起草发布了《中国企业社会责任评价准则》。这些成果是基于早期的国内学者对构建符合我国国情的企业社会责任指标体系作出的巨大努力。

马学斌、徐岩（1995）第一次利用层次分析法与线形插值原理，构建定量判断的科学评价模型，突破了传统的定性研究方法，建立了科学有效的评价社会责任的指标体系，并以代表性的大型制造企业作为参照验证了评价体系的可行性。李富平、宋爱东（1997）

从矿山企业这个特殊行业出发，利用层次分析法和灰色系统理论的综合测量法，从国家、职工、能源、社区、生态五方面构建了矿山企业的社会责任评价指标体系，并以唐钢石人沟铁矿 1987—1994 年的数据进行实证分析，评价该企业的社会责任履行状况。贾生华、陈宏辉和田传浩（2003）共同发表的"基于利益相关者理论的企业绩效评价——一个分析框架和应用研究"探讨了企业社会责任的财务评价问题。李立清（2006）采用问卷调查的方式，对湖南省涉及工业制造、石油化工等九种重要类型的工商行业的 293 家企业进行实证研究，从劳动者权益保障、人权保障、社会责任管理、商业道德与社会公益五个维度设置指标，由企业根据自身情况进行打分，并采用主观赋权法，由来自不同领域的 46 位专家给出权数，通过频度分析确定指标权重，最终采用模糊综合评价法对企业社会责任履行状况进行评价。王丽萍、施婵娟、林奇英（2007）以农药企业该特殊行业作为研究对象，从经济效益、员工权益、产品质量、创新能力、售后服务、社区关系、环境保护、慈善公益八个维度出发设置指标，采用层次分析法确定子目标及其指标权重，并提供了企业之间横向比较与单个企业纵向比较两种情况下的具体评价方法。熊勇清、周理（2008）第一次对传统的社会责任评价方法——层次分析法表示质疑，指出此方法无法解决指标之间重复评价信息的问题，而因子分析法可以在一定程度上考察指标之间的相互关系。赵杨、孔祥纬（2010）提出以"分项评价"代替"总体评价"，评价指标体系中既包括客观性指标，也包括半客观性指标和否决性指标，使企业社会责任评价结果更加客观和科学，这种评价方法明确了企业承担企业社会责任的侧重点。买生（2012）等人在企业社会责任评价指标中引入了科学发展观，并构建了熵权－TOPSIS 法企业社会责任评价模型。经过实证分析结果表明，引入科学发展观的企业社会责任评价体系更能客观地表征企业承担社会责任的水平。解江凌（2014）等人提出评价企业社会责任报告质量的 7 个指标，包括完整性、可比性、可靠性、可读性、实质性、平衡性和时效性，以提高越来越多的企业社会责任报告的质量以及规范独立第三方的认证机构正确出具企业社会责任报告鉴证意见。

正是在学者研究的基础上，国内才产生了一些有影响力的企业社会责任评价体系，包括胡润系列评价体系、中国企业家协会评价体系、中国社会工作者协会企业公民委员会评价体系、《南方周末》系列评价体系、中国公益时报社评价体系等。

总体而言，关于企业社会责任的研究已经进入了快速发展的阶段，尽管目前的主流还是从利益相关者的角度来研究企业社会责任，但部分国外学者已经开始从企业公民的角度来研究社会责任。而指标体系和评价方法都有一定的局限性，随着社会经济的变迁，也会相应改变，同时也要考虑地区差异、行业差异，建立真正适合企业特征的指标体系。

（三）研究框架及方法

1. 研究框架

本章结构共有六部分，其中第三、第四两部分是本章研究的核心内容。

第一部分：绪论。主要论述研究背景、研究目的及意义，并对国内外社会责任评价研究现状进行简要阐述，最后提出研究框架及研究方法。

第二部分：介绍研究理论依据，包括利益相关者理论、社会契约理论及交易费用理论，并对目前存在的较为广泛应用的国内外社会责任评价体系进行归纳整理，作为本章构建社会责任评价指标体系的参考依据。

第三部分：基于上述内容的研究，阐述零售企业承担社会责任的具体内容，并着重从利益相关者的角度确定零售企业进行社会责任评价的维度。

第四部分：本章的核心内容，具体构建零售企业社会责任评价指标体系。包括构建社会责任指标体系的原则，选取指标并进行解释，利用层次分析法确定权重，并根据模糊综合评价法构建零售企业社会责任评价模型，从而建立适合零售企业的社会责任评价指标体系。

第五部分：运用上述构建的零售企业社会责任评价指标体系，选择苏宁电器股份有限公司进行应用研究，对苏宁电器履行社会责任的实际状况从整体及具体层面进行评价，从而验证所建立社会责任指标评价体系的可操作性。

第六部分：分析本章研究的具体内容，得出结论，并对研究不足之处进行阐述，表明以后进一步的研究方向。

具体可以用图1-3来表示。

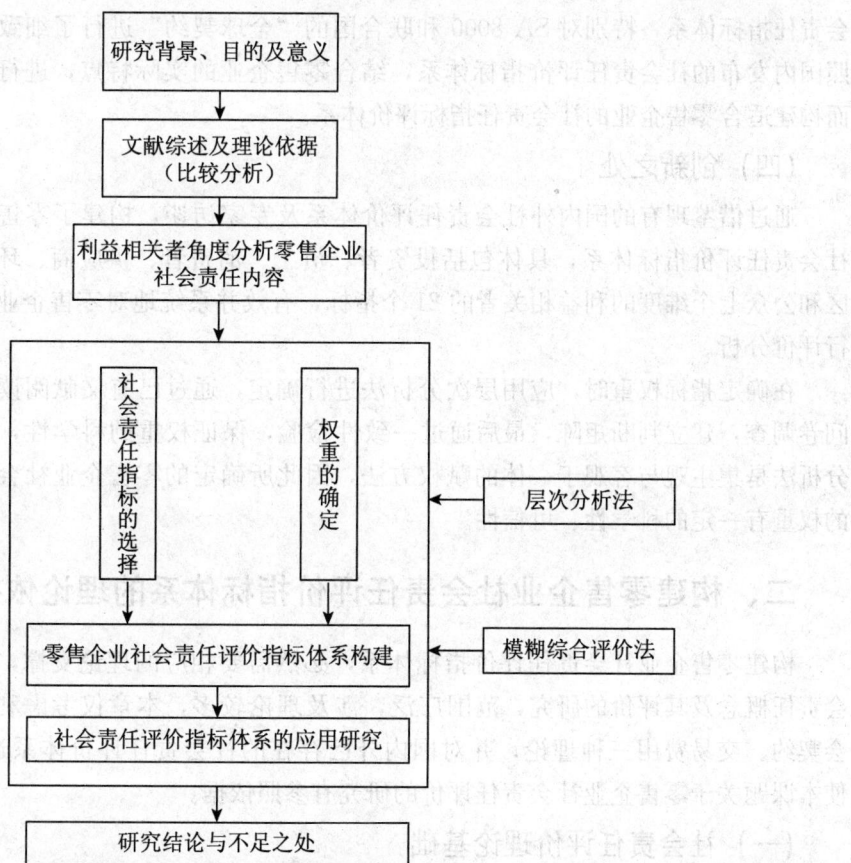

图1-3　研究流程

2. 研究方法

（1）文献调查法。本章将通过对期刊、硕博论文集、报纸、重要会议纪要、书籍、视频等可以获取文献的途径，获得对国内外关于此课题即社会责任评价指标体系的理论及实践方面的研究，从而明确研究现状，并在此基础上进行深化研究。

（2）访谈法与问卷调查法。本章将通过对社会责任评价研究有较深造诣的高校工作者、科研机构工作者、零售企业负责人等在内的专家进行访谈，并通过问卷调查，确定选取零售企业社会责任评价具体指标，并对零售企业社会责任维度进行打分确定权重，最终对苏宁电器的社会责任履行状况进行打分，最终建立符合行业特征的社会责任评价指标体系。

（3）案例分析法。通过研究零售企业有代表性的案例，选择苏宁股份有限公司，对构建的零售企业社会责任评价指标体系进行应用研究，对苏宁电器整体及其利益相关者的具体方面进行分析评价，从而使理论与实践相结合并使论题更具有实操性，从而验证该指标体系的可行性并进行推广应用。

（4）比较分析法。为构建符合行业特征的零售企业的社会责任评价指标体系，必须对现存的指标体系进行分析，作为参考依据，本课题分析了国内外较广泛应用的社会责任指标体系，特别对 SA 8000 和联合国的"全球契约"进行了细致的分析，并参照国内发布的社会责任评价指标体系，结合零售企业的实际特点，进行对标分析，从而构建适合零售企业的社会责任指标评价体系。

（四）创新之处

通过借鉴现有的国内外社会责任评价体系及专家访谈，构建了零售企业本行业的社会责任评价指标体系，具体包括投资者、员工、消费者、供应商、环境、政府、社区和公众七个维度的利益相关者的 21 个指标，有效并系统地对零售企业的社会责任进行评价分析。

在确定指标权重时，应用层次分析法进行确定，通过已有文献阅读及向专家进行问卷调查，建立判断矩阵，最后通过一致性检验，保证权重的科学性，正是因为层次分析法是集主观与客观于一体的赋权方法，因此所确定的零售企业社会责任指标体系的权重有一定的科学性、可信性。

二、构建零售企业社会责任评价指标体系的理论依据

构建零售企业社会责任评价指标体系，必然需要相应的理论支撑，而关于企业社会责任概念及其评价的研究，范围广泛，涉及理论较多，本章仅考虑利益相关者、社会契约、交易费用三种理论，并对国内外已存在的社会责任评价体系进行统计分析，使本课题关于零售企业社会责任评价的研究有参照依据。

（一）社会责任评价理论基础

1. 利益相关者理论

利益相关者理论（stakeholder theory）的研究最早由美国斯坦福研究院提出，从

对传统股东至上的理论的质疑中发展起来，该理论为社会责任的研究提供了理论支持。利益相关者概念的发展过程可以分为三个阶段。第一阶段是20世纪60年代，属于提出阶段。美国学者安索夫（Ansoff，1965）最早将该词条引入管理学界，他认为"要制定一个理想的企业目标，必须综合平衡考虑企业利益相关者之间相互冲突的索取权，他们可能包括股东、管理人员、供应商、工人、分销商"。此时人们意识到企业的生存关系到除股东以外的其他利益关系人。第二阶段是20世纪80年代，属于拓展阶段，在此阶段最具代表性的观点是美国学者费里曼（Freeman，1984）提出的广义的利益相关者的概念，他认为利益相关者是任何可以影响企业目标实现或被企业达到目标影响的群体或个人，这样，股东、债权人、员工等这些主体必然纳入此概念，公众、社区、环境等对企业可以造成直接或间接影响的群体或个人也纳入该体系。第三阶段是20世纪90年代以来，属于深化阶段。英国学者克拉克森（Clarkson，1995）提出，利益相关者是对企业的过去、现在及将来的活动拥有或主张所有权及利益的个人或群体，在此他强调了利益相关者和企业的关联性，同时也强调了专用性投资，在此基础上，将利益相关者概念分为两层，即一级利益相关者（primary stakeholders）和二级利益相关者（secondary stakeholders）。前者是企业要想持续生存必须拥有的人，包括股东、债权人、员工等；后者是指对企业生存有影响或者受企业影响的人，但不是必需的，例如媒体及其他利益集团。

利益相关者的概念自提出以来，学术界对其概念尚没有统一的认可，分类的标准不同，有学者认为是同一层级，也有的学者认为是需分层级，但是基本都包含以下方面。如图1-4所示。

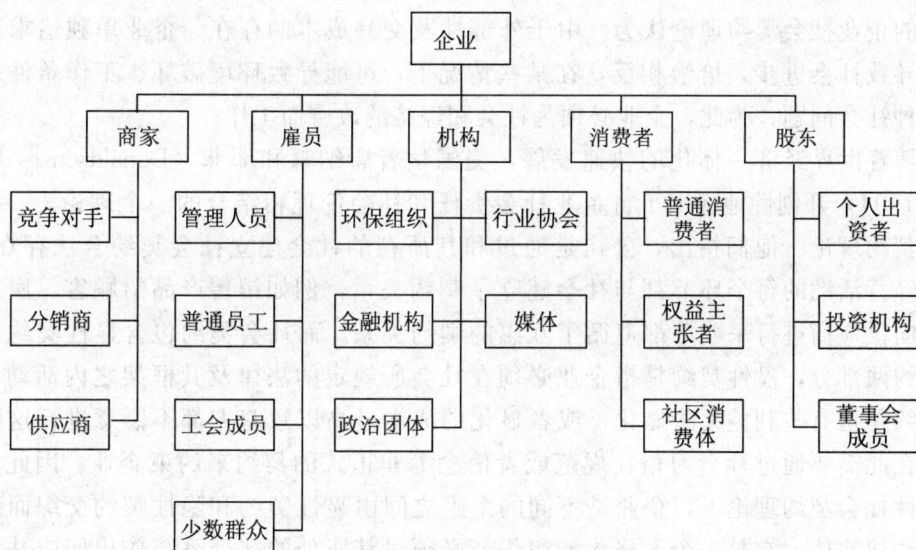

图1-4 企业利益相关者的内容

当然，该理论的提出在实践应用过程中也遇到了各种各样的问题，需要我们深入研究，但不管企业利益相关者如何分类，其本质内涵都是一致的，现代企业的运行正是由企业和其利益相关者组成一个相互联系、相互影响的社会契约体共同发展的，而该理论的提出及发展意在表明企业要获得长足发展，制订企业战略规划及进行企业战略决策等企业行为时，必须同时兼顾利益相关者的利益，使各方的利益能够达到一种平衡，即要承担对各利益相关者的社会责任，使得企业能够得到支持，不断发展。

2. 社会契约理论

关于企业的社会契约理论，指企业处在社会期望中，必须遵循社会建立的指导标准。社会契约理论的发展经历了古典社会契约理论、企业社会契约理论及综合的社会契约理论三个阶段。

古典社会契约理论起源于 16~17 世纪，是近代对西方国家社会文化产生极大影响的一门学说，此时，洛克、霍布斯、卢梭是具有代表性的资产阶级思想家。他们指出可以采用社会契约理论来说明国家产生的原因，国家存在的正当性、合法性，可以说社会契约是理想的社会状态，是现代社会的道德基础。

直到 20 世纪 30 年代，著名的英国经济学家罗纳德·科斯（Ronald Coase，1937）发表了论文《企业的本质》，提出企业契约理论，自此，该理论成为企业理论的主流解释。随着经济的发展，特别是到了 20 世纪 80 年代，企业契约理论不断深化，托马斯·唐纳森（Thomas Donaldson）指出，企业同社会提出了一个契约，企业应对给其提供条件的社会承担社会责任，与此同时，社会也应对企业发展承担责任。传统的企业社会契约理论认为，企业追求利润最大化是经济发展的动力，其基本任务就是为了追逐利润而提供产品或服务，同时承担社会责任及为社会做出贡献。而发展的企业社会契约理论认为，由于外部性及交易成本的存在，企业单独追求利润不能导致社会进步，恰恰相反，在某些情况下，可能导致环境破坏、工作条件恶化等种种社会问题，为此，企业必须为社会和经济的改善而工作。

随着世界经济一体化的快速发展，美国学者唐纳森和邓菲（Donaldson & Dunfee，1994）开创性地提出了将企业社会责任和社会伦理相结合的一个理论——综合社会契约理论。他们指出，公司是通过和其所在的社会建立社会契约合法存在的，企业经营活动的每个环节都与社会建立了契约关系，例如销售产品给顾客、雇用员工、向供应商进行采购等都遵循了互惠的契约关系。而社会契约包含显性契约和隐性契约两部分，显性契约是指企业必须在社会所规定的法律及其框架之内活动，隐性契约是指有些利益无法显化，或者显化的成本过高以致双方都不愿意进行这种显化，在此需要通过社会习俗、规范或者信念等非正式的契约来约束企业。因此，在综合性社会契约理论下，企业是不同的个人之间由显性契约和隐性契约交织而成的一种法律实体，它是一个人格化的组织，必须对其所处的社会系统作出回应并承担相应的社会责任。当然，企业社会契约随着经济结构及社会意识形态的改变而改变，企业将遇到的挑战也会相应改变，而企业应该做的就是很好地履行社会契约，进而扩大社会福利，使企业更好地生存和发展。

3. 交易费用理论

20 世纪经济学中最重要的事件便是经济学家科斯提出的交易费用理论，而该理论的提出主要是基于《企业的性质》《社会成本问题》这两篇文献，由此，他也荣获了 1991 年的诺贝尔奖学金。

科斯指出交易费用存在于市场运营过程中，而该费用可以通过一个组织，并由某个权威来支配资源，从而达到降低费用的目的。正是由于此概念的提出，我们可以了解到，企业的社会责任就是要解决企业与社会之间的矛盾与协调等问题，主要表现在两个方面，一方面是如何解决社会成本与企业成本的权衡问题，另一方面是企业如何解决自身分配中的协调问题。

在企业的经营活动中引入交易理论，因为社会成本与企业成本之间存在一定的矛盾，若过于重视企业成本，一味降低企业成本，则社会成本就会不断上升，损害社会公益，由此社会组织及群体就会抵制企业，最终使企业经营受到阻碍，交易费用攀升。因此企业要获得健康发展，必须综合考虑企业成本与社会成本，找到合适的平衡点。而关于企业自身分配中的协调问题，如果企业能够合理承担并妥当解决相关的社会责任，则能使交易费用不断降低，从而使企业获得收益。

企业的交易费用之所以产生是因为企业同其利益相关者之间有各种各样的契约关系，企业履行契约的过程也就是承担社会责任的过程。企业履行契约可以不断降低交易费用，而降低的这些交易费用来源于五方面：①企业风险降低，因为企业积极承担社会责任，与利益相关者矛盾较少，不会因为损害利益相关者的利益使企业获利，从而使企业能够与利益相关者共同协调发展；②品牌价值提升，现代社会越来越强调社会责任的承担问题，如果有效承担社会责任，其品牌公信力提高，无形资产价值上升，交易费用降低，消费者愿意购买企业产品，从而最终使得企业获得健康的发展；③员工生产力提高，一个优秀的企业，必然是能适量承担社会责任的企业，员工愿意在有优秀企业文化环境的企业工作，并且会为了企业的发展作出更积极的努力，共同促进企业发展；④获得消费者更多支持，一个善于经营的企业，必然会加大对利益相关者的投入，特别是对零售企业而言，企业更愿意花精力维护消费者的利益，从而获得并保持这些优秀客户的资源，最终转化为企业的核心竞争力；⑤可以使供应商与企业的利益得到均衡，一个富有社会责任感的企业，其社会地位较好，供应商认定其有优秀的品质，信誉良好，他们认为与此类企业交易的风险比较小，与之对应的交易成本也比较小，也愿意为此类企业的善举埋单，提供更优惠的条件，最终使得企业与供应商的关系能够更加牢固，达到利益均衡。

（二）国内外主要的社会责任评价体系

1. 国外主要的社会责任评价体系

国外的评价标准首先是由政府部门提出，例如各种公约和宣言等；其次由非政府组织提出，现在广为应用的 SA 8000 就是由美国社会责任国际组织提出的；最后发展到由个别大型跨国公司自行制定其社会责任准则。尽管各种社会责任的标准很多，但其实内涵基本一致，其差别只在于侧重点有所不同，在此，本课题仅说明 SA 8000 和联合国"全球契约"。

SA 8000 指"社会责任标准",是全球第一个可以用于第三方认证的道德规范国际标准,具有通用性,不受地域、行业、公司规模等限制,现已广泛得到社会认可,其提出的宗旨是确保所在公司及其供应商能够尊重其工人的权利。其主要内容可以用表1-3来描述。

表 1-3   SA 8000

准则要素	具体内容
童工	不使用或不支持使用童工;如果发现儿童从事工作,必须救济并保障其受教育;确保童工的安全健康
强迫性劳动	不使用或不支持使用强迫性劳动;不得要求员工在受雇用时缴纳押金或扣押身份证;允许员工轮班后离开及辞职
健康与安全	提供安全、健康的工作环境;指定高层管理人员负责健康与安全;促使员工接受健康与安全培训;建立有效的防御机制;提供干净的厕所、可饮用水及食物存放设施;提供员工宿舍,保证员工可满足基本需要
结社自由及谈判权	尊重员工结社自由及谈判权利;当该权利受到法律限制时,需提供类似渠道;保证不歧视员工代表及确保员工代表可与其代表员工接触
歧视	不从事或者不支持雇用歧视;不干涉员工信奉信仰和风俗的权利;不允许性侵扰行为
惩罚措施	不支持体罚、精神或肉体威胁及言语侮辱
工作时间	需遵守法律及相关行业规定,周工作时间不得超过 48 小时;至少保证每周休息一天;加班必须是自愿性质的;需要额外支付加班工资
工资报酬	至少支付达到法定或行业最低工资标准,满足其基本需求;保证不因为惩罚因素而扣减工资;保证不以虚假培训计划逃避劳动法及社会保证条例
管理体系	制定相应政策;管理评审;保证公司代表落实政策;计划和实施;对供应商、分销商及下级供应商的监控;处理意见并采取纠正行动;对外沟通

全球契约是由联合国前秘书长安南(1991)在瑞士达沃斯世界经济论坛提出的倡议,这充分表明了企业社会责任的社会地位,其正式成立于 2000 年,旨在建立一个推动经济健康发展的全球框架,为企业、政府及其他相关组织搭建交流的平台,推行全球适用准则,从四个角度描述了十项原则,而这些原则来自于国际劳工组织的《关于工作中的基本原则和权利宣言》《世界人权宣言》和《里约原则》,其基本内容如表1-4所示。

表1-4   全球契约十项原则

表述维度	具体原则
人权	支持并尊重国际公认的各项人权 保证不参与漠视与践踏人权的行为
劳工标准	支持结社自由并承认集体谈判的权利 彻底消除强制劳动 废除童工 消除就业及职业方面的歧视
环境	对环境挑战建立预防机制 主动承担在环境方面的责任 鼓励开发与发展无害环境技术
反腐	反对一切形式的贪污、腐败,包括敲诈、行贿受贿等

此框架的提出,有助于企业员工接受伦理、道德等约束,有助于企业与包括投资者、员工、消费者等利益相关方参加各种合作项目,有助于企业与其他组织包括政府组织、非政府组织甚至国际组织建立合作关系。通过这些努力,可以使企业建立健康的企业文化,获得更多的商业机会,扩大国际知名度,从而赢得社会的广泛信赖,在全球经济快速发展的浪潮中,获得更多的优势。

2. 国内主要的社会责任评价体系

尽管国内关于社会责任评价的研究正处于起步阶段,但是仍然可以看出我国学者及社会组织机构对此作出的努力,不仅有特殊行业的企业社会责任指导意见,还包括适应于各种规模大小的规范条例,为进一步的研究奠定了基础,国内关于社会责任文件如表1-5所示。

表1-5   国内企业社会责任文件

发布时间	名称	发布方	发布对象	分类原则
2013 年 12 月	《中国中小企业社会责任指南》	中小企业合作发展促进中心等	国内中小企业	利益相关者
2011 年 3 月	《中国企业社会责任报告编写指南(CASS-CSR2.0)》	中国社会科学院等	国内企业	市场、社会、环境

发布时间	名称	发布方	发布对象	分类原则
2009 年 12 月	《中国企业社会责任报告编写指南（CASS－CSR1.0）》	中国社会科学院等	国内企业	市场、社会、环境
2008 年 1 月	《中央企业履行社会责任的指导意见》	国资委	中央企业	经济、社会、环境
2008 年 5 月	《上海证券交易所上市公司环境信息披露指引》	上海证券交易所	深圳证券交易所上市公司	利益相关者
2008 年 4 月	《中国工业企业及工业协会社会责任指南》	中国工业经济联合会等 11 家工业协会	国内工业企业	经济、社会、环境、产品
2007 年 11 月	《中国企业社会责任推荐标准和实施范例》	中国企业联合会可持续发展理事会	国内企业	员工、产品、环境、社会
2006 年 9 月	《上市公司社会责任指引》	深圳证券交易所	深圳证券交易所上市公司	利益相关者
2005 年 5 月	《中国纺织企业社会责任管理体系》	中国纺织工业协会	国内纺织企业	管理体系、员工

由表1-5可知，关于企业社会责任及评价的研究已经受到企业、行业协会、政府等部门关注，拟定了各种文件，呼吁社会关注社会责任，由此可见，关于企业社会责任的研究在我国已经有一定的基础，但我们仍然可以发现，现在公布的文件更多的是关注宏观的指标，带有很大的模糊性，针对具体行业的社会责任评价研究还很少，因此，本课题研究零售企业的社会责任评价有一定的实际价值。

三、零售企业社会责任内容及评价维度

构建零售企业社会责任评价指标体系，需综合考虑理论基础及参考依据，结合行业特殊性，明确零售企业社会责任包含的具体内容及零售企业社会责任评价的维度，在此基础上展开对零售企业社会责任履行状况的综合评价。

（一）零售企业社会责任内容

由上可知，零售企业在经营过程中，必然要履行社会责任，本课题基于社会责任内涵的研究，将零售企业履行社会责任的内容概括为经济责任、法律责任、环境责任、

伦理责任、慈善责任五个基本方面。

1. 经济责任

企业首先是一个营利性的社会组织，它是由投资者授权经营的资产而形成的企业法人所有权。传统的观念认为，必须首先以利润最大化为目标，满足投资者的利益。而在社会责任的观点下，经济责任指企业应为其利益相关者带来经济收益，构筑其长期发展的经济基础，包括尽可能为社会提供多样化的产品或服务，以公平的价格出售，提高社会资源的利用率，创造和积累企业财富等。而对于零售企业而言，特别需要尊重并公平对待其供应商和行业竞争者，因为供应商处于产业链的上游，是零售企业的根源，如果不能取得良好的合作关系，只有自己生产，那么零售企业将无法开展业务。而对于竞争者而言，因零售业销售产品的同质性较强，如果采取恶劣的竞争，不仅自身的经济损失无法预计，而且会败坏整个行业的形象，危及社会群众的正常生活。当然，保证投资者利益是企业承担各种社会责任的基础。

2. 法律责任

企业作为最基本的市场主体，如果想要获得长期稳定健康的发展，必须在法律规定的范围内开展活动。法律责任是以国家强制力而规定的一种硬性约束，是企业必须遵循的最低的社会道德标准，只有在此准绳下，企业才能寻求自身的发展。由于法律自身的层次性，企业也必须遵守国际公约、国家相关法律法规、行业的道德标准及规范，以及企业内部的规章制度，但是法律不可能解决所有社会对企业的期望，更多地需要企业自觉遵守社会公约。对零售企业而言，最基本的法律责任包括保证提供合格的产品或服务，从而确保消费者的利益不受侵害，保证员工的合法权益，促进行业良好竞争秩序的建立，依法缴纳税款，不参与或不支持腐败，不得严重污染环境等。

3. 环境责任

随着经济的蓬勃发展，其带来的环境问题也日益突出，环境属于公共资源，对它的保护及合理利用关系当代以及子孙后代的生存与发展，由此，本着公正的原则，企业的环境责任也就成为一项重要的社会责任。企业不仅首先要有强烈的环境保护意识，更需将此理念付诸实施，积极履行保护环境的社会责任，例如，积极消除自身产生的污染，美化其生产经营环境，合理利用资源，保持高度生态效率，并结合自身的生产经营活动参与到社会的环保事业当中。

就零售企业而言，在经营过程中，对照明系统、空调系统、电量监控、制冷系统四大主要系统应重点控制，尽量使用资源节约性产品，减少能量消耗，例如使用节能灯具、节水器具，控制室内温度等。在销售过程中，向消费者宣传绿色低碳的消费理念，提供绿色产品或服务，抑制过度包装，减少使用塑料袋，合理回收废旧产品，有效处理垃圾等。而在采购配送过程中，倡导绿色物流，尽量有效降低采购成本和流通费用，尽量减少二氧化碳的排放量等。

4. 伦理责任

尽管法律责任已经对企业行为有了一定的约束，但显然仅仅靠法律是远远不够的。伦理责任是社会成员共同期望或禁止的，但还没有形成法律文件的做法。作为存在于社会中的企业，必须以社会正义和人类道德规范为基础，制约其唯利是图的天性，履行维护社会和谐的伦理责任。企业伦理责任具体包括与其利益相关者相处要本着公开坦诚、诚实守信、公平合理、相会尊重的原则，形成良好的内部及外部环境，在市场经济的浪潮中稳步发展。就零售企业而言，需维护消费者权利，保证提供优质产品或服务，不牟取暴利等；需维护员工权利，保证其就业、择业的权利，按时获得报酬、休息休假的权利，享受技能培训的权利，参与公司治理的权利等；需正确对待供应商及竞争者，提倡合作，消除欺诈，共同维护健康的市场交易秩序；除按照政府规定按时缴纳税款外，还需积极配合政府并支持其他宏观调控政策，如积极分担社会公共基础设施成本等。此外，企业应积极培育健康的企业文化，促进诚信文化建设，提倡健康的生活方式及和消费理念，成为市场经济的维护者及和谐社会的建设者。

5. 慈善责任

慈善责任体现了社会公众对企业的新期望，该类社会责任是高于法律责任的，也是高于一般的伦理责任的，履行该类社会责任必然会受到社会的肯定和赞扬，但该类社会责任以企业自愿为基础，且受制于企业的经济能力。企业在自身的发展中，应结合自身情况，积极发展社会事业。企业慈善责任包含的范围颇为广泛，例如向医院、敬老院、贫困区、灾区等弱势地区进行捐助；支持教育事业发展，向高校提供奖学金，搭建校企就业合作平台，促进就业；参与预防犯罪或为其提供资金支持等。企业通过履行慈善责任，可以获得经济效益和社会效益，获得经济效益符合企业以利润为根本的经营目标，使其有形资产增值，社会效益使其无形资产增值，进一步提升了企业的核心竞争力，扩大了企业的社会影响力，同样也可以使企业有形资产增值。作为零售企业，国民经济中的基础行业，也必须结合自身能力，开展社会慈善活动，促进企业发展和社会共同进步。

总之，这五部分内容并不相互排斥，而是同时存在，它们交叉于零售企业的经营活动当中，切实将企业作为社会公民履行应尽的社会责任，维护企业形象，提升企业核心竞争力。当然，企业除履行上述五项社会责任外，还可以依据当地经济发展状况、社会风俗习惯等社会新要求履行其他相关社会责任。

（二）零售企业社会责任评价维度

明确了零售企业应尽的社会责任内容后，基于利益相关者理论，可将零售企业社会责任履行状况以具体的利益相关者为评价维度进行划分，从而细化零售企业对不同利益相关者的社会责任。

1. 投资者

在市场经济条件下，投资者与企业的关系是内部关系的主要内容，而投资方式由最初的单一模式转变为多元化的模式，如由最初的单一的货币资金投资向股票、债券、保险等投资，由此，企业投资者就分布在社会的各个领域，企业与投资者的关系也就转变为企业与社会的关系，企业需通过对投资者负责的方式来履行相应责任。

首先，企业对投资者的最基本责任是以法律为底线的，此法律责任是最基本的伦理底线，包括必须遵循《公司法》《证券法》《破产法》等相关文件，否则，就构成了企业的不道德行为。

其次，在市场经济条件下，投资者最希望获得的就是收益，最关心的是企业的投资回报率，为此，企业作为公司投资者的代理人，有为企业财产保值增值的义务，对债务人而言，需尽力提高偿债能力，降低风险，按期偿还本息，维护债权人的利益。

最后，企业有义务向其投资者提供真实、准确的经营方面的信息。投资者可以通过财务报表及公司年会了解公司的经营范围、经营业绩、资产负债、利润等情况。企业必须建立相应的机制保证提供信息的准确性，例如通过建立股东监督机制、内部控制机制、信息披露机制等提高企业的透明度，从而使企业投资者获得客观、准确的信息，保证投资者的权益不被侵害。

2. 员工

人力资源是企业资源的核心资源，一切活动的展开都必须由员工来操作，尽管企业和员工的关系首先是建立在经济契约的基础上的，但是企业也必须对员工履行相应的法律及伦理责任。作为企业内部的核心利益相关者，员工也需要积极发挥才干，努力为企业创造价值。企业最终需要对员工做到待遇留人、事业留人、感情留人，可以从以下方面展开。

首先，企业必须为员工提供安全的工作环境，保证身体健康，最大可能减少职业病的发生。这也符合马斯洛的需求层次理论，首先要满足生理上及安全上的需要。

其次，企业必须为员工提供经济利益的保障制度，员工之所以愿意留在企业，最根本的原因是他们希望获得经济收益，以维持其生存和发展。因此，企业需为员工提供合理的薪酬及福利，保证社会保险和社会公积金的缴纳，尤其在外部环境发生变化的情况下，例如，物价指数或通货膨胀水平较高的条件下，企业应为员工提供合适的补贴，保证员工的生活质量。

再次，企业需为员工提供良好的职业发展渠道，在招聘、培训、职位晋升等方面获得平等的机会，使员工能够在蓬勃向上的氛围中发展，最终达到人尽其才、才尽其用的效果。

最后，企业需为员工提供参与管理的渠道，实现自我管理向他人管理及管理企业的转变，尽管员工在企业中处于被管理的地位，但企业需要尊重员工管理的权利，从而增强其主人翁意识，最大程度地发挥其才干。

3. 消费者

随着消费者的主体意识不断加强，企业与消费者的关系由单纯的买卖关系转变为一种相互信赖的共生关系。而企业的利益依赖于消费者的利益，特别是零售企业，直接连接着生产与消费，更加需要关注消费者的利益，企业需从以下方面着手。

首先，企业要提供安全可靠的产品。消费者购买产品可能寄予了不同的期望，但最起码的意愿是需要得到安全可靠的产品。为此，消费者享有知情权、监督权、诉讼权等权利保障。

其次，企业需提供优质的服务，提高顾客满意度。现代企业的竞争越来越激烈，企业只有为消费者提供更多的附加值，培育消费者的信任度才是生存之道。例如，加强售后服务，实现缺陷产品召回制度，设置免费咨询电话等。

最后，注重营销手段，倡导健康消费观念。零售企业在销售过程中，产生的结果不仅仅是销售商品，还包括了社会效应。在现代销售观念下，以人为本的观念正不断得到强化，因此，企业在营销过程中也应积极引导消费者进行健康消费，从更深的层次尊重消费者。

4. 供应商

供应商是指直接向零售企业及其竞争者提供产品或服务的企业及分支机构、个体户，包括制造者、经销商及其他中介商，统称为供应商。供应商处于产业链的上游，尤其对于零售企业而言，其重要性不言而喻。

对零售商而言，与供应商建立良好的伙伴关系，是企业获得竞争优势的法宝之一。当然，企业在选择供应商时不仅应结合长期标准，例如供应商供货效率、服务质量、质量管理体系等，还需要考虑短期标准，例如采购价格是否适宜、是否可以及时交货、商品质量是否可靠等因素。我们认为选择供应商应本着公平、公正的原则，经过严格的甄选，零售企业需与供应商建立利益共享的战略合作伙伴关系，促进供应商履行相应的社会责任，形成与供应商共同履行社会责任的一体化战略。另外，与供应商接触最多的是商业信用问题，其具体形式包括应付账款、应付票据等，在处理该问题上，企业应把握一定的原则，保证支付率及时间，履行相关责任，不损害供应商的利益。

5. 政府

作为企业公民，企业构成了社会的细胞，而政府处于管理者的角度对该社会成员起着协调、监督和服务的作用，而不仅仅是单纯的管理和控制。在现代经济条件下，政府的职能越来越向公共服务转变，旨在为各行各业建立稳定有序的经营环境。由此，企业必须合法经营、照章纳税，因为企业通过政府以价格、税收等方式实现社会财富的重新分配，维护整个社会的安定团结，任何逃税、偷税、漏税等行为都是逃避社会责任的行为。

另外，企业还需要结合自身的情况，支持政府组织的福利及慈善事业，因为政府最终代表的是社会民众的利益，企业支持政府，也就是支持民众，为广大民众谋福利，同时也能提高自身的社会影响力，进一步提升企业竞争力，最终促进企业经济效益的提高。

6. 环境

在现代工业经济中，经济得到了快速的发展，但却是以环境的不合理开发导致的环境污染和生态不平衡为代价的，以致影响了现代人类的生存，影响了社会的可持续发展。对于环境污染，很多目光投向了高污染、高耗能的火电、水泥、钢铁、采矿等重污染行业，殊不知零售行业也是耗能大户。因此，在此背景下，零售企业履行环境责任责无旁贷。

首先，树立合理利用能源、降低能耗的观念，并付诸实施。特别是对于零售企业而言，对其空调系统、照明系统、制冷系统、电量监控系统四大主要系统要进行严格控制，做到既满足企业需求，又在一定程度上降低能耗，支持低碳行为。此外，也包括在销售和采购活动中，倡导绿色营销的观念，尽可能降低能源消耗，并保护环境。

其次，倡导绿色审计，加强自我管理。企业应考虑外部环境的经济性，自觉把保护环境作为自己的责任，为了更好地履行该责任，还需要进行严格的自我监督、自我检查及自我管理，防止危害环境的行为发生。

只有自我行动与自我监督双管齐下，才能保证企业更好地履行环境责任。

7. 社区和公众

企业作为构成社会的细胞，其发展必然离不开所处的环境，即社区。而企业与社区的关系是相互影响、不可分离的，两者只有共同促进，才能获得长期发展。所在社区的环境文化必然影响员工的价值观，而企业也必须积极参与社区的活动，促进其建设。例如，可以积极支持所在社区的文化教育事业，保证未来员工的素质；为社区消费者提供便利，从而提高顾客购买频率及品牌忠诚度；支持并发展社区公益活动，塑造企业形象等。

对公众而言，企业需要通过履行社会责任来赢得信任，有效途径就是增强社会责任透明度，适时公布社会责任履行状况。尽管社会责任在我国研究的时间并不是很长，但是社会公众对其却有了比较理性的认识，公众对履行社会责任优秀的企业比较信任，较快接受其生产的新产品或提供的新服务，信赖其品牌，并进行积极的口碑相传。

而企业所有对社区和公众履行的社会责任，都将转化为企业的无形资本，从而发挥不可估量的作用，进一步提升企业竞争力，增强品牌知名度，扩大社会影响力，使企业得到健康的、长期的可持续发展，使企业与社会形成良性互动。

通过本章的研究，我们认为零售企业必须履行社会责任，而且需要对零售企业社会责任的履行状况进行评价，因此阐述零售企业履行相关社会责任内容后，并依据利益相关者理论探讨出零售企业社会责任评价的具体维度，为构建零售企业社会责任评价指标体系奠定基础。

四、零售企业社会责任评价指标体系的构建

构建一套完整、科学合理的社会责任评价指标体系是确定和分析零售企业社会责任的关键，本部分内容拟订在上述分析基础上，结合零售企业特点，站在零售企业对利益相关者承担社会责任的角度上，选取有代表性的指标，构建能反映零售企业特性的社会责任评价指标体系。

(一) 评价指标体系建立的原则

1. 代表性原则

代表性原则指所选取指标应符合国际公约、国内外法律法规、可持续发展指导文件及其他相关规定的要求，要与零售企业的实际情况相符合，符合行业标准，特别是能够符合公众对企业的期望，能够切实反映零售企业履行社会责任的实际状况。

2. 独立性原则

独立性原则指所选取指标应定位清晰，相互独立，指标之间重复性不应太多，尽

量使相关度较弱，这样选取指标不仅可以使工作量减少，同时能更准确地反映企业履行社会责任的状况。

3. 可比性原则

可比性原则指所取指标应满足横向可比和纵向可比两方面，横向可比指的是处于同一时期的不同企业之间相互可比；纵向可比指的是同一企业可以将不同时期的数据进行比较，通过纵向比较，可以明确企业履行社会责任的水平，确定行业地位。

4. 可操作性原则

可操作性原则指在选取指标时应确认含义清楚，并且能较方便地获取数据，例如，利用企业公开发表的相关信息及企业内部现存资料，适当修正后进行定性或定量分析，方便展开评价工作。

5. 重要性原则

重要性原则指企业在选择社会责任评价指标时，不可能将企业任何活动都进行测评，而应将企业的一些关键性指标进行归纳整理，以点带面，能够比较全面地反映企业履行社会责任的状况。本课题是从利益相关者的角度衡量社会责任，每种利益相关者具体到二级指标，尽可能反映社会责任履行状况。

6. 相关性原则

相关性原则指在制定零售企业社会责任指标体系时，要与使用目的相一致，例如，制定企业社会责任指标体系是便于企业进行管理，或便于企业进行考核，切实满足使用者的要求，全方位反映企业社会责任履行状况，满足不同使用者的要求。

（二）评价指标体系构成及解释

1. 评价指标的构成

通过查阅近三年关于企业社会责任评价指标体系的论文，并参考相关社会责任国际规范，初步筛选了 38 个具有代表性的指标，在筛选过程中，为了保持研究的客观性，本课题只选择定量指标，包括财务指标及其他指标。通过对包括零售企业高管、社会机构研究员及高校教师等 20 位专家进行问卷调查，最终确定 21 个指标，如表1-6所示。

表 1-6　　　　零售企业社会责任评价指标体系

零售企业社会责任评价指标体系	利益相关者	社会责任评价指标
	投资者	股东权益报酬率
		资本保值增值率
		每股收益
		速动比率
		资产负债比率

续　表

	利益相关者	社会责任评价指标
零售企业社会责任评价指标体系	员工	员工薪酬支付比率
		员工平均薪酬增长率
		员工平均教育经费
		员工安全事故率
	消费者	销售增长率
		产品退货率
		消费者投诉率
	供应商	货币资金应付账款比率
		应付账款周转率
		合同履约率
	政府	罚项收入比
		税费上缴率
	环境	环保投资比率
		单位水电费
	社区和公众	捐赠收入比率
		就业贡献率

最终选取的指标是基于利益相关者角度，并根据专家所判定分数进行综合评分选取的，确定切实能反映零售企业社会责任评价指标体系，因此该指标体系有一定的可信性。

2. 评价指标的解释

选取零售企业社会责任评价指标后，为便于使用者实际操作，还必须对选取指标进行解释，本部分内容以各利益相关者为序，分别展开论述。

(1) 对投资者的社会责任评价指标。

①股东权益报酬率。

$$股东权益报酬率=\frac{税后盈利-优先股利}{股东权益}\times 100\%$$

零售企业对投资者履行社会责任，关键指标是获得多少收益，因此该指标可以明确反映对于股东而言的获利程度，该指标越高，表明股东利益的保障程度越高，企业履行社会责任状况越好。

②资本保值增值率。

资本保值增值率＝期末股东权益/期初股东权益

该指标反映的是企业的资本积累状况，按发展正常流程，企业会处于不断扩张的状态，因此需保证股东权益不断积累，通常该指标越高，表明企业运营能力越好，股东利益受保障程度越高。

③每股收益。

每股收益＝（本期净利润－优先股股息）/流通在外普通股加权平均数

该指标反映的是流通在外的普通股每股能获得的净收益，是股东投资状况的最直接反映，一般而言，股东每股收益越高，说明企业运营状况良好，对股东经济责任履行良好，股东也愿意继续投资该企业。

④速动比率。

速动比率＝速动资产/流动负债

企业投资者除股东以外，还包括另一方重要的投资者，即债权人，债权人投资企业是为了获得利息及按时收回本金，该指标反映的是企业短期的偿债能力，该指标越高，说明债权人利益保障程度越高。

⑤资产负债比率。

资产负债比率＝负债总额/资产总额

债权人不仅要获得短期利益，还需要保障长期收益。与此对应，企业必须保障对债权人的社会责任，包括短期和长期的社会责任，该指标表明的是企业资产中负债金额所占的比例，该指标越低，说明债权人获得偿还的保障越高，企业很好地履行了社会责任。

（2）对员工的社会责任评价指标。

①员工薪酬支付比率。

员工薪酬支付比率＝本期已付员工薪酬总额/本期应付员工薪酬总额

企业员工之所以工作，最基本的要求就是为了获得生存保障，而薪酬是获得保障的首要条件，因此企业有责任及时给员工发放工资，也说明企业遵守国家规定的劳动法规，该指标越高，说明员工权益得到保障的程度越高。

②员工平均薪酬增长率。

员工平均薪酬增长率＝（本期员工平均薪酬－上期员工平均薪酬）/上期员工平均薪酬

随着经济的不断发展，物价上涨、通货膨胀等现象的存在，使得居民的生活成本越来越高，一个对员工负责的企业，必须按经济的发展水平调整员工薪酬，因此，该指标越高，越能体现企业人性化的管理，员工幸福度越高。

③员工平均教育经费。

员工平均教育经费＝已付员工教育经费总额/员工总数

现代企业对员工的重视程度决定其发展潜力，因此对员工职业发展的培养、努力提高员工素质也成为企业履行社会责任的一方面，该指标越高，说明企业对员工的投入越高，对员工的社会责任履行程度越高。

④员工安全事故率。

员工安全事故率＝因工伤亡的员工人数/员工总数

在企业工作的员工，不可避免会遇到伤亡，企业必须尽可能降低损失，保障员工人身安全，而一旦遇到伤亡，企业必须在第一时间作出反应，做好善后工作，因此，该指标越低，越能表明员工利益的保障程度越高。

（3）对消费者的社会责任评价指标。

①销售增长率。

$$销售增长率＝（本期营业收入－上期营业收入）/上期营业收入$$

对于零售企业而言，销售额的增长在一定程度上反映了对消费者履行社会责任的好坏，因为只有为消费者提供优质的商品或服务，销售额才会增长，与消费者的关系也就越稳定。通常而言，该指标越高，说明企业对消费者的社会责任履行程度越高。

②产品退货率。

$$产品退货率＝本期退货商品数量/对应全部已销商品数量$$

零售企业处于流通行业的中转环节，在为消费者提供商品时，需严格把关，为消费者提供健康合格的商品，该指标反映了企业为消费者提供商品质量的好坏，该指标越低，说明对消费者履行社会责任的程度越高。

③消费者投诉率。

$$消费者投诉率＝本期消费者投诉数量/对应全部已销商品数量$$

消费者购买商品或接受服务是为了获得良好的购物体验及使用商品，因此，为消费者提供优质的服务也成为企业的核心竞争力，该指标反映了消费者的不满程度，其计算值越低，说明对消费者履行社会责任程度越差。

（4）对供应商的社会责任。

①货币资金应付账款比率。

$$货币资金应付账款比率＝货币资金/应付账款平均余额$$

在零售企业中，与供应商关系的优劣在一定程度上决定了零售企业的发展，作为零售企业，依赖供应商为其提供商品，而自身无法生产商品，该指标反映的是可以支付的货币资金占应付账款的比例，该指标越高，说明供应商的利益得到保障的程度越高。

②应付账款周转率。

$$应付账款周转率＝主营业务成本/应付账款平均余额$$

在零售企业中，维护与供应商的关系至关重要，而其中有一项就表现为是否能及时还款，保证供应商的利益，而该指标反映的是资金流动程度，周转越快，说明资金占用时间越短，让利给供应商的就越多，对供应商的社会责任履行程度就越高。

③合同履约率。

$$合同履约率＝（合同总量－违约合同数量）/合同总量$$

上述两个指标反映的是已经与供应商达成一致意见、保证供应商利益的指标，而此指标反映的是企业是否能够与供应商保持长期稳定关系，此指标数值越高，说明与供应商的关系越稳定，对供应商的社会责任履行程度越高。

（5）对政府的社会责任。

①税费上缴率。

$$税费上缴率＝本期已缴纳税费/本期应缴纳税费$$

企业既然存在于社会中，不可避免地就需对政府履行一定的社会责任，而依法经营并上缴税费是履行社会责任的核心部分，该指标反映的是企业是否能及时上缴税费，是否有挪用国家税款的行为，该指标越高，说明企业对政府履行社会责任程度越高。

②罚项收入比。

$$罚项收入比＝本期罚项支出额/本期营业收入总额$$

罚项支出包括企业支出的各项罚款、罚金、罚息、诉讼费、赔偿费等企业受罚款项。而企业作为企业公民，应尽可能降低违规行为，保证在现有的法律规定范围内有序经营。因此，该指标越低，说明企业对政府履行社会责任越好。

（6）对环境的社会责任。

①环保投资率。

$$环保投资率＝本期环保经费投入/资产总额$$

现代社会中，环保事业越来越重要，而作为零售企业，也要履行该社会责任。环保投入包括企业购进、维护环保设施的投入，以及治理污染、环境管理等方面的投入。按常理而言，该指标值越高，说明企业倡导环保的力度越大，社会责任意识越强烈。

②单位水电费。

$$单位水电费＝本期水电费用/营业收入总额$$

零售企业的耗能主要是以水电费为主，而零售企业应采取适当措施，尽可能地降低能耗，支持低碳行为，因此，该指标反映的是企业每获得一元的收入对水电费的消耗强度，该指标值越低，说明企业对环境履行社会责任意识越高。

（7）社区和公众。

①捐赠收入比率。

$$捐赠收入比率＝捐赠支出/营业收入总额$$

企业在履行最基本的社会责任后，可以按照自身承受能力，适当回馈社会，捐赠帮助贫困或危难人群及地区。该指标反映的是企业对社会公众的关注程度，实实在在为社会提供帮助的程度，该指标越高，说明企业为社会公众履行社会责任的程度越高。

②就业贡献率。

$$就业贡献率＝本期为员工支付货币总额/本期资产总额$$

就业是近年来困扰社会及广大公众的社会问题，一个优秀的企业要尽可能地协助政府提供就业岗位，维护社会稳定，该指标越高，说明企业对社会提供就业能力越强，为社会履行社会责任意识越强烈。

（三）零售企业社会责任评价方法

零售企业社会责任综合评价是一个多指标的评价问题，而学术论文中应用的评价方法有十几种，分为主观赋权法和客观赋权法两种，应用最广泛的是层次分析法。在研究零售企业社会责任评价体系时，关注到零售企业不仅要考虑企业性质、企业规模，同样也需要考虑零售业态等，如何对零售企业进行社会责任评价受到诸多因素的限制，因此，选取指标从行业特性考虑，而各指标的重要程度受主观判断决定，且其判断结论具有一定的模糊性，因此，基于层次分析法基础上采用模糊综合评价法对零售企业社会责任进行评判是合理的选择。

1. 评价指标权重的确定

层次分析法（The Analytic Hierarchy Process，AHP）是由美国运筹学家萨蒂（T. L. Satty）于 20 世纪 70 年代提出的一种定量分析与定性分析相结合的系统分析与决策的综合评价方法。其本质是一种辩证的思维方式，该方法将复杂问题分解为多个因素，并按照支配关系划分为递阶层次结构，通过两两比较的方式决定决策方案的相对重要程度的总排序。其具体操作步骤如下。

（1）明确问题。研究所需决策问题，了解其涉及的范围及相应的方案或措施，明确系统总目标、分目标及相应的约束条件等，广泛收集所需信息。

（2）构建层次结构。分析系统各因素及相互关系，建立层次结构，一般分为目标层、准则层、方案层，可以通过结构图说明其关系，若某层次所含因素较多，可以进一步划分为若干子层次。在此，可将零售企业社会责任评价指标体系作为一个系统来看待，其目标层是建立零售企业社会责任评价指标体系，而准则层包括投资者、员工、消费者、供应商和竞争者、政府、环境、社区和公众七部分，方案层是依托在准则层下的具体评价指标。

（3）构造判断矩阵。依据判断矩阵标度表，并考虑实际具体情况，采用两两比较的方法，确定同一层次各因素相对上一层相关因素的相对影响作用，并通过定量的方式表达，从而建立判断矩阵。而在评判其具体标度时，常常采用 1～9 标度法，如表 1-7 所示。

表 1-7　判断矩阵标度

标度 a_{ij}	含义
1	i, j 两元素相比重要性相等
3	i 元素比 j 元素重要性稍强
5	i 元素比 j 元素重要性明显
7	i 元素比 j 元素重要性强烈
9	i 元素比 j 元素重要性绝对
2，4，6，8	上述相邻判断的中值
$\frac{1}{2}$，…，$\frac{1}{9}$	$a_{ij}=\frac{1}{a_{ji}}$

（4）确定各层次相对权重。在上述判断矩阵的基础上，确定单层次排序，即为同一层次中各因素重要性排序，其实现方式是通过计算该判断矩阵的最大特征根及与之相对应的特征向量，将该特征向量归一化后得到权重。

计算最大特征根可以通过"和法""方根法""特征根法"三种方式实现，而现有文献中，"和法"应用较为普遍，本课题采用该方法进行计算。

①将判断矩阵各列进行归一化。

$$\overline{a_{ij}} = \frac{a_{ij}}{\sum\limits_{i=1}^{n} a_{ij}} \quad i,j = 1,2,3,\cdots,n$$

②将归一化后的判断矩阵按行相加。

$$\overline{w_i} = \sum\limits_{j=1}^{n} a_{ij} \quad i = 1,2,3,\cdots,n$$

③将向量 $\overline{w} = (w_1,w_2,\cdots,w_n)_T$ 进行正规化。

$$w = \frac{\overline{w_i}}{\sum\limits_{j=1}^{n} \overline{w_j}} \quad i,j = 1,2,3,\cdots,n$$

所得向量 $\overline{w} = (\overline{w_1},\overline{w_2},\cdots,\overline{w_n})_T$ 为所求特征根向量，即可得相应各层指标的相对权重。

（5）一致性检验。由于事物的复杂性及人的认识的多样性，其得出的评价指标的权重可能有所偏差，为此，需要对其合理性进行检验，在此通过计算最大特征根 λ_{max}，CI（Consistent Index）及 CR（Consistent Ratio）进行一致性检验。

$$\lambda_{max} = \sum\limits_{i=1}^{n} \frac{(AW)_i}{nW_i} \quad i = 1,2,3,\cdots,n$$

$$CI = \frac{\lambda_{max} - n}{n - 1}$$

通过查表 1-8，在此只给出 $1 \sim 10$ 阶的 RI，得到判断矩阵的随机一致性指标 RI（Random Index），从而计算得出 CR。

$$CR = \frac{CI}{RI}$$

表 1-8　　　　　　　　　　　　平均随机一致性指标

阶数 n	1	2	3	4	5	6	7	8	9	10
RI	0.00	0.00	0.58	0.96	1.12	1.24	1.32	1.41	1.45	1.49

只有在 CR 值小于 0.1 的条件下，此判断矩阵才有较好的一致性，所得到的权重有较大的可信性，否则应对判断矩阵进行调整，直到得到满意的一致性。

（6）得出权重。上述一致性检验通过之后，则对应指标的权重通过了检验，因此最后可以得出各层次及总的指标权重，为后续评价做好准备。

2. 模糊综合评价模型的建立

正是由于零售企业的社会责任指标具有层次性、模糊性，难以界定其优劣程度，所以选择模糊综合评价法对该指标体系进行评价，其具体操作步骤如下。

（1）确定因素集。因素集是指标评价体系所包含因素，一般需建立层次结构图来表示，而在此指零售企业社会责任指标评价体系的指标集合，具有层次性，第一层指标集为：

$$U = \{u_1, u_2, u_3, u_4, u_5, u_6, u_7\}$$

而在第一层下与之对应的第二层的指标集可表示为：

$$Ui = \{u_{i_1}, u_{i_2}, u_{i_3}, \cdots, u_{i_n}\}$$

（2）确定权重集。权重集表示评价指标体系的相对重要性，确定零售企业社会责任评价指标的相对重要性采用层次分析法，该方法在上述部分进行了详细的描述，而本课题除第一层采用层次分析法确定其权重外，其余层次认定该层次指标具有相同的重要性，为体现指标选择的代表性，权重集用 W 表示。

（3）确定评语集。评语集表示目标评价结果的优劣程度，而一般对其评语可以分为五个等级。本课题将零售企业社会责任评价结果分为五个等级，可表示为：

$$V = \{v_1, v_2, v_3, v_4, v_5\}$$

即：$V = \{$优秀，良好，一般，较差，很差$\}$

在评价结果中，采用赋值法，即可以设定为：

$$V = \{100, 80, 60, 40, 20\}$$

（4）建立模糊矩阵。在该步骤中，计算隶属度，得到模糊矩阵 R：

$$R = \begin{bmatrix} R_{11}, & R_{12}, & \cdots, & R_{1n} \\ R_{21}, & R_{22}, & \cdots, & R_{2n} \\ & & \cdots & \\ R_{m1}, & R_{m2}, & \cdots, & R_{mn} \end{bmatrix}$$

而 $R_{ij} = (i=1, 2, \cdots, m; j=1, 2, \cdots, n)$，表示对第 i 个指标评价后得出第 j 级评价结果，计算得到隶属度。

（5）得到综合评价模型。综合评价模型为模糊矩阵 R 与权重 W 合成的评价模型，可表示为 $B=WOR$，而集中的 O 表示算子，其计算方法有很多种，考虑到零售企业社会责任的评价方式，采用合成算子比较合理，即为 $M(\cdot \odot)$，而 "·" 表示两数的数乘，"$\odot$" 表示取两数之和与 1 的较小者，若 $\sum B_j \neq 1$，则对其进行归一化处理。

（6）进行综合评价。通过计算列向量的乘积，得出最终的评价结果 V，并最终通过分数反映出其评价，表明企业履行社会责任的实际情况。

综上所述，本章结合零售企业的特征选取了基于利益相关者的社会责任评价指标，并确定利用层次分析法对指标进行权重确定，采用模糊综合评价法构建整个零售企业的社会责任指标体系。该体系结构完整，涵盖了零售企业的各利益相关者，并且指标选取有可操作性，并确定合适的方法对零售企业履行社会责任状况进行评价。

五、零售企业社会责任评价指标体系的应用

为验证上述社会责任评价指标体系的实际操作性，本部分尝试将该体系应用到实际案例中。苏宁电器股份有限公司是零售行业中履行社会责任的佼佼者，具有代表性，因此期望可以采用该体系对此企业社会责任履行情况进行评价。

（一）企业概况

苏宁电器股份有限公司于 1990 年在江苏南京创立，并于 2004 年 7 月 21 日在深圳交易所上市。苏宁电器股份有限公司是中国 3C（家电、电脑、通信设备）家电连锁零售企业的领跑者，是商务部重点培养的全国 15 家大型商业企业集团之一，也是全球家电连锁零售企业市场品牌价值最高的企业之一。

其经营范围广泛，主营业务包括经营电子产品、家用电器、通信产品等销售及服务，其他业务包括场地租赁、实业投资、商务代理、企业形象策划等。到目前为止，覆盖中国大陆 300 多个城市，并向中国香港、日本等地区进军，实现国际化发展道路。共拥有 1500 家零售连锁店，员工人数达到 15 万之多，并在过去的一年中销售金额达 1500 亿元，位列中国 500 强企业第 50 位。

苏宁电器在社会责任的履行方面也处于行业领跑者的地位，是全国零售企业中最早发布社会责任报告的企业，并根据行业特征及企业自身情况制定了苏宁式基本法、价值观、社会责任模型，形成了自成一体的社会责任价值体系。社会责任模型如图 1-5 所示。

价值使命　共赢使命

服务使命　SUNING　员工使命

阳光使命　环境使命

阳光使命

- 价值使命：持续增强的盈利能力
- 共赢使命：充满活力的产业发展
- 服务使命：至真至诚的客户关怀
- 员工使命：公司制胜的最大财富
- 环境使命：绿色公司的星级标杆
- 和谐使命：行业领袖的责任风范

图 1-5　社会责任模型

随着流通产业的快速发展，零售连锁经营也进入了规划化发展阶段，基于时代的机遇，苏宁电器深化经营模式，拓展市场空间，促进营销变革，完善基础管理，特别是在物流、信息等平台建设中，处于行业领先位置，同时其相关信息披露也比较及时、完整，对该公司进行社会责任评价有可行性。

（二）模糊综合评价过程及结果

1. 指标数据运算

基于本课题构建的零售企业社会责任评价指标体系，并收集苏宁电器股份有限公司的相关资料，主要来源于苏宁电器官方网站（http：//www.cnsuning.com/），包括《苏宁电器 2009 年度报告》《阳关使命——苏宁电器 2009 年企业社会责任报告》的信息。通过苏宁电器股份有限公司披露的信息，通过加工整理，计算相应的社会责任评价指标数值，并使数据尽可能准确，其指标数值如表 1-9 所示。

表 1-9　　　　　　　　　　社会责任指标数值

利益相关者	社会责任评价指标	指标数值
投资者	股东权益报酬率	28.44%
	资本保值增值率	165.68%
	每股收益	0.64
	速动比率	1.15
	资产负债比率	58.36%
员工	员工薪酬支付比率	100%
	员工平均薪酬增长率	14.8%
	员工平均教育经费	50.11 元/人
	员工安全事故率	0.00%
消费者	销售增长率	13.79%
	产品退货率	0.5%
	消费者投诉率	0.8%
供应商	货币资金应付账款比率	438.95%
	应付账款周转率	32.32 天
	合同履约率	100%
政府	罚项收入比	0.02%
	税费上缴率	100%
环境	环保投资比率	0.73%
	单位水电费	0.63%
社区和公众	捐赠收入比率	0.04%
	就业贡献率	5.12%

（左侧竖排）零售企业社会责任评价指标体系

由于所获得信息有限，在计算上述指标的过程中，我们尽可能地计算准确，基本能够反映苏宁电器股份有限公司履行社会责任状况。

2. 具体评价过程及结果

（1）确定因素集。因素集为切实能反映零售企业社会责任评价的指标体系，而指标体系具有层次性，U 代表目标层，U_i 代表准则层，U_{ij} 代表指标层。

$$U = \{u_1, u_2, u_3, u_4, u_5, u_6, u_7\}$$

即：$U = \{$投资者，员工，消费者，供应商，政府，环境，社区和公众$\}$

而在第一层下与之对应的第二层的指标集可表示为：

$$U_i = \{u_{i_1}, u_{i_2}, u_{i_3}, \ldots, u_{i_n}\}$$

$U_1 = \{$股东权益报酬率，资本保值增值率，每股收益，速动率，资产率$\}$；

$U_2 = \{$员工薪酬支付比率，员工平均薪酬增长率，员工平均教育经费，员工安全事故率$\}$；

$U_3 = \{$销售增长率，产品退货率，消费者投诉率$\}$；

$U_4 = \{$货币资金应付账款比率，应付账款周转率，合同履约率$\}$；

$U_5 = \{$罚款收入比，税费上缴率$\}$；

$U_6 = \{$环保投资比率，单位水电费$\}$；

$U_7 = \{$捐赠收入比率，就业贡献率$\}$。

（2）确定权重集。确定权重集采用层次分析法，准则层权重的确定，向包括公司高管、机构学者、高校教师在内的 20 位社会责任评价专家发放调查问卷，并对回收的问卷进行统计分析，可得出如表 1-10 所示的判断矩阵。

表 1-10　　　　　　　　　　　判断矩阵分析

U	u_1 投资者	u_2 员工	u_3 消费者	u_4 供应商	u_5 政府	u_6 环境	u_7 社区和公众
u_1	1	2	2	3	3	4	4
u_2	1/2	1	1/2	2	2	3	3
u_3	1/2	2	1	2	2	3	3
u_4	1/3	1/2	1/2	1	2	3	3
u_5	1/3	1/2	1/2	1/2	1	2	2
u_6	1/4	1/3	1/3	1/3	1/2	1	2
u_7	1/4	1/3	1/3	1/3	1/2	1/2	1

①将判断矩阵各列进行归一化处理，例：

$$\sum_{k=1}^{7} b_{k_1} = 1 + 1/2 + 1/2 + 1/3 + 1/3 + 1/4 + 1/4 = 3.16$$

$\bar{b}_{11} = \dfrac{b_{11}}{\sum\limits_{k=1}^{7} b_{k_1}} = \dfrac{1}{3.16} = 0.32$，同理可以计算出：

$\bar{b}_{21} = 0.16$，$\bar{b}_{31} = 0.16$，$\bar{b}_{41} = 0.10$，$\bar{b}_{51} = 0.10$，$\bar{b}_{61} = 0.08$，$\bar{b}_{71} = 0.08$。

依各列计算，最终可以得出进行归一化处理后的判断矩阵：

$$B = \begin{bmatrix} 0.32 & 0.30 & 0.39 & 0.33 & 0.27 & 0.24 & 0.22 \\ 0.16 & 0.15 & 0.10 & 0.22 & 0.18 & 0.18 & 0.17 \\ 0.16 & 0.30 & 0.19 & 0.22 & 0.18 & 0.18 & 0.17 \\ 0.10 & 0.08 & 0.10 & 0.11 & 0.18 & 0.18 & 0.17 \\ 0.10 & 0.08 & 0.10 & 0.05 & 0.09 & 0.12 & 0.11 \\ 0.08 & 0.05 & 0.06 & 0.04 & 0.05 & 0.06 & 0.11 \\ 0.08 & 0.05 & 0.06 & 0.04 & 0.05 & 0.03 & 0.06 \end{bmatrix}$$

②将所得判断矩阵按行相加，例：

$$\overline{w_1} = \sum_{j=1}^{7} \overline{b_{1j}} = 0.32 + 0.30 + 0.39 + 0.33 + 0.27 + 0.24 + 0.22 = 2.07$$

$$\overline{w_2} = 1.16, \overline{w_3} = 1.40, \overline{w_4} = 0.92, \overline{w_5} = 0.65, \overline{w_6} = 0.45, \overline{w_7} = 0.37$$

③对向量 $\overline{w} = (\overline{w_1}, \overline{w_2}, \overline{w_3}, \overline{w_4}, \overline{w_5}, \overline{w_6}, \overline{w_7})_T$ 进行正规化处理，例：

$$\sum_{j=1}^{7} \overline{w_j} = 2.07 + 1.16 + 1.40 + 0.92 + 0.65 + 0.45 + 0.37 = 7.02$$

则：$w_1 = \dfrac{\overline{w_1}}{\sum\limits_{j=1}^{7} \overline{w_j}} = \dfrac{2.07}{7.02} = 0.295$，同理可得：

$w_2 = 0.165, w_3 = 0.199, w_4 = 0.128, w_5 = 0.093, w_6 = 0.064, w_7 = 0.053$。

④计算对应此特征向量的最大特征根。

$$Bw = \begin{bmatrix} 0.32 & 0.30 & 0.39 & 0.33 & 0.27 & 0.24 & 0.22 \\ 0.16 & 0.15 & 0.10 & 0.22 & 0.18 & 0.18 & 0.17 \\ 0.16 & 0.30 & 0.19 & 0.22 & 0.18 & 0.18 & 0.17 \\ 0.10 & 0.08 & 0.10 & 0.11 & 0.18 & 0.18 & 0.17 \\ 0.10 & 0.08 & 0.10 & 0.05 & 0.09 & 0.12 & 0.11 \\ 0.08 & 0.05 & 0.06 & 0.04 & 0.05 & 0.06 & 0.11 \\ 0.08 & 0.05 & 0.06 & 0.04 & 0.05 & 0.03 & 0.06 \end{bmatrix} \begin{bmatrix} 0.295 \\ 0.165 \\ 0.199 \\ 0.128 \\ 0.093 \\ 0.064 \\ 0.053 \end{bmatrix}$$

$$= \begin{bmatrix} 2.154 & 1.205 & 1.470 & 0.944 & 0.670 & 0.453 & 0.368 \end{bmatrix}$$

而 $\lambda_{\max} = \dfrac{\sum\limits_{i=1}^{n} (Bw)_i}{n w_i}$，将以上数值代入计算，可得其数值为 7.227。

⑤进行一致性检验。

$$CI = \frac{\lambda_{\max} - n}{n - 1} = \frac{7.227 - 7}{7 - 1} = 0.038$$

经查阅随机一致性指标值，可知 $RI = 1.32$。

则：

$$CR = \frac{CI}{RI} = \frac{0.038}{1.32} = 0.029$$

该值小于 0.1，则表明经过了一致性检验，说明此向量确定的权重是可靠的，另外本课题认为其指标层选取指标具有可信性，同一层次的指标的重要性相同，因此，其

权重为 $1/n$。

(3) 确定评语集。零售企业社会责任评价结果分为五个等级，可表示为：
$$V = \{v_1, v_2, v_3, v_4, v_5\}$$
即：
$$V = \{优秀，良好，一般，较差，很差\}$$
关于评价结果，采用赋值法进行处理，即可以设定为：
$$V = \{100, 80, 60, 40, 20\}$$

(4) 单因素模糊评价。通过研究社会责任评价的 20 位专家问卷调查，对苏宁电器股份有限公司履行社会责任现状进行评价，经统计分析，可以得到对应指标的评价等级隶属度（见表 1-11）。

表 1-11　　　　　　　　　　各评价指标等级隶属度

准则层	指标层	评价隶属度				
		优秀	良好	一般	较差	很差
投资者	股东权益报酬率	0.3	0.6	0.1	0.0	0.0
	资本保值增值率	0.7	0.2	0.1	0.0	0.0
	每股收益	0.2	0.6	0.2	0.0	0.0
	速动比率	0.3	0.7	0.0	0.0	0.0
	资产负债比率	0.0	0.7	0.3	0.0	0.0
员工	员工薪酬支付比率	1.0	0.0	0.0	0.0	0.0
	员工平均薪酬增长率	0.0	0.8	0.2	0.0	0.0
	员工平均教育经费	0.0	0.4	0.4	0.2	0.0
	员工安全事故率	0.8	0.2	0.0	0.0	0.0
消费者	销售增长率	0.1	0.8	0.1	0.0	0.0
	产品退货率	0	0.3	0.5	0.2	0.0
	消费者投诉率	0	0.4	0.5	0.1	0.0
供应商	货币资金应付账款比率	0.2	0.6	0.2	0.0	0.0
	应付账款周转率	0.1	0.8	0.1	0.0	0.0
	合同履约率	0.8	0.2	0.0	0.0	0.0
政府	罚项收入比	0.2	0.7	0.1	0.0	0.0
	税费上缴率	0.7	0.3	0.0	0.0	0.0
环境	环保投资比率	0.0	0.3	0.6	0.1	0.0
	单位水电费	0.1	0.3	0.4	0.2	0.0
社区和公众	捐赠收入比率	0.0	0.6	0.3	0.1	0.0
	就业贡献率	0.0	0.7	0.3	0.0	0.0

根据表 1-11，建立准则层的模糊评价矩阵，分别如下所示：

$$R_{B_1} = \begin{bmatrix} 0.3 & 0.6 & 0.1 & 0.0 & 0.0 \\ 0.7 & 0.2 & 0.1 & 0.0 & 0.0 \\ 0.2 & 0.6 & 0.2 & 0.0 & 0.0 \\ 0.3 & 0.7 & 0.0 & 0.0 & 0.0 \\ 0.0 & 0.7 & 0.3 & 0.0 & 0.0 \end{bmatrix} \quad R_{B_2} = \begin{bmatrix} 1.0 & 0.0 & 0.0 & 0.0 & 0.0 \\ 0.0 & 0.8 & 0.2 & 0.0 & 0.0 \\ 0.0 & 0.4 & 0.4 & 0.2 & 0.0 \\ 0.8 & 0.2 & 0.0 & 0.0 & 0.0 \end{bmatrix}$$

$$R_{B_3} = \begin{bmatrix} 0.1 & 0.8 & 0.1 & 0.0 & 0.0 \\ 0.0 & 0.3 & 0.5 & 0.2 & 0.0 \\ 0.0 & 0.4 & 0.5 & 0.1 & 0.0 \end{bmatrix} \quad R_{B_4} = \begin{bmatrix} 0.2 & 0.6 & 0.2 & 0.0 & 0.0 \\ 0.1 & 0.8 & 0.1 & 0.0 & 0.0 \\ 0.8 & 0.2 & 0.0 & 0.0 & 0.0 \end{bmatrix}$$

$$R_{B_5} = \begin{bmatrix} 0.2 & 0.7 & 0.1 & 0.0 & 0.0 \\ 0.7 & 0.3 & 0.0 & 0.0 & 0.0 \end{bmatrix} \quad R_{B_6} = \begin{bmatrix} 0.0 & 0.3 & 0.6 & 0.1 & 0.0 \\ 0.1 & 0.3 & 0.4 & 0.2 & 0.0 \end{bmatrix}$$

$$R_{B_7} = \begin{bmatrix} 0.0 & 0.6 & 0.3 & 0.1 & 0.0 \\ 0.0 & 0.7 & 0.3 & 0.0 & 0.0 \end{bmatrix}$$

并根据公式：$B = w \times R_B$

则可以得到：$B_1 = w_1 \times R_{B_1}$

$$= \begin{bmatrix} 0.2 & 0.2 & 0.2 & 0.2 & 0.2 \end{bmatrix} \times \begin{bmatrix} 0.3 & 0.6 & 0.1 & 0.0 & 0.0 \\ 0.7 & 0.2 & 0.1 & 0.0 & 0.0 \\ 0.2 & 0.6 & 0.2 & 0.0 & 0.0 \\ 0.3 & 0.7 & 0.0 & 0.0 & 0.0 \\ 0.0 & 0.7 & 0.3 & 0.0 & 0.0 \end{bmatrix}$$

$$= \begin{bmatrix} 0.30 & 0.56 & 0.14 & 0.00 & 0.00 \end{bmatrix}$$

同理可以计算得出：

$$B_2 = \begin{bmatrix} 0.45 & 0.35 & 0.15 & 0.05 & 0.00 \end{bmatrix}$$
$$B_3 = \begin{bmatrix} 0.03 & 0.50 & 0.37 & 0.10 & 0.00 \end{bmatrix}$$
$$B_4 = \begin{bmatrix} 0.37 & 0.53 & 0.10 & 0.00 & 0.00 \end{bmatrix}$$
$$B_5 = \begin{bmatrix} 0.45 & 0.50 & 0.05 & 0.00 & 0.00 \end{bmatrix}$$
$$B_6 = \begin{bmatrix} 0.05 & 0.30 & 0.50 & 0.15 & 0.00 \end{bmatrix}$$
$$B_7 = \begin{bmatrix} 0.00 & 0.65 & 0.30 & 0.05 & 0.00 \end{bmatrix}$$

则：

$$R_B = \begin{bmatrix} 0.30 & 0.56 & 0.14 & 0.00 & 0.00 \\ 0.45 & 0.35 & 0.15 & 0.05 & 0.00 \\ 0.03 & 0.50 & 0.37 & 0.10 & 0.00 \\ 0.37 & 0.53 & 0.10 & 0.00 & 0.00 \\ 0.45 & 0.50 & 0.05 & 0.00 & 0.00 \\ 0.05 & 0.30 & 0.50 & 0.15 & 0.00 \\ 0.00 & 0.65 & 0.30 & 0.05 & 0.00 \end{bmatrix}$$

$$B = \begin{bmatrix} 0.295 & 0.165 & 0.199 & 0.128 & 0.093 & 0.064 & 0.053 \end{bmatrix} \begin{bmatrix} 0.30 & 0.56 & 0.14 & 0.00 & 0.00 \\ 0.45 & 0.35 & 0.15 & 0.05 & 0.00 \\ 0.03 & 0.50 & 0.37 & 0.10 & 0.00 \\ 0.37 & 0.53 & 0.10 & 0.00 & 0.00 \\ 0.45 & 0.50 & 0.05 & 0.00 & 0.00 \\ 0.05 & 0.30 & 0.50 & 0.15 & 0.00 \\ 0.00 & 0.65 & 0.30 & 0.05 & 0.00 \end{bmatrix}$$

$$= \begin{bmatrix} 0.26 & 0.49 & 0.21 & 0.04 & 0.00 \end{bmatrix}$$

而 $\sum B_i = 1$，因此此处不用再做正规化处理，即上述权重即为所得指标权重。

$$B = \begin{bmatrix} 0.26 & 0.49 & 0.21 & 0.04 & 0.00 \end{bmatrix}$$

（5）模糊综合评价。根据所获得权重，并采用赋值法，对苏宁电器股份有限公司总的社会责任履行程度进行评价，则综合评价结果为：

$$\begin{bmatrix} 0.26 & 0.49 & 0.21 & 0.04 & 0.00 \end{bmatrix} \begin{bmatrix} 100 \\ 80 \\ 60 \\ 40 \\ 20 \end{bmatrix} = 79.4$$

由此说明，苏宁电器整体履行社会责任实际情况处于良好偏优秀阶段，是众多零售企业学习的对象，但我们仍然需要看到行业的差距性，与能源企业相比，零售企业在履行社会责任方面还需要不断加强。下面具体对苏宁电器利益相关者的社会责任履行状况进行详细分析。

①对投资者的社会责任，其评价结果为：

$$\begin{bmatrix} 0.30 & 0.56 & 0.14 & 0.00 & 0.00 \end{bmatrix} \begin{bmatrix} 100 \\ 80 \\ 60 \\ 40 \\ 20 \end{bmatrix} = 83.2$$

说明苏宁电器对投资者的社会责任履行优秀，真正把保障股东的利益当作是企业首要应尽的责任。

②对员工的社会责任，其评价结果为：

$$\begin{bmatrix} 0.45 & 0.35 & 0.15 & 0.05 & 0.00 \end{bmatrix} \begin{bmatrix} 100 \\ 80 \\ 60 \\ 40 \\ 20 \end{bmatrix} = 84$$

说明苏宁电器重视员工权益的保护，社会责任履行状况优秀，使员工能够尽心尽力地为公司服务。

③对消费者的社会责任，其评价结果为：

$$[0.03 \quad 0.50 \quad 0.37 \quad 0.10 \quad 0.00]\begin{bmatrix}100\\80\\60\\40\\20\end{bmatrix}=69.2$$

尽管零售企业赖以生存的最重要的利益相关者为消费者，但我们发现苏宁电器在消费者履行社会责任状况方面却是一般水平，这也可以从近期苏宁电器投诉率较高得到证实。因此，苏宁电器还需在对消费者履行社会责任方面加强。

④对供应商的社会责任，其评价结果为：

$$[0.37 \quad 0.53 \quad 0.10 \quad 0.00 \quad 0.00]\begin{bmatrix}100\\80\\60\\40\\20\end{bmatrix}=85.4$$

此分数可以看出苏宁电器对供应商的社会责任履行状况优秀，说明苏宁电器与供应商建立了良好的合作机制，能够保证货物供应顺畅。

⑤对政府的社会责任，其评价结果为：

$$[0.45 \quad 0.50 \quad 0.05 \quad 0.00 \quad 0.00]\begin{bmatrix}100\\80\\60\\40\\20\end{bmatrix}=88$$

说明苏宁电器对政府的社会责任履行优秀，由此也可理解政府将其作为国家重点企业来培养的原因。

⑥对环境的社会责任，其评价结果为：

$$[0.05 \quad 0.30 \quad 0.50 \quad 0.15 \quad 0.00]\begin{bmatrix}100\\80\\60\\40\\20\end{bmatrix}=65$$

说明苏宁电器对环境的社会责任履行状况较差，对环境负责是当代人义不容辞的责任，因此苏宁电器需在这方面加大投入，切实履行好企业对环境应尽的责任。

⑦对社区和公众的社会责任，其评价结果为：

$$[0.00 \quad 0.65 \quad 0.30 \quad 0.05 \quad 0.00] \begin{bmatrix} 100 \\ 80 \\ 60 \\ 40 \\ 20 \end{bmatrix} = 72$$

由此可说明苏宁电器对社区和公众的社会责任履行状况一般。对社区和公众的社会责任的履行是企业自愿的，而苏宁电器也履行了一些作为社会公民应尽的责任，企业在自身能力允许的条件下，可以加强此方面责任的履行。

总体而言，苏宁电器社会责任履行状况较好，对利益相关者的社会责任履行得最好的是政府，其次是对供应商、员工、投资者的社会责任，而对环境和消费者的社会责任履行最差，由此也折射出零售企业的通病，尽管对消费者的社会责任是零售企业获得成功的关键，但往往出现欺诈消费者的现象，零售巨头家乐福、沃尔玛也因出现这样的现象而受到惩罚，因此，对消费者社会责任的履行需要企业加强自制。

六、研究结论及不足之处

（一）研究结论

本课题基于已有的国内外社会责任评价指标体系，从利益相关者的角度出发，并考虑行业特征，对零售企业的社会责任内容进行了分析研究，并运用问卷调查方法，建立了比较系统的并符合行业特征的零售企业社会责任评价指标体系。

研究成果包括，从利益相关者角度出发，主要包括投资者、员工、消费者、供应商、政府、环境、社区和公众七个维度，选取了有代表性、可信性的 21 个指标，并通过问卷的方式询问专家，得到了对应不同利益相关者的权重，使得零售企业可以根据其不同指标的重要性程度进行分析判断，并利用层次分析法和模糊综合评价法构建了零售企业社会责任的综合评价模型，从而为科学并系统地评价零售企业的社会责任履行状况奠定了一定的基础。

选择零售企业中社会责任履行状况处于领先地位的苏宁电器股份有限公司作为该指标体系评价应用的对象，利用该公司发布的年度报告和社会责任报告，通过问卷的形式，采用层次分析法和模糊综合评价法对企业的社会责任履行状况进行分析，并得出该企业履行社会责任状况良好偏优秀的结论，但其对消费者的社会责任履行状况却处于较差的水平，该问题值得深思并需要加强对消费者社会责任的履行。

（二）不足之处

首先，在选取社会责任评价指标时，考虑客观性原则，所选指标都是定量指标，对于定性指标没有考虑，由此可能对零售企业的社会责任评价有一定的片面性，在以后的研究中需进行拓展。

其次，在构建零售企业社会责任评价指标体系的过程中，因为所遇问题的复杂性，本课题没有考虑到零售业态、企业规模、企业性质、发展阶段等问题，只是从较笼统的角度对零售企业社会责任指标体系进行了评价，在以后的研究中，需要对该方面进行考虑，做到更详细地分析影响因素。

最后，在对零售企业社会责任进行评价时，采用的方法是层次分析法和模糊综合评价法，这两种方法具有普适性，但在应用研究时，考虑到时间、成本等因素，只选用了一个零售企业即苏宁电器进行评价，对零售企业的社会责任评价指标体系的研究的普适性还需要进一步证实。

第二章　首都零售企业社会责任管理体系研究与构建

一、绪论

（一）研究背景与意义

1. 研究背景

欧美等发达国家的企业社会责任建设已经遥遥领先于我国的企业社会责任建设，在零售企业的社会责任方面也不例外。在中国，北京作为首都，作为全国经济发达地区之一，作为建设中的国际商贸城市，它的企业社会责任建设进展尤其是零售企业社会责任的进展对全国的零售企业社会责任建设有着不可忽视的典范作用。

企业社会责任是从西方引进的一个概念。虽然 1924 年欧利文·谢尔顿才正式在学术上提出"企业社会责任"这个概念，但是在 18 世纪晚期以英国为首的欧洲国家，企业社会责任伴随着当地的经济发展、政治体制改革及大量的社会运动而出现并积极发展，至今从未停止过发展的步伐。当中国还处于清朝晚期的时候，英国率先开始了第一次工业革命，欧洲的一些国家开始从农业社会向工业社会转化。大型的工厂和企业开始在英国及西欧的一些国家出现。但是，任何一件新事物在一开始都不是完美的，工厂和企业需要劳工和员工，在管理员工的过程中，必然要采取措施解决许多问题，比如为工人提供住房、建设公路及开挖运河、改变低效率员工的习惯、提供教育机会等。虽然这一系列措施都是从工厂自身角度考虑的，但是确实为当时社会的发展做出了贡献。然而西方早期的社会责任运行效率低下，导致了严重的失业、污染、贫富分化等现象，引起了大量的社会运动，如劳工运动、人权运动、消费者运动、环保运动等，工厂和企业不得不正视企业社会责任方面的问题。

如今，欧美企业的社会责任建设伴随着经济和社会的发展日趋成熟。履行企业社会责任已纳入绝大多数欧美企业的议程，许多企业都采用财务、环境、社会责任三者相结合的模式来衡量企业的发展绩效，以透明的方式向社会发布企业运行的整体绩效。但是与欧美西方国家相比，我国才刚刚迈向市场经济的门槛，其市场经济地位尚未得到完全承认，由此导致我国企业和民众对工业时代的弊端缺乏先天性的认识，许多企业只注重资本积累及规模扩张，而忽视了社会责任的建设，使企业社会责任仍然处于社会呼吁阶段。清华大学国际问题研究所教授侯若石曾说过："我经常参加企业社会责任方面的会议，企业现在认识不到这个问题，专家和他们谈不下去。"

全球化已经成为社会发展的主要特点，国际贸易成为世界经济发展的主线，商业已经代替工业、农业等传统产业成为经济发展的主力点。我国东南沿海等制造业大城市正在向商业化城市转型。北京作为首都，更是把商业作为经济发展的重要引擎，2008年消费对于北京经济增长的拉动作用较2007年更加突出，全年消费品零售总额突破4600亿元，增幅达到21.1%。2010年，全年实现社会消费品零售额6229.3亿元，比上年增长17.3%。2006—2010年"十一五"期间，全市累计实现社会消费品零售额23260.1亿元，是"十五"时期的2倍；五年间年均增长16.4%，高于"十五"时期平均增速4.5个百分点。2010年以后，全市社会消费品零售总额继续增长，但增速渐缓。直到2013年，北京市全年社会消费品零售总额已超过8300亿元。具体数据如表2-1所示。

表2-1　　　　2006—2013年北京社会消费品零售总额及年增长率

年份	社会消费品零售总额（亿元）	增长率（%）
2006	3275.2	12.8
2007	3800.2	16.4
2008	4645.5	21.1
2009	5309.9	14.3
2010	6229.3	17.3
2011	6900.3	10.8
2012	7702.8	11.6
2013	8375.1	8.7

注：数据根据北京市统计年鉴整理。

从表2-1可以看出，2013年的社会消费品零售额是2006年的2.5倍。然而在北京商业快速发展的同时，作为商业主要组成部分的零售业的企业责任建设状况却止步不前，企业、市场、政府边界模糊不清，政府与零售企业社会责任越位、错位、缺位现象严重，成熟定型的零售企业社会责任管理体系仍然零散，缺乏执行性。零售企业与政府的社会责任职能如何划分，零售企业社会责任的广度和深度如何界定，这些问题仍然困扰着北京的零售企业。于是在缺乏规范及零售企业利益至上的思想驱动下，食品安全、资源浪费、员工权益等各方面的问题频繁出现，如果再不建立一个完善的零售企业社会责任体系，这必将成为阻碍北京市零售业发展的一个瓶颈。因此，建立一个适合首都零售企业发展的企业社会责任体系成为摆在我们面前的一个重大任务。

2. 研究意义

企业责任的概念虽早已引进到我国，但是对于首都零售企业来说，企业社会责任还只是一个既熟悉又陌生的词，熟悉的是因为大多数零售企业都在宣传自己企业的社会责任，发布企业责任报告，陌生的是大多数企业仅仅认为企业社会责任就是做慈善、做捐赠、实施公益活动。虽然有些企业率先发布企业社会责任年度实施报告，但只把此作为宣传企业、树立企业形象的一个工具，使之成为一个摆设，首都零售企业社会责任管理体系的建立就是为了使零售企业真正了解什么才是零售企业社会责任以及怎样才能把零售企业社会责任落到实处，达到应有的效果。

在 21 世纪，包括环保和社会公益在内的高层次社会责任将同低层次企业经济责任一样，成为零售企业存在和发展的基本要求。通过规范研究方法和比较研究方法，研究企业社会责任的履行对首都零售企业发展的积极影响，以零售企业社会责任管理体系为指导，主动将资源投入到企业社会责任的事业中，使企业更积极地履行社会责任。这也顺应了我国国情，有助于全面树立和落实科学发展观，实现可持续发展，构建社会主义和谐社会。

"零售企业社会责任"这一问题的研究，使企业能从根本上认清零售企业社会责任是什么，零售企业为什么要承担社会责任，如何在实践中承担社会责任等问题；在实践中能使企业树立良好的企业文化和企业形象，有助于零售企业形成可持续发展观，实现首都的经济效益和社会效益、短期利益和长远利益的统一，实现零售企业与社会的共同进步、和谐发展，因此无论是从经济还是社会来讲，有着十分重要的理论意义和现实意义。

（二）研究思路与方法

1. 研究思路（见图 2 - 1）

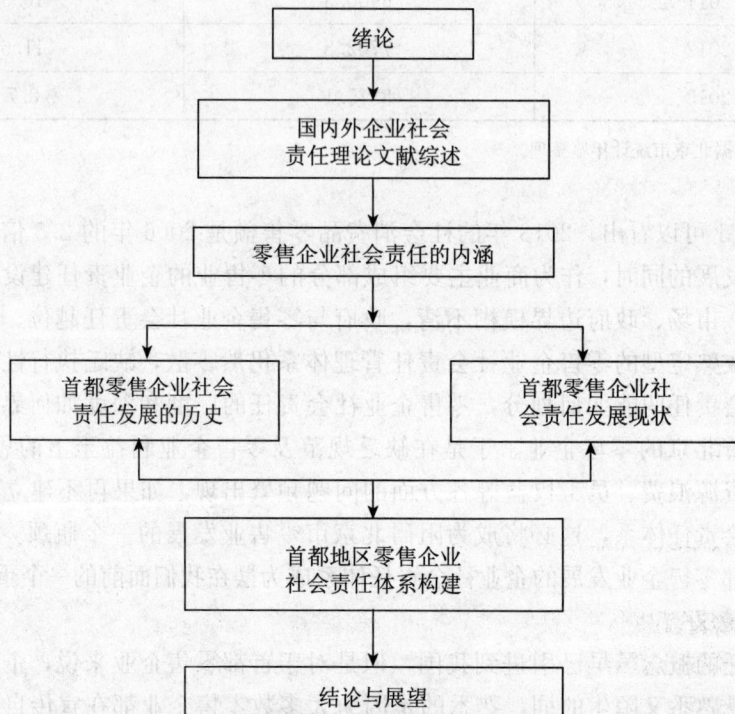

图 2 - 1　研究思路

2. 研究方法

对首都零售企业社会责任管理体系的构建首先需要确定零售企业应该承担的社会责任的内容，然后根据首都零售业履行社会责任的状况构建合理的零售企业社会责任评价指标体系，最后将制定出来的社会责任指标和评价指标体系付诸实践，构建出首都零售企业社会责任管理模式。对零售企业社会责任问题进行研究可以运用多种研究方法，包括规范分析方法、比较分析方法、文献研究方法等。

（1）规范分析法。对零售企业社会责任问题的研究离不开一定的价值判断，通过回答"是什么"和"应该怎样"，来提出首都零售企业社会责任规范和治理的对策。

（2）比较分析法。利用比较分析的方法，可以对同类相关事物的异同、优劣作出判断，并以首都零售企业社会责任理论发展与国外零售企业社会责任理论进行深入细致的分析和比较，得出适合首都地区零售企业社会责任管理体系的结论。

（3）文献研究法。文献研究法是从所研究课题的历史出发，搜集与该课题有关的文献资料，并从中归纳出有规律性的理论为自己所用，故又称为归纳研究法，在此基础上，进一步调查或者比较分析，展开深层次的研究。

本章大量采取文献研究法作为研究和分析的基础，在对企业社会责任理论的概述中，运用文献研究法对国内外企业社会责任理论的发展历程、发展动因等问题进行论述，对我国企业社会责任体系的历史与现状进行总结。

（三）研究内容

本章总共分成六个部分。

第一部分是绪论。这一部分主要介绍本课题的研究背景、研究意义、研究思路、研究内容及研究方法等内容。

第二部分是企业社会责任理论研究的文献综述，通过回顾、总结企业社会责任理论的发展历程，认识不同学者对企业社会责任的观点，并把企业社会责任概念引入零售企业中，本课题称之为零售企业社会责任（retail corporate social responsibility），而后对零售企业社会责任的概念进行界定。同时，在对现有资料进行分析的基础上，得出零售企业发展社会责任的必要性。

第三部分对零售企业社会责任和含义进行界定，当前对企业社会责任进行分行业研究的著作很少，对零售企业社会责任的准确界定有助于首都零售企业对社会责任有明确的了解，有助于企业较好地履行社会责任。

第四部分分析了首都地区零售企业社会责任发展的历史与现状。从计划经济时期以后的转型期开始，对首都地区企业及零售企业所承担社会责任的情况开始论述，重点提出现阶段首都地区零售企业社会责任履行中存在的问题，指出建立适合首都地区实际情况的零售企业社会责任管理体系的重要性。

第五部分提出了构建首都地区零售企业社会责任管理体系的构想，可以概括为两个层面、三个角度。两个层面是指一方面从认知角度上提高，即加强零售企业对社会责任概念和体系的全面认知；另一方面从全局出发，将零售企业与利益相关者紧密联系起来，共同承担各自相应的社会责任，在此基础上，以期共同构建商业文明为指导思想的商业首都，最终实现和谐首都。

三个角度是指首先界定了真正适合零售行业自身特性的指标体系，使企业社会责任从抽象的概念演变为具体可以衡量和实行的指标，这是首都零售企业社会责任管理体系的核心内容；其次设计出适合首都零售企业实际情况的评价指标体系，该体系的设计遵循简单、易懂、易操作的原则，这是对首都零售企业社会责任管理体系的重要补充；最后制定出首都零售业社会责任管理模式，只有指标体系和评价指标，而缺乏完善的责任制度和各个相关主体的努力是不可能实现零售企业社会责任的良好发展的。

第六部分是研究总结与展望。对本课题研究内容进行全面总结，提出研究结论的现实意义，并提出以后进一步的研究方向。

(四) 创新之处

(1) 以首都地区的零售企业作为研究的对象。

(2) 对零售企业社会责任的内涵进行重新定义。

(3) 探索建立一个健全完善的首都零售企业社会责任管理体系。

(4) 从全社会的角度、以全新的视角研究构建首都零售企业社会责任管理体系。

二、企业社会责任理论研究的文献综述

(一) 国外研究文献回顾

企业社会责任（Corporate Social Responsibility，CSR）概念由欧利文·谢尔顿（Oliver Sheldon，1924）首次提出，至此以后，企业社会责任一直被视为企业不仅具有经济和法律的义务，而且还有承担超出这些义务之外对社会的责任（霍尔德·鲍恩，1953；麦克奎尔，1963；塞西，1975）。企业社会责任体系研究是企业社会责任研究的重要组成部分。企业社会责任体系的构建是确定企业社会责任评价指标的重要参考依据。科学合理的社会责任体系不仅反映出政府及社会对企业的期望，更决定和引领着企业努力的方向和目标，对一国的企业及社会发展有着重大的意义。

1. 企业应当承担社会责任

国外有些学者认为"企业社会责任是关于公司行为对社会影响的认真考虑"约翰·勃鲁塞克（John L. Paluszek，1976），其思想主张是"公司不仅有着经济和法律方面的义务，还承担有其他社会责任"[①]。

一些学者认为企业除了追求利润最大化外，还必须承担其他的社会责任。支持这一论断的观点主要有：①企业作为社会的一分子，在考虑自身发展的同时必须要考虑所处的大环境——社会。如托马斯·佩蒂特（Thomas Petite）所说："工业社会面对着主要由于大公司的出现而带来的严峻的人文和社会问题；管理者在执行公司事务时要能够解决或至少是缓解这些问题"。由托马斯·佩蒂特的观点可推知，企业的生存和持续发展必须以社会的良性发展为基础。②履行社会责任可以成为避免政府干预和管制

---

① Thomas A. Petite. The Moral Crisis in Management. New York: McGraw–Hill, 1967.

的一种手段。如乔治·斯蒂纳（George Steiner）所说："当企业采取行动引起重大的社会问题时，企业却没有意识到，或者意识到了仍然我行我素，其结果出现了新的政策管制，政府干预领域的极大扩展，使企业产生了服从成本，减少了管理人员决策的余地，企业效益也受到了影响。"③主动改善比被动接受好。这个观点认为，当问题已经比较严重时才去考虑的话，问题往往得不到有效解决，主动改善具有长远意义，而且代价较小。

2. 企业应当怎样承担社会责任

国外从 20 世纪 70 年代开始研究和关注企业社会责任体系或维度的问题，厄恩斯特（Ernst，1971）对财富 500 强的社会责任的做法进行跟踪研究，总结出 CSR 的六大要素：环境（污染控制、产品改进、环境治理、废旧物回收）、机会平等（种族、妇女、弱势群体、地区平等）、员工（安全与健康、培训、个人咨询）、社会（公益活动、健康、教育与文化）、产品（安全、质量），以及其他（股东、信息公开等）。

塞西（1975）在麦克奎尔（1963）的研究基础上，提出了企业行为的三维模型来满足社会需要：社会约束、社会责任、社会响应，认为社会责任即"将企业行为提升到与当前的社会规范、价值和目标相一致的层次"。

卡罗尔（Carroll，1979）在前人研究的基础上，给 CSR 提出一个全面的概念框架，他认为 CSR 乃是整个社会希望其履行义务的总和，并提出了一个被学术界广泛采用的 CSR 四维模型，即 CSR 包括经济责任、法律责任、伦理责任和自由决定的责任，他的模型里提出了 6 个 CSR 维度：①用户至上主义；②环境；③种族/性别歧视；④产品安全；⑤职业安全；⑥股东。

加洛（Gallo，1980）通过实证研究得出了家族企业的 CSR 维度模型：分为内部社会责任和外部社会责任，内部社会责任包括：①向社会提供满意的产品/服务；②创造经济财富；③企业内部人员的全面发展；④确保企业的持续发展。外部社会责任则集中体现在纠正或阻碍对社会良好事务破坏行为的努力。2004 年，Gallo 通过对 176 个（回收 44 个）家族企业研究学术机构的问卷调研和半结构访谈，证实了他 1980 年提出的 CSR 维度。

麦格兰（Maignan）和费雷尔（Ferrell）在卡罗尔（Carroll）的研究基础上提出了考察特定企业的 CSR 的框架，Wood 进一步提出了企业社会责任表现模型。伊莎贝尔和戴维（Isabelle & David，2002）通过对美国和欧洲国家（英国、法国和荷兰）的 CSR 调研，得出了 5 个方面的 11 个维度的 CSR。①社会：艺术与文化建设、赞助教育、提高全民生活质量、安全和环境保护；②顾客：产品/服务质量和安全；③员工：平等的机会、健康和安全；④股东：创造利润承诺、信息公开、公司治理；⑤供应商：机会公平。

通过以上总结发现，西方的社会责任体系观主要由经济责任、法律责任、环境保护、顾客至上、股东利益、员工发展、平等和社会捐赠等慈善事业 8 个维度构成。

但是国外对零售企业社会责任的研究只出现于 20 世纪末和 21 世纪初（亚当斯，2002；基尔卡伦和库伊斯特拉，1999；尼科尔斯，2002；皮亚森蒂尼等，2000；怀萨尔，2000）。

斯温德利（Swindley，1990）认为零售企业通过他们与顾客所特有的消费关系可以对与企业社会责任有关的问题产生重大影响。

阿诺德（Arnold，1996）等人认为消费者期待的零售商是这样的，其不仅仅是提供物美价廉的商品，而且应通过各式各样的行为方式来支持社区发展。Thomas（2002）等人关注的是零售企业的道德行为对消费者的影响，认为零售商的道德行为影响消费者对其的道德评估和满意评价。

哈曼·奥波瓦尔（Harmen Oppewal，2005）抓住零售业乡镇中心化发展的现象，以证明在乡镇购物中心发展趋势下的消费者感知评价方面的企业社会责任。他认为企业社会责任在零售业表现为慈善捐款，资助学校、文化或体育活动，对自然环境的关注等。并通过对英国的消费者进行实证研究得出结论，消费者在选择购物时会较多选择那些较好地履行了企业社会责任的零售商。

戴维·希利拿（David Hillier，2006，2007）研究的对象是英国的大型食品零售商，关注的是食品零售企业的社会责任，经过研究得出结论，食品零售企业的社会责任主要有：提供物有所值的商品、公平交易和食品安全、捐赠等慈善事业、社区扶持等。

施卢蒂·古普塔（Shruti Gupta，2008）则考察的是零售企业社会责任与消费者满意度和忠诚度的关系，认为零售企业在塑造企业形象时要考虑企业社会责任的影响，可以带来较高的顾客满意度和忠诚度。

劳拉·斯宾塞和迈克尔·鲍拉基斯（Laura Spence & Michael Bourlakis，2009）以英国高端食品零售商维特罗斯（Waitrose）为例开始把关注重点从企业社会责任放到供应链责任上，重在探索该领域的企业实行供应链责任的切实可行的实行方式。

郑（In Soo Chung，2010）在沃尔玛涉足金融业务的背景下，分析一个综合性的企业在追求利润的同时如何去履行社会责任，发现沃尔玛在推出新的汇款业务两年后降低了汇款的成本。

久树（Kusum L. Ailawadi，2011）等人通过研究四种零售企业社会责任行为对消费者忠诚度的影响发现，出售本国商品、社区扶持和公平对待员工与消费者忠诚度都存在正相关关系，但公平对待员工相关性稍弱；而企业环境友好是一把双刃剑，不同的消费者对此因素的影响差异很大，例如，文化程度较高的消费者更支持使用环保袋。

莱伊拉·特拉普（N. Leila Trapp，2013）等人基于对丹麦公司的研究发现，在领先的公司中，企业社会责任策略是一种专业的、内在的制度化过程，策略的制定涉及公司管理人员、战略性选择利益相关者、专家及顾问。

综上所述，可以发现国外对企业社会责任的学术研究已经比较成熟，提出了不同的企业社会责任维度等。但是对零售企业社会责任的研究则主要集中于大型的食品零售企业，对其他的零售企业尚未进行更深层次的研究，同时，国外的研究多集中于零售企业社会责任对消费者满意度和忠诚度等方面的影响。在零售业社会责任体系的构建方面尚未进行深入研究。

（二）国内研究文献回顾

在国内，研究者普遍以欧美国家的学术研究为基础来构建企业社会责任维度，很少有学者从中国自身的国情出发去研究企业社会责任的概念和维度分析。

金碚等（2006）通过对 986 家企业的社会责任履行情况调查显示和实证分析得出，体现中国企业社会责任的三个代表性指标为：生产性环保支出、劳工社会保障投入和纳税额。李正（2006）通过对沪市上市公司的数据研究企业社会责任与企业价值的相关性。还有很多学者从不同的研究视角对中国的企业社会责任问题进行探讨（陈宏辉、贾生华，2003；杜中臣，2005；万莉、罗怡芬，2006；杨帆，等，2006）。

北京大学民营经济研究院（2006）发表了一份《中国企业社会责任调查评价体系与标准》，将企业社会责任的主要指标划分为股东权益、社会经济、员工权益、法律责任、诚信经营、公益责任和环境保护。

以上研究对中国企业社会责任理论和实践进行了有益探索，但基本上是对现有的、完全建立在西方发达国家的企业基础上的企业社会责任理论的检验，未把该研究置入特殊的中国情境下进行。

徐尚昆、杨汝岱（2007）通过对 1268 个企业调研分析得出我国尚未建立符合我国具体情况、健全完整的企业社会责任体系，企业社会责任意识普遍较低，50%（638个）的企业主表示不知道什么是企业社会责任或虽然听说过但不了解，只有 630 位企业主对企业社会责任内涵做了描述，而且他们大多数对企业社会责任的理解也往往局限于遵纪守法、环境保护及以人为本。

崔（Tsui，2004）曾指出在西方的研究范式占统治地位的情况下，针对具体的情境进行研究对建立有价值的全球管理知识体系尤为重要，大力倡导在中国开展高水平的本土化研究。因此，针对中国特定的情境因素展开本土化研究，构建一套适合中国特定社会背景的 CSR 体系，对中国企业社会责任的进一步研究具有现实意义。但是通过对文献的大量阅读和分析，可以发现在中国学术界所进行的社会责任研究一方面尚未与我国的实际情况进行有效的结合；另一方面，虽然企业社会责任在我国学术界已经成为一个热点研究对象，虽然顾宝炎等人（2004）曾进行过零售企业社会责任的研究，李琛等人（2006）从企业道德层面对企业社会责任进行了深入的研究，但是大多数学者所做的社会责任研究并没有分行业进行，这使得学术研究变得泛泛而无实际应用性，这是我国企业社会责任学术界当前存在的一个弊病。

赵勃升（2008）开始从中国构建和谐社会的角度出发来研究零售企业的社会责任，这是一个很大的突破，一方面改变了以往企业社会责任研究大幅度借用西式的相关思维和逻辑，而忽视了中国的实际情况；另一方面，把零售企业作为社会责任研究的对象，拉开了学术界对零售企业社会责任研究的序幕，大大增强了企业社会责任在不同情境下的实施应用，使研究更富有针对性和可操作性。

吕英、王正斌（2009）以西安地区 IT 和零售企业为例对员工感知的企业社会责任与员工满意度关系作了实证研究，最后得出以下结论：企业在员工责任方面的表现与员工对企业整体满意度和员工对工作回报满意度显著正相关；企业在顾客责任方面的表现和在环境责任方面的表现与员工对企业整体满意度显著正相关；行业不同的企业在企业社会责任表现与员工满意度上存在显著性差异。

李庆文（2010）把零售企业的社会责任化分成七类，包括对股东的责任、对债权人的责任、对供应商的责任、对消费者的责任、对雇员的责任、对政府部门的责任和对当地社区的责任。

刘文纲等学者（2010）通过向专家和零售企业高层进行访谈和问卷调查等方法，运用层次分析法得出我国零售企业社会责任的指标体系，主要分为三个层次：①经济责任和法律责任是零售企业的基本责任，基本责任的承担是零售企业生存发展的必需条件；②环境责任和文化伦理责任是零售企业的中级责任，有效地履行中级责任有助于为零售企业营造良好的内外部环境，从而促进其发展；③社会公益责任是零售企业的高级责任，高级责任属于自我裁量责任，零售企业应该在履行好基本责任和中级责任后才适合去考虑高级责任。

周中胜（2012）等人实证考察了制度环境中的政府对经济的干预程度、法律环境的完善程度，以及要素市场的发育程度等对我国企业社会责任履行情况的影响。研究发现，在政府对经济干预程度越低、法律环境越完善及要素市场越发达的地区，企业的社会责任履行状况越好。

陈昕（2013）通过实证分析结果表明，企业社会责任表现为六个结构体系，其中商业责任、员工保障和股东权益三个维度与经济利益相关；企业管理、社区责任与环境责任则表现出企业对社会非经济方面的影响。结果表明，企业对社会所承担责任要结合经济观与责任观。

余澳等人（2014）认为企业社会责任体现在五个方面，包括人本责任、经济责任、法律责任、伦理责任及环境责任。他提出企业社会责任的边界是企业自身利益与社会利益的均衡点。

（三）零售企业履行社会责任的必要性

对零售企业履行社会责任的必要性可以从财务绩效和企业形象两个方面来分析。

1. 有助于提高零售业的财务绩效

如今，北京消费者的素质普遍高于其他地区，购买商品时不再仅仅考虑商品的价格，而同时会考虑商品的质量和服务的好坏。更加关注购买商品时所获得的服务体验，包括售前售后的服务、产品的信息、产品的质量等。零售企业可以通过积极履行对消费者的责任，提供质高、价优、安全的商品和服务来提高顾客的满意度和培养顾客的忠诚度。

零售企业与上游供货商的关系同样不容忽视，供货商同零售企业是一条供应链上直接相连的两个核心企业，二者是一荣俱荣、败则两伤的关系。如果零售商处理不好同供货商的矛盾，直接影响到零售商的销售收入，同时也将无法为忠诚于该品牌的顾客提供以往需要的产品，因此也会影响顾客满意度，从而最终导致财务绩效低下的问题。

2. 有助于树立良好的企业形象

中国企业家调查系统在 2007 年就曾发布《2007 中国企业经营者成长与发展专题调查报告》，请企业家从 12 项可能的原因中最多选择三项，作为企业较好地履行社会责任的主要动因，结果显示，选择比重最高的是"提升企业品牌形象"，占 71.3%，其他主要选项为"为社会发展做贡献""获得政府认同""建立持续竞争优势""树立企业家个人形象""实现企业家个人价值追求""更好地创造利润"等。

零售企业可以履行公益责任，如资助社会公益事业和社会慈善事业，为社会发展做贡献；可以履行法律责任，如遵守竞争规则，积极缴纳税款；履行环境责任，如提倡节能环保，把绿色零售理念贯彻到实际运营中，减少环境污染等。笔者认为这些行为在无形中为零售企业树立了良好的社会形象，从而最终提高企业的竞争力并有利于企业的长远发展。

三、零售企业社会责任的内涵界定

(一) 零售企业社会责任的定义

从上文的文献综述可以看出，我国对零售业企业社会责任的研究始于最近几年，赵勋升（2008）认为零售企业社会责任是指零售企业在谋求股东利润最大化的同时也要兼顾利益相关者的利益。李庆文（2010）认为零售企业社会责任是零售企业对于包括股东、债权人、供应商、消费者、雇员、政府部门、当地社区等在内的利益相关者的社会责任。余澳（2014）认为，企业社会责任是指企业在追逐自身价值最大化的过程中不仅不会侵害相关利益者的利益，同时还有可能提高总体的社会福利。众多的学者热衷于研究零售企业社会责任的各个具体操作面，忽略了对零售企业社会责任概念的定义；也有部分学者只是把企业社会责任的研究简单地置于零售企业中去分析和研究，认为零售企业社会责任就是零售企业和企业社会责任的简单相加，这种做法并不严谨。因为零售企业有其不同于生产制造等其他企业或行业的特征，简单的相加可能会出现排异现象，结果可能会适得其反。

零售企业社会责任是企业社会责任在零售企业中的全面体现，是企业社会责任同零售企业的有机结合，是零售企业根据零售行业特有的行业性质所应该履行的社会责任。零售企业和企业社会责任相互结合和统一，要求学者和企业界对零售企业社会责任的分析要有针对性，在理论和实践上要有选择性地借鉴和吸收企业社会责任理论中的相关定义，并发展出有自身特色的零售企业社会责任概念。

零售企业社会责任管理体系是对零售企业在履行社会责任的行为中所应该遵循的各种制度、方法和原则，体现在社会责任的提出到社会责任实现完成后的各个环节中，是在正确处理政府、零售企业和社会（第三方评价机构、行业协会等）三者关系的基础上，通过对企业资源的系统规划和整合使用，以规范的组织、制度和流程，切实保障企业在经济、社会与环境三方面优秀责任行为的有效落实。它的内容包括零售企业社会责任的指标体系建设，零售企业社会责任的评价体系建设，零售企业社会责任的选择标准体系建设。

（二）零售企业社会责任的内涵

零售企业社会责任的内涵是指零售企业在确保其股东利益的基础上，严格遵守相关法律法规，避免采取不正当的手段同竞争对手竞争，在消费产品出现问题时，要把产品安全放在第一位，积极帮助消费者维护其合法权益，禁止采用不合理的促销方式，在实际运营中注意节能减排，禁止滥用市场支配地位损害供应商的合法利益，并积极参加力所能及的社会公益活动。

在经济社会中，零售企业作为企业的一分子，同样需要把利润最大化作为生存和发展的基本目标；在竞争趋于激烈的当前，在竞争过程中要注意采取合法、合理的手段和措施，依法竞争；在正常的促销活动中，要把社会秩序放在首位，考虑多种相关因素，不能一味追求顾客最多化，防止出现秩序混乱、顾客冲突等现象；在实际的运营过程中，要注意节能减排，零售企业的用电量占其运营成本相当大的部分；在处理与供货商的关系上，要把零供合一作为原则；在运营中，要实现相关信息共享，减少运营成本；在出现问题时，要敢于承担责任；在解决问题时，要相互配合协作，减少时间成本，防止问题的扩大化；在双方出现矛盾时，要积极协商解决，以防两败俱伤，实现资源的最优化配置。

四、首都地区零售企业社会责任发展的历史与现状分析

北京是我国的首都和世界文化交流的窗口，虽然社会责任的发展比国内其他地区早，但是社会责任建设的广度和深度仍应得到细化和深化。自从企业社会责任一词从西方引进以来，很多企业纷纷效仿倡导承担企业社会责任、发布企业社会责任报告。然而企业承担社会责任的最终目的仍然是为了树立企业形象和实现经济效益，从而大多成为一个空口号，众多企业发布的企业社会责任报告都只是把做得较好的方面大篇幅地予以整理和发布，对于不好的方面却避而不谈，归根结底是企业社会责任意识并没有得到树立和提高。同样在首都，企业社会责任也只是停留在号召和炫耀层面，只有少部分企业把企业社会责任作为一种文化同企业的发展融入起来。

（一）首都地区零售企业社会责任的历史发展

研究首都地区零售企业社会责任的历史不能脱离其所处的历史条件和社会环境，随着首都经济的发展和政府政策的变化，首都地区零售企业所承担的社会责任范畴或者对不同责任的理解也在变化。

1. 计划经济时期首都地区零售企业承担的社会责任分析

（1）计划经济时期首都零售企业的特征。改革开放之前，我国一直实行严格的计划经济政策，在该经济政策的背景下和强大的推动力量下，我国工商业得到快速发展，从无到有，从弱小到壮大，这些促进了我国经济和社会的恢复。在计划经济时期，首都地区的零售业态主要是以百货大楼为主，例如1955年成立的北京市百货大楼（现王府井百货）及有着70余年历史的西单商场等，这一阶段北京地区的商业发展过程呈现

出以下特点。

①决策权高度集中。由于实行的是计划经济政策，零售企业的决策权由相关政府部门掌控，产权不清、政企不分、权责不明、管理混乱。帮助企业发展是政府的责任，由政府完全干预；企业缺乏活力，没有盈亏观念；企业职工就是国家工作人员。

②资源消耗严重。由于企业是国家所办、国家所有，缺乏市场竞争机制的作用，造成了资源配置不均，浪费严重，一切安排都由领导说了算。

③负担较重。企业作为政府的一个部分，要听从和实施政府的相关号令和政策，政府的部分公共责任要通过企业去实现，在计划经济时期，国家所有的零售企业承担着增加就业、维护社会稳定及保障员工生活等各方面的负担和责任。

（2）计划经济时期首都零售企业社会责任分析。在计划经济体制下，人们可能会认为零售企业承担了那么多负担或责任，在企业社会责任方面肯定做得很到位，但是事实并非如此。零售企业成为国家承担社会职能的工具，包括零售企业在内的很多国有企业都要承担很多社会责任，无论其是否能承担得起，比如社会保障职能、公共教育职能、医疗保障职能、生活保障职能等。国有零售企业承担的这些责任与现代零售企业承担的社会责任有着本质的区别，前者是被动承担，并且缺乏明确的经济目标，其他责任等于甚至大于经济责任，后者把承担责任作为企业发展的社会资本，是主动承担。

2. 转型时期首都零售企业承担社会责任分析

（1）转型时期首都零售企业的特征。转型时期主要是指改革开放后至20世纪末这一时期。改革开放后，我国逐步确立了现代企业制度，所有制结构也开始出现变化，更多的私有企业和部分外资、合资企业开始出现和发展，例如1992年，中国、新加坡合资设立的首都燕莎友谊商城，1995年成功打入首都市场的世界第二大零售商家乐福，1997年进入首都的中贸联万客隆。在这样的背景下，零售企业逐步形成了良好的市场经济意识，他们认识到盈利才是企业的首要任务，没有盈利，其他一切都是空中楼阁。

这一时期首都零售企业发展过程中的特点是：零售企业开始重新审视自己的目标和任务，逐步转入正常的运营轨道中，逐步把经济目标作为企业发展的首要目标，因为多数零售企业认识到在市场经济背景下，没有盈利就不能实现企业的再发展，其他的一切都必须以良好的资本实力和盈利能力为基础，于是企业通过各种渠道进行筹资，采取各种手段来提高市场竞争力，最终实现盈利，以促进企业的不断发展和壮大。

（2）转型时期首都零售企业社会责任状况分析。该时期的特殊时代背景决定了首都地区零售企业社会责任的履行状况。由于实施改革开放，国家开始把发展的重点放到经济建设上来，包括零售业在内的商业企业都跃跃欲试，以乘改革开放之大势，实现大步跨越。而他们在社会责任履行方面改变了以往一切都靠国家政策直接调节的方式，不再超越企业的经济目标去承担大量的公共职能，而是通过自主经营、自负盈亏实施改革，把经济责任作为零售企业的第一大社会责任。

这时候的首都零售企业开始集中提高竞争力，增强市场占有率，积极地提高盈利能力，但是这时候的零售企业仍没有超前的企业社会责任意识，提高盈利能力只是企业天生的本能，所以当时的首都零售企业突出对经济责任的重视，而对法律责任、环保责任、文化伦理责任及社会公益责任表现得相对淡化和漠视。

(二) 首都零售企业社会责任的现状分析

改革开放以后，尤其是进入 21 世纪，首都经济持续实现了平稳快速发展，首都地区零售企业的社会责任建设状况也实现了巨大的进步和改善。就客观情况来看，北京 2013 年实现地区生产总值 19500.6 亿元，比上年增长 7.7%，人均地区生产总值 93213 元，已经逐渐接近发达国家水平。但是，许多零售企业在生产安全、零供关系处理、节能环保、员工福利等方面依然与发达国家存在较大差距。

对企业股东、消费者、员工及其他强制性的经济责任和法律责任方面，虽然目标及规范比较明确，但是多数零售企业在实际中为了自身利益而逃税漏税，侵犯股东利益、消费者权益、员工合法权益等逃避社会责任的现象仍时有发生。对于慈善捐助方面、节能环保等方面的非强制性社会责任，多数零售企业的表现较为弱化。

1. 首都零售企业社会责任履行中的不足点分析

(1) 社会责任意识及对社会责任的认识较为模糊。至今仍有多数零售企业认为企业的责任只有一个，就是实现利润最大化，而将除经济利润以外的其他社会责任视为企业正常运营以外的事情不闻不问。不可否认，为股东创造经济利润是任何一个盈利组织的责任，但是如果将其绝对化则会成为一种谬误。

也有不乏少数零售企业认为承担社会责任无非就是尽可能多地利用业余时间参加社会公益活动，他们把这些社会责任视为企业的负担而尽量逃避；也有部分零售企业拿社会责任做文章，当成宣传企业的噱头，为了吸引公众眼球、追求轰动效应而在各种公众场合大肆承诺，这些企业的出发点本身就有问题，其承诺必然犹如一张空头支票而不能实现。

(2) 道德滑坡、诚信缺失问题严重。道德滑坡、诚信缺失问题在零售企业等商业企业中存在尤为明显，具体体现在多数零售企业利用其渠道优势打击、压榨上游供货商，零供关系极为紧张。随着首都经济发展和商业流通的加快以及社会化大生产规模的不断扩大，商品市场已经从卖方市场转化为买方市场，零售商和供应商的关系也变得更为复杂，二者的接触从未像当前这样频繁，供应商和零售商的博弈已经取代以往的产销矛盾而凸显出来，而买方市场的大背景也极大地提高了大中型零售商的地位，多数零售商抛弃道德和诚信价值，为了经济利益而利用其渠道优势占尽供应商的种种便宜，给供货商带来了极大的冲击。

在零售企业存在的这种不良现象严重侵害了供应商及消费者的利益，对我国企业公信力的建设和经济的良性健康发展造成了严重影响。

(3) 商业贿赂等腐败现象仍广泛存在。商业活动的目的在于追求利益最大化。因此对于供货商来说，他们为了追求高利益，不惜违反商业道德甚至做出违法行为，同零售商内部采购人员进行地下交易，以规避税收或者降低成本，通过这种方式来实现所谓的"低投入、高产出"；而对于零售商来说，由于零售商拥有终端的渠道优势，商品采购人员往往会为了自己的利益而滥用企业的采购权。最终会形成这样一个事实，零供双方"一个愿打，一个愿挨"，造成了抛弃商业道德的"双赢"现象的产生。

2003 年年底，北京某著名家电连锁企业采购部经理等四人与供应商代表在首都西郊某娱乐城消费而被举报，该案件表面上看是巨额赌博和色情活动，但经过警方的介入调查，其实是零供双方涉嫌参与了巨额商业贿赂；2007 年 6 月至 8 月，警方对家乐福北京 CCU（城市采购中心）及七家门店事件进行调查显示，八名家乐福经理级员工由于涉嫌商业贿赂被警方正式拘留①。

商业贿赂行为从根本上扭曲了公平竞争的规则，使价值规律和竞争规律无法正常发挥作用，阻碍了市场机制的正常运转，破坏了市场交易秩序，使诚信经营的企业沦为受害者，妨碍了市场经济的健康发展。

（4）信息披露体系不尽完善。对于处于首都不同业态的零售企业来讲，信息披露体系不完善是其通病。多数零售企业根本没有投入建设信息披露体系，还有部分零售企业所披露的社会责任信息形式不一、种类繁杂、内容分散。零售企业社会责任信息披露体系应该包括三个重点。

①对所售商品质量等问题的快速反应、处理和公布。零售企业作为商业体系中一种特殊的行业，对人民大众的生活会产生直接、快速的影响。在超市业态中，其所售商品都直接与城市居民的日常生活息息相关，包括食品、日用品等，这些商品占超市所售商品的比例至少达到一半以上。而在电子产品专业店、购物中心等类似的其他零售业态中的商品质量可靠与否同样会对消费者的生活消费产生至关重要的影响。因此对商品质量问题的快速反应、迅速处理和及时公布成为零售企业必须着重去抓的环节。

2013 年 8 月，有消费者反映，京客隆、卜蜂莲花超市所售鲜肉即将到期，鲜肉经重新包装，更换了生产日期和保质期，随后北京市工商局通报称，经执法人员初步调查认定涉事店铺曝光情况属实。2014 年 1 月，北京市食品药品监督管理局在物美超市新兴里店检验出 3 批不合格食品，包括苯甲酸超标的紫薯条、二氧化硫超标的豆角及菌落总数超标的饮用桶装水。2014 年 10 月 28 日，北京市食品药品监督管理局公布了 14 种不合格食品样本，包括北京东方文泽超市"嘴巴俏"袋装食品甜蜜素超标、老北京动物饼干二氧化硫超标、北京龙景湾超市川香小肚中苯甲酸和山梨酸超标。可见北京零售企业中尤其是超市业态中的食品安全问题形势依然严峻，如果在食品安全环节出现问题，后果不堪设想。

②企业社会责任报告的客观编撰及发布。以社会责任报告反映程度为标准，可以把社会责任报告划分为广义的企业社会责任报告和狭义的社会责任报告两类。广义的企业社会责任报告是指以正式形式反映企业对社会承担的某一方面或几方面责任的报告类型，即单项的社会责任报告，如环境报告、环境保护报告、社会福利报告或其他综合性报告等。狭义的企业社会责任报告，一般指以正式形式全面反映企业对社会承担的所有责任的报告，即综合社会责任报告。这里所说的社会责任报告一般指狭义的零售企业社会责任报告。

在首都地区零售企业社会责任报告的编撰和发布方面存在三个问题：第一，只有

---

① 资料来源：人民网，http://finance.people.com.cn/GB/1045/6237978.html。

那些大型的零售企业比较重视和发布企业社会责任报告；第二，这些零售企业在编撰和发布社会责任报告时由于缺乏强制性规范的约束，报告缺乏客观性，往往趋"利"避"害"，只选择有利于企业的信息进行披露，隐藏不利于企业的部分信息；第三，发布企业社会责任报告的目的仅仅是为了宣传企业的品牌知名度及树立良好的企业形象。

一个合理客观的企业社会责任报告可以为零售企业本身带来很多益处，可加强企业与供应商、消费者、政府等各利益相关者的联系；可以对以往的业绩和未来业绩进行衡量、预测和报告，成为重要的管理工具；可以帮助零售企业识别机会和威胁，从而有利于作出决策；企业社会责任的编撰需要零售企业内部各部门的努力，有助于将财务、营销、采购和研究开发等公司职能部门联系起来，协调内部管理；社会责任报告还可以帮助零售企业建立预警机制，即针对供应链、社区、监管机构及商品质量安全等问题进行快速反应和警示；对于大型的上市零售企业来讲，企业社会责任报告还可以减少公司股价波动和不确定性，也可以减少资金成本，稳定公司财务状况。总体来讲，定期发布企业社会责任报告有助于企业全面、客观地审视企业同社会的互动关系，促进企业对战略环境的全面分析，有助于企业发现问题，提高企业形象和价值。

但是零售企业如果不对社会责任进行客观、全面的分析调查，所做出来的企业社会责任报告往往会为企业带来反面的效果。

③社会责任财务信息披露。社会责任财务信息披露同社会责任报告是有区别的，社会责任财务信息披露是从财会的角度对零售企业社会责任的履行状况进行分析。企业履行社会责任可以看作是对未来预期收入的一种投入，包括纳税记录、节能环保、员工培训支出、员工生活福利支出、社会捐赠等方面的投入。因此，合格的企业社会责任财务信息披露制度应该能反映出企业的社会责任工作是否到位，未来的社会成本和社会效益怎么样，从而促使零售企业全面把握自身的总体效益。

然而就首都零售企业的社会责任财务信息披露来讲，体系建设尚不完善。零售企业更多的是建立完善的企业社会责任报告制度，对于某些财务信息也只是片面地展示在社会责任报告中，因此首都零售企业社会责任财务信息披露状况需要改进和加强。

2. 首都地区零售企业社会责任现状的成因分析

通过上文所进行的研究和分析之后，可以发现当前首都地区零售企业的社会责任建设状况不尽如人意，各种问题接连不断。因此必须要透过现象看本质，抓住问题产生的关键，以期尽早从根本上解决问题，响应"爱国、创新、包容、厚德"的北京精神，为建设和谐社会首善北京服务。无论是首都零售企业经营者社会责任意识问题，还是诚信缺失、商业贿赂等问题，从根本上都可归咎于以下体制建设方面的原因。

（1）缺乏客观、公正的社会责任评价指标。

①缺乏健全的适合零售企业的社会责任指标体系。没有健全合适的企业社会责任指标体系，则企业社会责任建设只会停留在模糊的阶段，消费者及零售企业也会对企业社会责任的内涵产生误解和含糊的认识，认为企业社会责任就是做慈善。

一个完善的零售企业社会责任指标体系可以为零售企业指明战略发展方向。首先，它可以使零售企业明确应该履行哪些责任，并确定不同层次社会责任的边界；其次，它有助于零售企业发现运营中存在的问题，例如商业腐败、诚信缺失等，并切实改善；再次，它为零售企业编撰年度社会责任报告提供了指标依据，没有完善的零售企业社会责任指标体系，企业社会责任报告就会缺东少西或者显得松散，缺乏影响力和说服力；最后，完善的零售企业社会责任指标体系有助于各零售企业衡量自身的社会责任履行状况，帮助其改善、提高服务水平，树立良好的企业形象。

②缺乏完善的适合首都地区零售企业的社会责任评价指标体系。对零售企业社会责任的履行情况进行客观的评价是促进零售企业履行社会责任的重要手段。只有完善的零售企业社会责任指标体系还不够，虽然零售企业明确了应该履行哪些社会责任及应该怎样履行，但是履行结果是好是坏，是否达到了预期的目标，这就需要建立完善的零售企业社会责任评价指标体系。

评价指标体系是一个量化的指标体系，它使定性的指标体系转化为定量的评价体系，可以使零售企业更直观地发现企业社会责任建设的薄弱点，从而力求改进。如果说健全的指标体系使零售企业发现某种层次的责任是否得到履行，则客观完善的评价指标体系能使零售企业衡量自身某层次的社会责任到底履行得怎么样，能得多少分。同时完善的零售企业社会责任指标体系能够使政府、消费者和公众对某地区、某零售业态的社会责任建设状况进行总体的把握，能够为政府出台相关政策提供客观依据，能够使消费者明确什么样的零售企业才有消费价值。

在跨国公司和国家非政府组织的提议倡导下，企业社会责任在国外已经有了多种具体量化的指标体系，但是从未分行业进行研究和构建过。我国的企业社会责任评价指标体系尚未完善，零售企业责任评价指标体系更是处于起始阶段。

（2）首都地区零售企业社会责任管理模式有待强化和健全。管理模式是一种管理规则，是从战略角度对管理方法、思路进行框架性的高度概括，一般表现为一整套具体的管理理念、管理程序、管理制度和管理方法论体系并将其运用于某个企业，甚至某个行业、某个地区。

首都地区零售企业社会责任管理模式指的是能够促进首都地区零售企业社会责任发展的管理理念、管理程序、管理制度或者管理方法。但是由于企业社会责任理论在我国起步较晚，而且大多数研究都集中在企业社会责任指标研究方面，对社会责任管理模式的研究则非常少。

在一个地区中，零售企业社会责任建设的最基本的利益相关方包括政府、零售企业本身、非政府组织。管理模式的健全就需要对这三方在地区社会责任建设中的地位和作用进行明确的划分，否则各自对自身的地位和作用认识不清，工作开展重复甚至不能兼容，往往造成"眉毛胡子一把抓"的情况。而在当前的首都，情况正是如此，官方并没有一个专门协调和负责企业社会责任建设的机构，企业社会责任建设也往往是处于对零售企业自身的考虑才开展的，非政府组织虽然开展了很多企业社会责任运动，但是所起到的影响非常有限。因此首都零售企业社会责任的三个利益相关方都各自为营，社会责任建设举步维艰。

3. 构建首都地区零售企业社会责任管理体系的意义

一个健全的地区零售企业社会责任管理体系包括三个方面：首都地区零售企业社

会责任指标体系建设、首都零售企业社会责任评价指标体系构建、社会责任管理模式的选择。构建完善的首都零售企业社会责任管理体系无论是对建设和谐社会首善之区，还是对提高企业自身的竞争力都有着非同寻常的意义。

首都地区零售企业社会管理体系如图 2-2 所示。

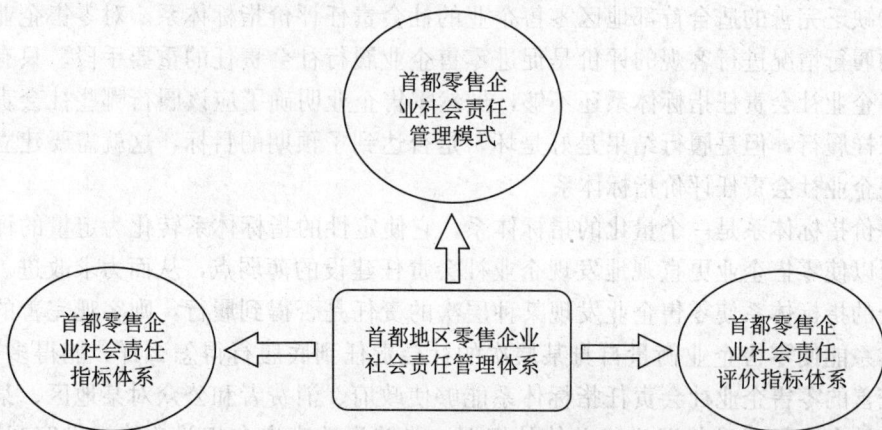

图 2-2　首都地区零售企业社会责任管理体系

（1）和谐首善北京的建设需要尽快构建起完善的零售企业社会责任管理体系。从宏观角度来看，"十二五"时期，北京市要按照构建经济建设、政治建设、文化建设、社会建设及生态文明建设"五位一体"格局的总要求，以构建和谐社会首善之区为目标，全面推进社会管理创新。社会责任管理建设正是社会管理的一个重要方面，零售业的发展不仅与政府政绩、利益有关，更与普通老百姓的生活息息相关，而包括零售业在内的商业在北京城市发展中占据重要的地位，如果不能构建完善的零售企业社会责任管理体系，假如假冒伪劣产品横行、欺诈行为蔓延、资源能耗严重、偷税漏税行为遍地、劳动者权益难以保护，则肯定不利于和谐社会首善之区的建设。

（2）全球企业社会责任运动的压力迫使需要完善零售企业社会责任管理体系。与发达国家和地区的企业社会责任建设状况相比，首都地区零售企业社会责任的建设还有很大的差距。法国大型综合超市家乐福，从 2008 年年初开始推出"中国节能计划"至今已经是第 7 年了，现有门店节能达到 15%，新开门店节能 20%，单店每年平均节省 100 万元，有效地控制了成本，同时促进了"减排"计划的执行；2010 年推出"福到家"的宣传口号，进一步实践其社会责任；始终高度关注食品安全问题，并于 2004 年成立了家乐福（中国）食品安全基金会，旨在提高中国消费者的食品安全意识，加强食品安全方面的研发及促进其他相关领域的社会经济事业的发展，每年投入达 400 万元人民币；积极参与社区活动和公益事业，以多种形式向受灾地区、希望工程、社会福利机构捐物捐资，自 2004 年起，家乐福（中国）连续四年获得在华外资企业最佳"光明公益奖"；2008 年 5 月，家乐福向四川地震灾区捐赠 2300 万元，用于救灾和灾后重建。2010 年，家乐福还为玉树地震灾区捐赠 200 万元，为舟曲和四川泥石流灾区捐赠100万元。2013年8月，家乐福基金会及家乐福东北区通过抚顺市红十字会向受灾百姓伸出援手，帮助当地百姓进行灾后重建工作。这些为零售企业形象的树立和国际化产生了积极的影响和作用。而相对北京地区的很多地方性零售企业来说，很多企业仍把企业社会责任停留在口头阶段，并未真正去履行。如果继续这样，这些企业必将丧失竞争力，最终被市场淘汰。

（3）建设完善的零售企业社会责任管理体系是各利益相关方的需要。当前，首都地区零售企业履行社会责任能力较为薄弱，整体社会诚信环境还不完善，市场还并不完全开放透明，社会公平正义还未完全得到落实，社会责任第三方评价机制仍然缺乏，而这跟社会责任管理体系的不完善有着千丝万缕的关系。如果政府部门不制定和改进相关政策及标准，则其他利益相关方会缺乏明确的政策方向，劳动者及消费者的权益必定难以得到保障，供应商和零售商的利益也很难得到公正的处理和协调；如果没有政府相关部门的支持，非政府组织的社会责任运动也很难发挥应有的作用和影响力。因此，各利益相关方都亟需一个良好的社会责任管理环境，所以要加快零售企业社会责任管理体系的建设。

五、首都零售企业社会责任管理体系的构建

（一）首都零售企业社会责任指标体系的建设

在构建指标体系之前，首先要对首都地区零售企业应当承担的社会责任内容进行详细的分析和研究，然后结合首都地区的经济发展状况、首都地区零售企业的企业社会责任建设状况，对各个应该承担的责任内容进行分类和整合，以构建出一个合情合理，适合首都地区零售企业的社会责任指标体系。

1. 首都零售企业应当承担社会责任内容分析

在现阶段，首都地区零售企业应当承担的社会责任主要包括以下内容。

（1）对股东、债权人的责任。这是包括零售企业在内的所有企业都应当承担的首要责任，这里的股东不仅仅指控股股东，还包括其他股东及其他投资人。股东、债权人为企业的运营和发展提供资金支持，理应获得报酬。因此，企业的经营者应当用心经营，实现企业的发展与增值，确保股东、其他投资者及债权人的利益，并有责任给予合理的回报。同时，他们有权利对企业经营中的各项问题尤其是财务状况进行监督，企业经营者应该定期向他们汇报零售企业的财务状况，在遇到紧急问题时应当迅速报告给股东、其他投资者和债权人，避免有损诚信的瞒报、假报，只有这样零售企业才能赢得股东、其他投资者和债权人的长期信赖和支持，才能实现企业的持续发展和壮大。

（2）对员工的责任。零售企业和员工之间是相互依赖和支持的鱼水关系。人力需求旺盛是零售企业的行业特性所决定的，因此零售企业的任何一个决定都可能关系大量员工的生计。在用工关系方面，零售企业属于强势地位，零售企业为员工提供了职业发展的平台，更应该对大批员工的工作安全、薪资福利、培训教育等方面承担起相

应的义务,维护员工的各项权益,避免失信于员工,否则不利于企业的长久发展和北京社会的和谐。具体来讲,首先,零售企业应当能够保障员工的安全和健康,健全薪资福利待遇制度,为员工提供基本的生活保障,激励先进,鞭策落后,发挥员工的积极性与创造性;其次,应当营造良好的工作环境,在企业内部形成人人互敬、诚信互助的工作氛围,最大限度地发掘员工的工作潜力;最后,应建立一个文化氛围浓厚的学习型组织,完善教育培训体系,提升员工价值。

(3) 对供应商的责任。零售行业对上游供应商有着高度的依赖,供应链管理对零售企业来说显得极为重要,他们彼此为重要的利益相关者。当前,在买方市场的背景下,占有终端渠道就占有了极大的话语权,所以零售商在与合作者的博弈中占有极大的优势。大部分零售商滥用其优势地位,依靠延迟对供应商的应付货款来周转资金。一个负责任的零售商首先应该端正态度,转变"零和博弈"的思想观念,与供应商建立长远的战略合作伙伴关系,以实现合作共赢。具体来讲,零售商应该建立完善的供应链管理系统,同供应商一起制定合理的合同标准,规范采购行为,严格按照合同规定履行义务,按期给付款项,及时向供应商反馈市场需求信息,在供应链出现问题时要及时协调处理,主动承担相应的责任。

(4) 对消费者的责任。消费者是零售商的重要利益相关者之一,零售企业作为一个经济组织,最基本的职能就是为消费者提供安全可靠的商品和优质的服务,因为零售企业经济利益的实现取决于消费者的喜好和选择,如果对消费者的需求不闻不问,或者背道而驰,终将被零售市场所淘汰。具体而言,首先,零售企业在态度上应该做到尊重消费者的各项权利;其次,对所售商品的质量进行严格的把关和检测,尤其是针对食品,保障消费者身体的绝对健康和安全。例如,为了保证蔬菜食品的新鲜,沃尔玛建立了"从农场到餐桌"的食品安全体系——产地直接采购,选择合适和可靠的农产品生产基地,委托第三方加工配送,服务商按照商品采购计划定时定量采摘农产品,检测农残、包装并配送到门店销售;对于肉类制品,沃尔玛建立了冷链运输控制体系——易腐食品从生产直到消费者手中整个过程,即加工、运输、储藏和销售各个环节始终处于产品所需的低温环境下。2013 年 5 月 9 日,沃尔玛启动了食品安全移动检测车项目,公司同时宣布未来三年在中国将投入 1 亿元进一步强化食品安全管理。

(5) 对政府和社区的责任。零售企业应该遵守国家的法律和北京市的相关政策法规,依法纳税,依照政府号召积极履行政府规定的义务,接受政府相关部门的指导和监督,避免偷税、漏税等损害国家利益的行为。

超市、便利店等很多业态的零售商都扎根在社区附近,因此零售商也可以称为社区的一分子,维持和发展邻里关系,促进共同发展也成为零售企业的社会责任之一。零售企业积极维系与社区的关系应做到扶持社区人员就业、支持社区的文化教育事业、积极参与社区团体活动、赞助社区组织或相关的慈善事业,促进社区发展。

(6) 对环境保护的责任。零售企业不同于生产制造型企业,其不会产生较大的污染,但是节能低碳则是零售企业在运营中应该极为关注的。对环保方面的投入并不仅仅是付出,它属于一次投入,永久受益。2007 年国务院将北京、上海、太原和武汉 4

个城市作为"零售业节能行动"试点城市，3 年后经过调查发现，不同业态的门店经过改造后，节能效果突出，年平均节能量均在 10％以上。2008 年 9 月，沃尔玛超市在北京开创了全国第一家节能示范点，广泛采用 LED 节能灯作普通照明、安装节能冷冻柜、余热回收装置、关闭非高峰时期部分照明等节水节能措施，截至 2010 年年底，与 2005 年普通门店相比，沃尔玛新的节能示范店能效提高 40.16％，超过原计划能效提高 40％的目标；用水减少 54.17％，超过原计划用水减少 50％的目标，大大降低了企业的运营成本和负担，同时也为环境保护做出了很大的贡献。2012 年 10 月 25 日，沃尔玛在北京举行发布会，宣布将其可持续发展战略进一步全面融入业务发展的新举措，并强调其在全球供应链内推广可持续发展指数的目标。因此，首都地区的零售企业要积极引进节能降耗管理技术和设施设备，优化管理流程与方法，建设节能降耗、减少碳排放的经济效益和社会效益统一的零售店。

同时零售企业还要注意对商品进行"绿色"包装，并实现"绿色"物流。如今"白色"污染问题依然严峻，虽然国家出台了"限塑令"，但是一次性购物袋并没有得到完全禁止，零售商应向消费者宣传和推广使用环保购物袋，减少一次性塑料购物袋的使用。"绿色"物流是指零售企业在商品运输和流通过程中，尤其是冷链物流的时候，采取各种措施尽可能减少碳排放量。

（7）对社会公益的责任。零售企业不仅仅是一个经济组织，更是一个社会组织。作为社会的一分子，零售企业的服务理念和企业文化对社会文化有着重要的影响，零售企业应该在承担好其他基本责任的基础上承担社会公益责任，做到取之于社会，服务于社会。承担社会公益责任主要是指促进社会慈善事业和公益事业方面的责任。具体来讲，零售企业应该积极参与扶贫救灾、支持教育、促进残疾人等弱势群体就业、关注儿童，如果条件允许的话可以成立专门的基金组织，这些责任的承担不仅仅为企业树立了良好的形象，更是为社会做出了巨大的贡献。

2. 零售企业社会责任指标体系构建

在构建首都地区零售企业社会责任评价指标体系之前，首先要确定出可以量化的测度指标，所确定出来的指标不仅要与零售企业应承担的社会责任内容相符合，更要具有代表性，指标数据要具有易获得性，指标要相对完整。代表性要求所确定的指标要能代表零售企业自身、首都政府相关部门、消费者及其他利益相关者对零售企业履行社会责任的共同要求；易获得性是指所制定出来的指标是为评价指标体系服务的，如果全是定性的，则必然显得难懂和缺乏说服力，而大量数据的存在可以使人们对零售企业履行社会责任的是非好坏有一个直观的了解；指标的相对完整是指能够涵盖零售业不同业态普遍应该履行社会责任的内容，不能偏废。

在对国内外研究成果进行分析的基础上，本课题探索建立一套符合北京市情，同时在全国零售企业具有代表性的社会责任指标体系。与上文所阐述的零售企业应当承担的社会责任相结合，归纳和概括出来的零售企业社会责任指标体系包括六个指标：零售企业经济发展指标、员工权益保护指标、消费者权益保护指标、零供关系融洽度指标、环保责任指标、社会公益责任指标。经济发展指标属于经济关系类指标，员工及消费者权益保护、零供关系处理、社会公益责任属于社会关系类指标，环保责任属于自然关系类指标（见表2-2）。

表2-2　　　　　　　首都地区零售企业社会责任指标体系

一级指标	二级指标
经济发展责任	股东权益
	债权人权益
员工权益保护	签订劳动合同
	工作条件
	劳动安全
	工资福利
	工作时间
	员工培训、成长与发展
消费者权益保护	商品合理定价
	质量审查制度
	工作人员的质量安全意识
	质量危机处理效率
	售后服务管理
供应商关系管理	供应商选择与管理制度
	商业腐败控制
	供应链反应能力
	合约遵守
环境保护	店内节能低碳装修改造
	绿色包装
	绿色物流
社会公益责任	公益慈善实施规划
	企业公益文化建设
	企业捐助额占销售额比率

（1）零售企业经济发展指标。零售企业作为一个经济组织，其首要目的是在满足人们各种需要的基础上实现盈利，为股东提供合理的回报，确保其他投资者和债权人的合法利益。在实际中，零售企业首先要合法诚信经营，依法纳税，保证企业的正常运营；其次，零售企业在协调各利益相关者利益的基础上来实现利润最大化。最后，在经济责任实现的前提下，要勇于承担其他层面的责任，树立良好的企业形象，促进

企业的再发展。归纳起来，经济发展指标包括股东权益实现、债权人权益保护两项二级指标，分别体现的是对股东的责任及对债权人的社会责任。

（2）员工权益保护指标。对员工权益的保护要求零售企业不仅要从企业自身内部考虑相关因素，还要从整体社会的角度来保护员工的合法权益。衡量零售企业是否较好地履行了对员工的责任可以从以下六个二级指标（子因素）来考察：签订劳动合同、工作条件、劳动安全、工资福利、工作时间、员工培训及成长与发展。这要求零售企业应该严格遵守我国相关劳动法律规定，保证员工的劳动安全，提供合理的工作福利，制定合法的企业工作制度；还要积极改善劳动条件与环境，提高员工的安全意识，避免工伤等伤害员工事件的发生；为员工提供公平的发展机会，确保晋升渠道畅通，实现企业与员工的共同发展。

（3）消费者权益保护。保护消费者的合法权益要求零售企业应该建立完善的商品定价方法、商品质量管理和质量监控体系。该体系应该包括合理的定价、明确的质量监查制度、工作人员的质量安全意识、质量危机处理效率、售后服务管理，所以这五点构成了消费者权益保护指标下的二级指标。

（4）供应商关系管理指标。该指标主要衡量零售企业是否较好地承担了对上游供应商的责任。零售商与上游供应商有着天然的联系，二者是统一又矛盾的组合体，二者关系的细微变化都会影响彼此的盈利水平和零售商对消费者的服务满意度。但是在二者关系中，零售企业往往占据着较大的优势，所以与供应商关系的处理成为零售企业承担社会责任的重要方面，可以从以下几个二级指标进行考察：供应商选择和管理政策、供应链反应能力、对供应商的诚信度。同时，商业贿赂等腐败现象在采购环节极其容易滋生，无论是零售商整体行为还是内部用权者个人行为，零售商都有着不可推卸的责任，因此零售商内部是否有健全的商业腐败控制体系也成为衡量其社会责任的重要二级指标。

（5）环保责任指标。如今气候极端现象频发，为了北京社会的良好环境，首都地区零售企业必须担当起环境保护的责任，实现人与自然的和谐。对零售企业来说，其在运营中要制订健全的节能低碳规划和细则，践行商品包装政策，实施商品绿色运输和流通。

（6）社会公益责任指标。社会公益责任指标的设定主要是衡量首都零售企业对社会的贡献度，社会公益责任的承担不仅仅要求零售企业要捐助多少款项，而应该从制度层面去健全其内部的公益慈善制度。对该责任的衡量可以从以下三个指标进行：零售企业是否制订有公益慈善规划、是否有较好的企业公益文化、捐助占企业利润的比例。

（二）首都零售企业社会责任指标评价体系的建设

1. 构建方法和数据来源

在构建评价指标体系的研究中，常用的方法有层次分析法、人工神经网络法。在这两种方法中，人工神经网络方法是将进行归一化处理后的属性参数作为输入层，将方案的综合评价值作为输出层，然后应用 BP 网络的学习算法，当网络收敛时，即可获得属性的权重分配向量。这种方法多于两层目标优化问题，优化问题的层次多于两层时，构造决策问题的 BP 网络结构存在一定的困难①。

层次分析法根据问题的性质和要达到的总目标，将问题分解为不同的组成因素，并按照因素（指标）间的相互关联影响及隶属关系将因素（指标）按不同层次聚集组合，形成一个多层次的分析结构模型，从而最终使问题归结为下一级指标（供决策的方案、措施等）相对于最高层（评价体系）的相对重要权值的确定或相对优劣次序的排定。层次分析法具有以下优点。

系统性——将对象视作系统，按照分解、比较、判断、综合的思维方式进行决策。成为继机理分析、统计分析之后发展起来的系统分析的重要工具。

实用性——定性与定量相结合，能处理许多用传统的最优化技术无法着手的实际问题，应用范围很广，同时这种方法使得决策者与决策分析者能够相互沟通，决策者甚至可以直接应用它，这就增加了决策的有效性。

简洁性——计算简便，结果明确。层次分析法的基本原理易于理解，该法的基本步骤容易被决策者了解和掌握。本课题在构建首都零售企业社会责任评价指标体系中采用的便是该种方法。

运用层次分析法构造系统模型时，大体可以分为以下四个步骤。

（1）建立层次结构模型。该结构包括目标层、准则层、方案层。

（2）构造判断（成对比较）矩阵。判断矩阵是表示本层所有因素针对上一层某一个因素的相对重要性的比较。判断矩阵的元素 a_{ij} 用该方法的创始人桑蒂（Santy）所提出的 1～9 标度方法给出（见表 2-3）。

表 2-3　　　　　　　　　　　判断矩阵元素 a_{ij} 的标度方法

标　度	含　义
1	表示两个因素相比，具有同样的重要性
3	表示两个因素相比，一个因素比另一个因素稍微重要
5	表示两个因素相比，一个因素比另一个因素明显重要
7	表示两个因素相比，一个因素比另一个因素强烈重要
9	表示两个因素相比，一个因素比另一个因素极端重要
2，4，6，8	上述两相邻判断的中值
倒数	因素 i 与 j 比较判断 a_{ij}，因素 j 与 i 比较判断 $a_{ji}=1/a_{ij}$

（3）层次单排序及其一致性检验。对每个成对比较矩阵计算最大特征值及其对应的特征向量，利用一致性指标、随机一致性指标和一致性比率做一致性检验。若检验

① 胡文斌，孟波，王少梅. 基于贝叶斯网络的权重自学习方法研究［J］. 计算机集成制造系统，2005（12）：1781-1784.

通过，特征向量（归一化后）即为权向量；若不通过，需要重新构造成对比较矩阵。

$$CI = \frac{\lambda - n}{n - 1}$$

式中，$CI = 0$，有完全的一致性；

CI 接近于 0，有满意的一致性；

CI 越大，不一致越严重。

然后引入 RI，RI 由桑蒂随机构造 500 个成对比较矩阵所获得，其结果如表 2-4 所示。

表 2-4　　　　　　　　　　　　随机一致性指标 RI

n	1	2	3	4	5	6	7	8	9	10	11
RI	0	0	0.58	0.90	1.12	1.24	1.32	1.41	1.45	1.49	1.51

一般当一致性比率 $CR = \dfrac{CI}{RI} < 0.1$ 时，即可认为矩阵的不一致程度在允许的范围之内，有满意的一致性，通过一致性检验。可用其归一化特征向量作为权向量，否则要重新构造成对比较矩阵 A，对数据加以调整。

（4）层次总排序及其一致性检验。由于对一级指标之间及各对应二级指标之间需要根据上述所讲的标度方法确定权重，因此在研究过程中，向零售业的 4 位专家和首都地区零售企业的 3 位高层经理发放了调查问卷，并全部有效收回。通过对 7 份调查问卷的数据进行分析整理，得出各层次指标的判断矩阵。

2. 指标规范与判断矩阵分析

首都零售企业社会评价指标如表 2-5 所示。

表 2-5　　　　　　　　　首都零售企业社会责任评价指标

	一级指标（B）	二级指标（C）
首都零售企业社会责任评价指标体系（Z）	经济发展责任（B₁）	股东权益（C₁）
		债权人权益（C₂）
	员工权益保护（B₂）	签订劳动合同（C₃）
		工作条作（C₄）
		劳动安全（C₅）
		工资福利（C₆）
		工作时间（C₇）
		员工培训、成长与发展（C₈）

一级指标（B）	二级指标（C）
	商品合理定价（C_9）
	质量审查制度（C_{10}）
消费者权益保护（B_3）	工作人员的质量安全意识（C_{11}）
	质量危机处理效率（C_{12}）
	售后服务管理（C_{13}）
	供应商选择与管理制度（C_{14}）
供应商关系管理（B_4）	商业腐败控制（C_{15}）
	供应链反应能力（C_{16}）
	合约遵守（C_{17}）
	店内节能低碳装修改造（C_{18}）
环境保护（B_5）	绿色包装（C_{19}）
	绿色物流（C_{20}）
	公益慈善实施规划（C_{21}）
社会公益（B_6）	企业公益文化建设（C_{22}）
	企业捐助额占销售额比率（C_{23}）

（左侧跨行：首都零售企业社会责任评价指标体系（Z））

（1）计算各一级指标 B 对评价体系 Z 的判断矩阵（见表 2-6）。

表 2-6　　　　　　　　　　　　　**B-Z 的判断矩阵**

Z	B_1	B_2	B_3	B_4	B_5	B_6
B_1	1	1	1	1	4	6
B_2	1	1	1	3	5	6
B_3	1	1	1	2	5	5
B_4	1	1/3	1/2	1	4	5
B_5	1/4	1/5	1/5	1/4	1	2
B_6	1/6	1/6	1/5	1/5	1/2	1

①运用 MATLAB 统计软件对表 2-6 的判断矩阵进行计算，得出该矩阵的最大特征值为 λ=6.153。

权向量（特征向量）$\overline{w}$=（0.219，0.280，0.248，0.162，0.053，0.038）^{T}

②进行一致性检验。

$$n = 6, CI = \frac{\lambda - n}{n - 1} = \frac{0.153}{5} = 0.0306$$

$$CR = \frac{CI}{RI} = \frac{0.0306}{1.24} = 0.025 < 0.1$$

所以 B-Z 的判断矩阵通过一致性检验，该特征向量即为各指标的权向量。

（2）计算各二级指标 C 对相应一级指标 B 的层次矩阵。仍然按照上面的步骤进行，所得出的结果如表 2-7～表 2-13 所示。

表 2-7　　　　　　　　　　　C_1-C_2 对 B_1 的比较判断矩阵

B_1	C_1	C_2	权重值（w）
C_1	1	1	0.5
C_2	1	1	0.5

表 2-8　　　　　　　　　　　C_3-C_8 对 B_2 的比较判断矩阵

B_2	C_3	C_4	C_5	C_6	C_7	C_8	权重值（w）
C_3	1	1	1/5	1/3	1/4	2	0.078
C_4	1	1	1/3	2	1/2	4	0.145
C_5	5	3	1	3	3	4	0.382
C_6	3	1/2	1/3	1	1/2	3	0.130
C_7	4	2	1/3	2	1	3	0.212
C_8	1/2	1/4	1/4	1/3	1/3	1	0.053

表 2-9　　　　　　　　　　　C_9-C_{13} 对 B_3 的比较判断矩阵

B_3	C_9	C_{10}	C_{11}	C_{12}	C_{13}	权重值（w）
C_9	1	1/2	1/4	1/4	1	0.084
C_{10}	2	1	1/2	1/3	2	0.156
C_{11}	4	2	1	1/2	2	0.258
C_{12}	4	3	2	1	3	0.398
C_{13}	1	1/2	1/2	1/3	1	0.104

表 2-10　　　　　　　　　　　C_{14}-C_{17} 对 B_4 的比较判断矩阵

B_4	C_{14}	C_{15}	C_{16}	C_{17}	权重值（w）
C_{14}	1	1/5	1/2	1/4	0.082
C_{15}	5	1	2	2	0.445
C_{16}	2	1/2	1	1/2	0.176
C_{17}	4	1/2	2	1	0.297

表 2 - 11　　　　　　　　　　　$C_{18} - C_{20}$ 对 B_5 的比较判断矩阵

B_5	C_{18}	C_{19}	C_{20}	权重值（w）
C_{18}	1	3	2	0.540
C_{19}	1/3	1	1/2	0.163
C_{20}	1/2	2	1	0.297

表 2 - 12　　　　　　　　　　　$C_{21} - C_{23}$ 对 B_6 的比较判断矩阵

B_6	C_{21}	C_{22}	C_{23}	权重值（w）
C_{21}	1	1	1/3	0.21
C_{22}	1	1	1/2	0.24
C_{23}	3	2	1	0.55

表 2 - 13　　　　　　　　　　　一致性检验

	B_1	B_2	B_3	B_4	B_5	B_6
λ_{max}	2	6.4001	5.0939	4.0473	3.0092	3.0183
CR	0	0.0645	0.021	0.0175	0.0079	0.0158

至此，各一级指标下对应的二级指标的权重通过相互比较，已经得以确定，并且全部通过一致性检验。

（3）权重的归一与结果综合。根据上文所计算出来的结果，对一级、二级指标进行整理，对二级指标的权重进行规范化，所得出来的结果如表 2 - 14 所示。

表 2 - 14　　　　　　　　首都零售企业社会责任评价指标体系综合表

一级指标	权重值（w）	二级指标	规范前权重值（w）	规范后权重值（w）
经济发展责任	0.219（3）	股东权益	0.5	0.1095
		债权人权益	0.5	0.1095
员工权益保护	0.280（1）	签订劳动合同	0.078	0.0219
		工作条件	0.145	0.0406
		劳动安全	0.382	0.1070
		工资福利	0.130	0.0364
		工作时间	0.212	0.0593
		员工成长与发展	0.053	0.0148

一级指标	权重值（w）	二级指标	规范前权重值（w）	规范后权重值（w）
消费者权益保护	0.248（2）	商品合理定价	0.084	0.0208
		质量审查制度	0.156	0.0387
		工作人员的质量安全意识	0.258	0.0640
		质量危机处理效率	0.398	0.0987
		售后服务管理	0.104	0.0258
供应商关系管理	0.162（4）	供应商选择与管理制度	0.082	0.0133
		商业腐败控制	0.445	0.0721
		供应链反应能力	0.176	0.0285
		合约遵守	0.297	0.0481
环境保护	0.053（5）	店内节能低碳装修改造	0.540	0.0286
		绿色包装	0.163	0.0086
		绿色物流	0.297	0.0158
社会公益	0.038（6）	公益慈善实施规划	0.21	0.080
		企业公益文化建设	0.24	0.0091
		企业捐助额占销售额比率	0.55	0.0209

　　至此，首都零售企业社会责任评价指标体系的构建已经完成。从结果中可以看出，首都零售企业不能仅仅为了实现其经济利润而损害员工及其消费者的合法权益，在正常发展中，更应该注重对员工的权益保护，维护消费者的合法权益，在此基础之上实现零售企业的经济效益，除此之外，还要加强与供应商的关系管理，采取措施消除商业贿赂等腐败现象，同时还可以看出，环境保护责任和社会公益责任排在零售企业社会责任的最后两位，说明企业应该在承担前面各项责任的基础上，才能考虑和承担其他后面两种社会责任，零售企业也只有在较好地承担了前面几种责任的情况下才能有能力承担起环境保护责任，尤其是社会公益责任。

（三）首都零售企业社会责任管理模式的确立

　　首都地区零售企业社会责任管理模式指的是能够促进首都地区零售企业社会责任发展的管理理念、管理程序、管理制度或者管理方法。那么只有指标体系和评价体系是远远不够的，在制定出来相应的指标或标准之后，还需要政府、零售企业及其他利益相关者的共同努力，才能有效把握首都零售企业社会责任管理状况，并通过制定相应的监督制度或建立标准来促进首都地区零售企业社会责任建设进度，为和谐社会首善首都提供支持。

　　1. 三种典型的企业社会责任管理模式

　　在确定首都零售企业社会责任管理模式前，首先要对当前存在的社会责任管理模式类型予以研究，在社会责任建设进程中，根据参与企业社会责任建设的主体可以把企业社会责任管理模式分为三种类型，分别是政府主导的企业社会责任管理模式、核心零售企业主导的零售企业社会责任管理模式、非政府组织主导的零售企业社会责任管理模式。

（1）政府主导的企业社会责任管理模式。从字面上可以看出，政府主导的零售企业社会责任管理模式是指一切由政府发挥主导作用。具体而言，第一，政府通过制定政策法规等行政手段，在推动社会责任运动的同时，能够约束、监管企业社会责任的不良行为，实现社会责任运动的正常运行；第二，具有公信力和影响力的政府可以积极行使社会职能，参与制定企业社会责任评价标准，为企业社会责任实践提供考量的工具；第三，为企业履行社会责任提供方便或政策支持，推动企业积极落实社会责任；第四，扩大宣传，引导广大消费者、新闻媒体和非政府组织等利益相关方积极参与社会责任建设。总之，政府主导的企业社会责任是指在社会责任运动中，一切由政府主导和支持。

（2）核心零售企业主导的零售企业社会责任管理模式。核心零售企业主导的社会责任管理模式是由具有影响力的大型零售企业主导，由政府进行适当监督、引导和评价的一种管理模式。在这种管理模式下，核心零售企业不仅有责任承担好自身的社会责任，同时负责并有能力制定整体行业或者供应链上其他企业的社会责任准则，能够与其他企业积极协调，所制定出来的准则能够得到其他企业的认可和执行。核心零售企业一般是指那些在零售市场上有较大规模并引领整体行业发展的企业。它的行为直接关系整个行业和供应链企业的社会责任状况。在这种模式下，核心零售企业自身社会责任的履行情况具有重大的影响作用。正人必先正己，只有自身切实履行好社会责任，才能在行业和供应链上形成广泛的认可，其所制定出来的规范和准则才能在行业及供应链企业中得以实施。

（3）非政府组织主导的零售企业社会责任管理模式。近几十年来，各种行业组织等非政府组织日益壮大，并成为企业社会责任运动中一支不可忽视的力量，对于企业社会责任的发展发挥了特殊的重要作用，因此非政府组织主导的零售企业社会责任管理模式应运而生，这种管理模式在经济高度发达、信用体系十分健全的西方较为常见。非政府组织往往表现为某方面公共利益的代表者，既有可能是消费者群体组织，也有可能是员工群体组织，更可能是零售行业组织。在这种管理模式下，各类非政府组织在考虑自身利益的基础上，不断进行协调，最后达成一致妥协，成为了一种独立的管理模式。这种模式是政府约束和自我约束向社会约束的转变。

第一，各类非政府组织通过开展各种维权、倡导等活动极大地促进了企业社会责任的发展。第二，在这种管理模式下，非政府组织作为主导性力量不断制定合理的行业标准、商业惯例和守则等来推动企业社会责任的良性发展。第三，某些非政府组织可以作为企业社会责任的外部监督者，拥有一定的行动能力和行动机制。例如"社会责任国际"作为非政府组织联合其他组织和公司于 1997 年共同制定出 SA 8000（social accountability 8000），这已经成为当前在全球影响最大的非政府组织标准之一。

2. 首都零售企业社会责任管理模式的选择与建设

（1）首都零售企业社会责任管理模式的选择。经过对以上三种典型企业社会责任管理模式的对比，并根据我国的国情、首都地区零售业发展现状、履行社会责任方面情况的考虑，北京应当建立政府主导的零售企业社会责任管理模式，即以政府部门作为企业社会责任管理和发展的主动力，由政府相关部门通过制定相关法规政策等行政手段，对零售企业的社会责任行为予以引导、激励和约束，推动零售企业社会责任并带动首都整体企业社会责任的进步。

第一，我国各级政府具有最大的影响力和强制力。北京市有两千多万人口，对这样大规模的城市进行管理必然需要一个强势有力的政府。而这样的政府对社会责任运动的推广和管理能够发挥最大的积极作用。

第二，当前北京正在不断倡导"爱国、创新、包容、厚德"的北京精神，作为全国的政治中心，正在建设和谐社会首善之区，零售企业社会责任的建设对其有积极的影响，因此在这种社会转型和发展过程中，政府应充当主导角色。

第三，包括北京在内，我国的市场经济还并不像欧洲那样发达，所以企业社会责任履行的范畴或重点也较西方不一样，在当前的北京，企业更多是强调企业的法定责任，如消费者权益保护、员工权益保护、促使和监督零售企业财务及其他信息的及时、真实披露等。而在发达的欧洲，企业还较多关注社会公益和慈善。因此在北京，零售企业履行社会责任情况还需政府来监督和主导。政府主导下的引导、政策优惠、法律规制和舆论宣传也是零售企业履行社会责任的有效推进手段。

第四，政府可以通过国有零售企业来对整体行业社会责任建设状况进行调节和改善，因为国有零售企业是国民经济的重要支柱，对促进首都经济发展、推动零售企业社会责任建设和经济社会稳定健康发展有重要作用。

（2）首都零售企业社会责任管理模式的建设。在北京，应该建立以政府主导的零售企业社会责任管理模式。具体来讲，政府应该从以下方面推进首都零售企业的社会责任建设：政府主导、零售企业遵守与自律、非政府组织规范与引导的三位一体的管理模式，如图2-3所示。

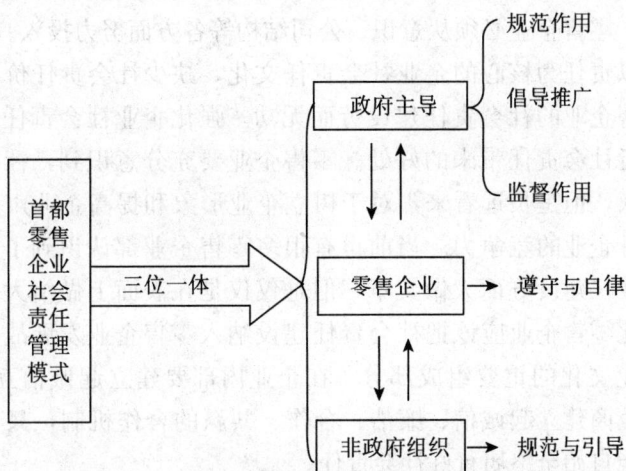

图2-3　首都零售企业社会责任管理模式

①政府部门应该发挥的作用。

第一，作为社会责任建设的主导力量，政府部门要制定出合理的、适合首都零售市场情况的社会责任行为规范，使零售企业履行社会责任有章可循，而不是高而不及；首都的零售市场在首都整体经济发展中占据很重要的位置，但是并没有政府发布的相关评价标准或者指标，因此政府相关部门应该在促进经济发展的同时，提高零售企业的软文化建设，促使其积极履行社会责任；政府部门作为行政机关，为了更好地履行公共服务职能，促进首都社会的和谐发展，应该制定出地区零售企业社会责任实施战略，明确社会责任的实施目标和计划，通过政策对社会责任建设进行调控。

第二，完善零售业政策法规，支持和鼓励零售企业对落后店铺进行投资改造，淘汰落后技术设备，采用节能、环保型技术设备；建立零售企业社会责任激励制度，制定配套政策措施，对较好地履行企业社会责任的零售企业给予投资、税收、用地等方面的政策优惠，从而对零售企业履行社会责任起到良好的激励作用；利用媒体和社会舆论，正面宣传，注重发挥"爱国、创新、包容、厚德"的北京精神，对零售企业进行正确的引导，并积极倡导零售企业社会责任行为自律和规范化；教育零售企业规范管理、诚信经营、善待员工、回报社会；同时政府还要培育和支持具有影响力的非政府组织的发展，强化行业自律，推广地区零售企业社会责任标准。

第三，政府要主动将零售企业社会责任作为政府相关部门工作的有机组成部分，使之成为衡量部门工作的一个要素，建立起协调机制、沟通平台、零售企业社会责任信息公开平台等；优化行业竞争规则和零供关系处理规范，建立多渠道的监督体系，防治商业腐败，加强商业道德建设，树立首都零售企业美好形象，为首都建设国际商贸中心城市添砖增瓦；建立有效的社会责任实施跟踪机制，关注发达国家的社会责任问题及发展动态，并结合北京市零售业发展现状制定政策法规，提出相应对策。

②零售企业的做法。零售企业积极履行社会责任，不仅可以为首都地区社会责任贡献力量，更可以为企业树立良好的形象，最终提高企业的竞争力和盈利能力。为了履行好社会责任，零售企业必须从意识、公司结构等各方面努力投入。

第一，建立以责任为核心的企业社会责任文化，缺少社会责任价值观和社会责任意识，只会使零售企业的社会责任建设劳而无功。强化企业社会责任意识，应该让零售企业意识到履行社会责任带来的好处。零售企业要充分意识到，社会责任活动虽然是一项长期的投入，但是长远看来，对于树立企业形象和提高企业声誉有着积极的作用，最终能够提升企业的竞争力。当前也有很多零售企业都认识到了这一点，为了受益，在企业社会责任建设方面大做文章，但是仅仅是在表面上做给大家看，结果自然是劳民伤财。因此零售企业应该把社会责任建设纳入零售企业发展战略，把企业社会责任文化作为企业文化的重要组成部分。在企业内部要建立起诚信互助的道德规范，在供应链上与供应商建立起诚信、廉洁、合作、共赢的合作机制，只有从意识上面入手，零售企业才能自始至终履行好社会责任。

第二，从公司内部结构入手，建立专门的社会责任管理机构。有了目标和计划，而缺乏执行机构或监督机构，目标注定不能达到。明确的社会责任计划加上专门的负责机构，就会使得一个空洞的目标有了经费保障和规范化的管理程序。因此，首都的零售企业要建立专门的管理结构来督促社会责任的履行，专门的管理机构包括各个部门人员，覆盖各经营单位和各职能部门，责任到人，明确机构的职能、职责和权限，形成一个强有力的管理网络，负责和监督企业社会责任的实践。国际大型零售商沃尔玛（中国）在2011年年底宣布，设立合规管理部门，负责食品安全、消费者权益保护等与合规经营相关的事务，同时担负公司内部第三方监督的职责[①]。电器专业店苏宁也非常重视企业社会责任管理机构建设，公司建立了由总裁办—党委办公室—工会—市场品牌部门组成的四位一体的社会责任执行机构，调动大部力量去强化企业社会责任管理和监督。

第三，零售企业在实现经济利润的同时要关注相关者的利益。要严格自律，遵守法律法规，维护消费者的合法权益，追求经济社会效益的双赢，零售企业所售商品大部分与民众生活息息相关，因此零售企业在遵守法律的同时还要尽最大努力改善和提高商品检验质量和效率。员工权益的保护也是社会责任的重要内容，在零售企业内部，应该积极改善员工工作环境，坚持"以人为本"，依法维护员工的劳动保护、社会保障、安全生产条件等权利和利益；还要保障员工成长和发展的权利，为其提供职业技能、企业价值理念、科学文化素养等培训，提高员工素质，促进员工的全面发展。对于供应商，要建起诚信社会责任机制。对零售企业来说，供应商是其所售商品的提供方，是零售商最重要的合作伙伴。作为商业合作伙伴，零售商处于强势地位，应对供应商讲诚信，依法签订和履行合同，避免一切有违诚实信用原则的商业行为。

第四，与政府及非政府组织建立起默契的社会责任发展机制。对于政府部门制定的政策法规，要坚决遵守；对于政府部门的倡议和号召，要积极响应；对于政府部门的监督和管理，要认真配合。政府是管理整个行业和市场的主体，因此零售企业要主动接受政府的监督。为了配合政府部门的管理工作，零售企业应做到：首先，遵纪守法，必须严格履行国家颁布的法律义务。其次，主动接受政府及非政府组织的监督。在节能环保、确保产品质量、履行纳税义务，解决劳动合同、劳资纠纷、劳动安全、职业健康、工时和加班、社会保险，以及妇女权益保障等方面要主动接受社会与媒体的监督。

第五，要积极主动参与社会责任标准制定，加入权威的社会责任认证，并定期发布社会责任报告。当前存在很多社会责任认证标准，如ISO 14000（环境管理体系标准）和SA 8000等。但是这些标准大多针对的是生产制造业和其他产业，而以后地区性及行业性的社会责任标准的形成必然是一种趋势，因此零售商应该尽早做好准备，积极主动地参与社会责任标准制定，把握主动权，对于已有的社会责任认证，要认真地参与和配合。企业社会责任报告是企业在一个时期内履行社会责任情况的总结，为了更好地履行社会责任，企业要定期对社会责任履行状况予以总结和公布，对于问题要认真研究对策进行解决，对于优点要继续发扬。

① 资料来源：中国网络电视台，http://jingji.cntv.cn/20111216/107032.shtml。

③非政府组织的规范、引导与促进作用。

第一，同政府部门一样，非政府组织对社会责任建设也有着规范引导的作用，在一定程度上，二者的职能或作用是交叉的，因此，非政府组织同政府的关系处理影响企业的发展和企业社会责任建设作用的发挥。当前随着我国行政体制改革的推进和政府职能的转变，政府权力逐渐从某些公共服务领域退出，逐步实行分离和脱钩，成为了完全独立和中介性的组织。因此，非政府组织对零售企业社会责任建设有推波助澜的作用。非政府组织可以通过各种社会责任活动和会议构建相应的监督体系。非政府组织能够连接起政府、零售企业与社会，弥补企业社会责任法制性的缺失。

第二，非政府组织作为零售企业外部的一个利益相关者，可以从最高角度同政府部门或单独、客观地制定各种社会责任标准。当前，美国、英国、德国等发达国家的非政府组织制定的标准和守则为数众多，国际标准化组织（ISO）是全球最具权威的非官方标准化组织，制定出了 ISO 26000 的国际社会责任标准。当前首都地区与零售企业相关的非政府组织尚未能发挥相应的作用，一方面获得政府的扶持和认可可能不够；另一方面，自身的工作效率和能力尚不足以担当此重任。但是从长远看来，非政府组织制定企业社会责任标准也是一种趋势。

第三，非政府组织通过对零售企业行为进行调查和评价，帮助零售企业认识自己社会责任建设中的不足和缺憾，并能帮助零售企业与各利益相关者对话，指导企业如何有效建设社会责任，实现企业的自主性、能动性，同时为社会宣扬零售企业的负责任的经营行为，为零售企业树立良好的市场形象；还可以通过媒体、社会的舆论，有效地对零售企业社会责任行为加以引导，倡导商业文明，对社会责任缺失等不良行为进行制衡和束缚。

六、研究总结与展望

（一）结论

首都零售企业社会责任管理体系的构建是一项系统工程，包括构建出适合首都地区市情的、适用于零售企业的社会责任指标体系，还包括与该指标体系相配套的衡量零售企业社会责任履行状况的评价体系和三位一体的社会责任管理体系。

第一，首都零售企业社会责任指标体系的构建必须依托于对零售商应该承担的社会责任内容来进行，否则会出现构建的指标和零售企业的社会责任建设范畴不符的现象，从而进一步导致对零售企业社会责任履行状况无法评价和衡量的问题出现。首都地区的零售企业应当承担的社会责任包括：对股东和债权人的责任、对员工的责任、对供应商的责任、对消费者的责任、对政府和社区的责任、对环境保护的责任、对社会公益的责任。对零售企业应当承担的社会责任进行分析之后，指标的构建才会显得清晰明了，本课题并没有采取其他研究者的指标分类方式，多数研究者把指标宽泛地划分为经济类指标、社会类指标和自然关系类指标，这些分类显得较为宽泛而难以为零售企业履行社会责任提供指导或引导，而本课题根据对首都零售企业应当承担的社会责任内容构建了六个指标，分别是：零售企业经济发展指标、员工权益保护指标、消费者权益保护、供应商关系管理指标、环保责任指标及社会公益责任指标，这样的指标体系有益于零售企业进行直观的认识、学习和履行社会责任。

第二，构建出来的指标体系能够为零售企业履行社会责任提供引导。但是，零售企业履行社会责任的状况缺少不了一个简单易懂的衡量工具，因此课题研究者构建出首都零售企业指标体系以后，通过对包括零售企业在内的高层经理和社会责任学者共7位专家进行访谈和调查，对各个指标因素进行比较，构造出层次判断矩阵，最后借助层次分析法（AHP法）赋予各个指标权重，从而确定出首都零售企业社会责任评价指标体系。最后的评价指标体系结果显示，对首都零售企业来说，首先，不能为了实现利益最大化而损害员工和消费者的合法权益，对这两个责任的履行属于法律层面的问题，是零售企业应该履行的最基本的责任，在维护员工和消费者权益的基础上，企业要实现良性发展，履行好对所有股东及债权人的责任；其次，零售企业应该进行合理的投入，以改善落后的电器和设备，并实行绿色运输，宣传和推广商品的绿色包装，在一定程度上，这也是在履行经济责任，因为这些投入可以改善能耗，降低未来的运营成本；最后，首都零售企业应该在经济条件和能力允许的情况下，开展和推广社会公益和慈善事业，促进社区和社会就业，为和谐社会首善之区贡献该尽的义务。

第三，仅有供首都零售企业参考的指标和衡量零售企业履行社会责任好坏的评价指标，而没有完善的零售企业社会责任管理模式，建设零售企业社会责任的各个主体必然会无法协调，这会导致零售企业社会责任停滞不前甚至倒退。在首都，应当建立以政府为主导的零售企业社会责任管理模式，该模式倡导零售企业社会责任的建设应该由政府相关部门主导，由企业自觉遵守和自律，由非政府组织进行引导和适当的规范，所以还可以成为三位一体的社会责任管理模式。这种管理模式使首都零售企业社会责任建设落实到各主体，监管和规范有章可循，有法可依，有据可查，有助于首都社会责任运行秩序的建立。

（二）有待进一步研究的问题

第一，本课题所构建的社会责任管理体系能够为各零售企业履行社会责任提供参考或指导，能够衡量社会责任履行状况的好坏，能够明确各相关主体的责任，为首都零售企业社会责任建设相关的各个主体提供参考。但是零售企业是一个比较宽泛的行业，不仅分为有店铺零售业态和无店铺零售业态，还可以分为食杂店、便利店、折扣店、超市、大型超市、仓储会员店、百货店、专业店、专卖店、家居建材商店、购物中心、厂家直销中心、电视购物、邮购、网上商店、自动售货亭、直销、电话购物共18种零售业态。其实这18种零售业态又有各自的特征。因此，本课题所构建的社会责任管理体系可能不适用于某种业态。因此，以后还应该针对在首都比较重要的几种零售业态，根据它们的运营特点，建立对应的社会责任管理体系。

第二，本课题所构建的首都零售企业社会责任评价指标体系，所研究的数据来源于4位社会责任研究方面的学者和3位零售业高层，一方面这些数据主观性比较强一些；另一方面，这些数据可能只代表个人或部分群体的意见，尚不能代表所有零售企业利益相关者的意见。同时本课题采用层次分析法，本方法也存在一定的缺点。层次分析法是一种带有模拟人脑的决策方式的方法，因此必然带有较多的定性色彩，设权的时候主观性太强，致使结果也会带有一定的主观性。因此，如果在现实运用的过程中，这种指标被证明不太合理的话，还应该尝试运用其他方法构建零售企业社会责任评价指标体系。

第三章　我国零售企业社会责任实现机制研究

一、绪论

(一) 选题背景和研究意义

1. 选题背景

(1) 国际背景。近年来，随着经济全球化和大规模工业变革的推进，企业社会责任问题越来越受到全球的关注，企业对国家乃至全世界可持续发展的影响成为日益关注的焦点。国际社会主流观点认为，企业社会责任有保障全球经济和环境可持续发展的作用，对维护国际和平有重要的作用，对促进发展中国家政治稳定起积极作用。零售业作为第三产业中的一个重要行业，履行自身企业社会责任具有重要的现实意义。因此，以许多欧美发达国家为首的政府组织、非政府组织、专家学者及普通民众对零售企业社会责任问题极为关注，普遍要求零售企业对整个供应链承担责任，不断强化零售企业的责任感，指导零售企业进行社会、环境、经济的表现报告。这一切都对零售企业提出了更高的要求，在欧美国家的零售行业，企业社会责任已经上升到战略性管理层面，更有甚者则把企业管理看成是对一系列广义社会责任问题的管理。为了更有针对性地履行企业的社会责任，企业界普遍采取应对措施，如加入相关责任守则，贯彻和实施相关认证，制定有关劳工问题、人权和环境、职业健康的社会责任标准，定期公布社会责任报告，实行企业社会责任财务审核制度等。在学术界，企业社会责任早已成为一个热点问题，相关研究成果不断涌现，但有关零售企业社会责任问题的研究成果仍然相对匮乏。

(2) 国内背景。随着经济全球化的深入发展，兴起于西方国家的企业社会责任运动已经对我国产生了影响，并在近两年引起广泛关注。一方面，外国采购商在中国选择供应商时普遍把企业社会责任表现作为重要的评价依据；另一方面，在我国国民经济快速发展的同时，假冒伪劣、侵犯员工合法权益、污染环境、过度消耗自然资源等问题变得越来越严重，社会和谐和可持续发展能力受到严重破坏。要提升我国零售企业的国际竞争力，必须尽快建立并完善零售企业社会责任实现机制。20 世纪 90 年代以后，企业社会责任进入我国学术界视野。近年来，这一课题的研究引起越来越多的学者的兴趣，我国学术界绝大多数研究者对企业社会责任持肯定的态度，多数是论证企业社会责任的必要性，或者是结合对 SA 8000[①] 的评价提出我国的对策，但从理论上进

---

① SA 8000 由总部设在美国的社会责任国际组织联合欧美跨国公司和其他国际组织在 1997 年发起。

行系统研究零售企业社会责任问题的较少，对零售企业社会责任到底应当如何实现缺乏系统、全面的研究。因此，如何使零售企业在创造巨大物质财富的同时，自觉承担起应该承担的社会责任，在零售业建立起相对完善的实现社会责任的机制和模式，以推动企业、社会、自然的和谐共存与健康发展，已成为我国零售业面临的新的历史性课题。

2. 研究意义

目前社会各界在如何认识和对待零售企业社会责任问题上并未达成共识，政府缺乏对零售企业承担社会责任的政策引导和相关法律法规，零售企业也缺乏承担社会责任的主动性、积极性，社会缺乏对零售企业履行社会责任的正确评价和舆论导向。本书将厘清在我国当前的经济和社会环境之下，政府、零售企业、社会在企业社会责任的实现中的角色功能和相互关系，从理论上构建零售企业社会责任实现的主体、条件，各项制度和方法。

本书的研究有助于为宏观经济管理者如何更好地管理企业，使之更好地履行企业公民的义务提供参考，也有助于为零售企业管理者如何平衡企业的经济效益和社会效益，处理好企业与各利益相关者的关系提供指导，从而为零售企业社会责任在中国的实践和落实提供一定的解决思路。

（二）国内外相关研究综述

1. 企业社会责任的研究历程和研究趋势

（1）企业社会责任研究历程。企业社会责任（Corporate Social Responsible，CSR）的概念从 20 世纪 20 年代在西方发达国家产生到现在已有近百年的时间。西方发达国家尤其是美国对于企业社会责任的研究起步较早。学术界一般认为，现代企业社会责任的概念是美国学者谢尔顿（Sheldon，1924）提出的，他把企业社会责任与经营者满足产业内外各种人类需要的责任联系起来。1953 年现代企业社会责任研究领域的开拓者伯温（Bowen）提出了企业及其经营者必须承担社会责任的观点，至此研究对象开始从关注商人个体转向关注企业整体作为经济组织的社会责任。20 世纪 60 年代，来自经济学界、法学界、管理学界的学者们对企业社会责任概念展开了激烈的争论；70 年代提出了企业社会回应概念，强调企业的主动行为，将企业社会责任与战略管理联系在了一起；80 年代提出了企业社会表现概念，意欲提供一个应对企业社会责任的管理框架，同时试图对企业社会责任进行全面衡量；90 年代，利益相关者理论日益成熟，为企业社会责任的实现奠定了理论基础。在世纪交替之际，企业公民（corporate citizenship）概念又将企业社会责任思想继续推向前进，为企业社会责任的实现研究提供了新的范式。进入 21 世纪，国外学者们开始关注企业社会责任缺失（Corporate Social Irresponsibility，CSIR）问题。实际上，企业社会责任的增加不一定会使企业社会责任缺失的问题减少，这两者是既相互联系又相互独立的不同行为。

在企业社会责任的研究历程中，关于企业是否应当承担社会责任始终是学术界讨论的焦点。反对企业承担社会责任的代表者有莱维特（Theodore Levitt）、弗里德曼（Milton Friedman）、波斯纳（RA Posner）等，他们认为企业的责任是按照股东的需要产生利润，社会问题的解决主要是政府的责任，企业承担社会责任将增加消费者的成本，并最终有可能使自己被逐出市场。支持企业承担社会责任的代表者有美国著名管理学者安德鲁斯（Andrews）、哈罗德·孔茨（Harold Koontz）及海因茨·韦里克（Heinz Weihrich）等，著名管理学者彼得·德鲁克（Peter Drucker）旗帜鲜明地支持了企业社会责任正当性的论断，在其《管理——任务、责任、实践》一书中，提出了"企业的目的必须在企业本身之外，事实上，企业的目的必须在社会之中，因为工商企业是社会的一种器官"这一观点。

（2）企业社会责任研究趋势。当前，关于企业是否应当承担社会责任的争论，在理论界出现了一种融合的趋势，认为将企业社会责任与所有的利益相关者结合起来的这一战略也能够产生可测量的利润增加，企业利润最大化可以与企业社会责任和谐共存。在这一前提下，学术界对企业社会责任的研究渐渐集中于企业社会责任与财务绩效关系、企业社会责任与利益相关者理论、企业社会责任标准化及国际化等层面的讨论。在企业社会责任与财务绩效关系研究方面，多数认为企业承担社会责任可以促进财务绩效的增长，但由于评价方法的不一致，且没有完全考虑产业、规模和历史对研究结论的影响，这些文献无法深入探讨企业社会责任水平与财务绩效正相关但仍有众多的企业不愿履行社会责任的原因，同时由于影响企业财务绩效的因素过多，确切结论的得出还需要大量分析论证。在企业社会责任标准化的研究和实践领域，影响较大的是由美国经济优先权认可机构委员会制定的社会责任标准 SA 8000（CEPAA，1997）。在企业社会责任国际化问题上，研究重点主要集中在跨国企业、行业差异、地区历史及制度环境等环节。

由于企业公民概念的出现，国内外对企业社会责任研究的视角由经济学、法学、管理学进一步向社会学、政治学扩展并呈现融合趋势。在目前的商业环境下，需要重点研究的问题已经不是"是否应该"实施企业社会责任政策，而是如何有效实施的问题。因此在今后的一段时间，研究如何确保社会责任的有效实现将是理论界和实务界关注的重点。这也正是本书要关注和解决的重点。

2. 企业社会责任实现机制的研究成果评述

在对于企业是否应当履行社会责任的争议趋向融合的趋势之下，国内外许多学者在社会责任的实现问题上取得了一系列研究成果。对企业社会责任的实现机制，目前理论界争议较大，大多是从立法研究和企业治理角度提出，有的主张法律中明确规定"其他利害关系人条款"，有的则持否定态度；有主张非股东利益相关者直接参与企业治理结构甚至决策层的，有反对这种主张的。然而，共同的认识是必须根据具体的情况建立起有利于实现企业社会责任的合理机制。

（1）国外研究成果综述。西方学界多从"公司治理"的制度与机制上去探讨。主要的研究角度如下。

一是从立法角度的研究。许多国家都在法律的制度设计上进行了探索，其中最引人注目和最具代表意义的就是美国一些州的"其他利害关系人条款"。

二是从企业自身履行社会责任的角度研究。主张企业在内部治理结构上采取职工参与制、独立董事制、非股东利益团体参与制等确保企业对社会责任的担当。主张通过社会责任报告主动披露社会责任信息,通过消费者和投资者的选择来督促其履行社会责任。

三是从国际组织和其他非营利性组织推动的角度研究。

学者们在具体的研究上对如何实现社会责任有不同的看法。

费奇(H. Gordon Fitch,1975)给出了企业实现社会责任的具体方法,为企业提供了一个从判别、解决到计划社会责任问题的方法过程。认为企业本身是资本主义社会中解决社会问题的最有效的组织。企业在潜在利益驱动下,可以通过历史模型或计划模型来识别、解决社会问题,实现社会责任。但是当这两个基于自愿的方法失效时,就需要由政府等其他组织来管理。

约瑟夫(Ella Joseph,2002)认为在全球化背景下,企业社会责任的实现主要依靠企业的自觉行为,而企业只有在能受到市场力量的奖励时才会采取自觉行为。这些市场力量包括股东、员工、供应商、消费者、社区和非营利性组织等。这些利益相关者需要通过企业披露的社会责任报告来决定其与企业的关系,但是企业自愿披露的社会责任信息往往不足以使这种市场机制发生作用,因此需要政府在一定程度上要求企业进行强制性责任报告披露。他同时指出,由于利益相关者对使用企业社会责任信息来做决策的意愿并不高,社会责任报告只是使得市场约束机制起作用的必要而非充分条件。

米德提姆(Atle Midttum,2004)根据部门间相互扮演角色与互动方式的不同,提出 CSR 的治理模式,指出当代治理的关键在于"社会交换"(social exchange),尤其是政府、企业与社会三大部门的"交换"。政府作为企业的促进者、管制者和支持者,企业作为社会伙伴和产业伙伴。通过市场内生化和政府的促进来实现社会责任的治理。

西蒙·扎德克(Simon Zadek,2006)提出了一个"合作治理"(collaborative governance)的方式,认为 CSR 发展过程是整个社会和企业组织共同学习的过程。企业对于社会责任的态度将经历防御、顺应、管理、策略、公民五阶段,社会对于企业社会责任的态度则经历潜伏、新兴、巩固、制度化。企业组织的学习往往落后整个 CSR 环境的社会需求,直到 CSR 的议题在社会环境受到认同且朝向制度落实,才能实现 CSR 的组织目标。

波特(Porter,2010)发现,由于人们认为企业与社会是一种对立的关系,导致了企业承担社会责任所作出的努力与企业所获得的成果并不对等,由此提出了战略性企业社会责任的概念,通过找出企业与社会之间的契合点,将企业制定的战略与企业所承担的社会责任联系起来。

林贺(Lin - Hi,2013)通过研究企业社会责任缺失(CSIR)问题,提出了企业承担社会责任的表现应该包括"做好事"和"不做坏事"两个方面。"不做坏事"是指企业没有不负责任的行为,这是企业对社会负责任的底线。他还将企业社会责任缺失行为分为无意行为和故意行为。

(2)国内研究成果综述。在我国不断推进对外开放、融入国际社会的背景下,我国政府、学者、民间团体等也纷纷开始重视和研究企业社会责任问题。尽管对企业社会责任的概念、内容、性质界定不一，国内学者大都认同企业必须担当社会责任。围绕社会责任的实现问题，国内学者的代表性观点如下。

刘连煜（2007）认为，企业社会责任基本上是一个道德性的抽象概念，要具体落实，只能落实到企业或企业的治理环节中。他从企业治理的制度与机制着手，探讨如何监控企业使其具体而有效地履行其社会责任。他认为，企业内部治理模式的设计必须以股东财产权为中心加以架构，在此基础上，以政府法规奖励负责任的企业行为，严惩不负责任的企业行为，借以引导企业担负社会责任，而不是采取在企业董事会或监察人会中引进外部公益人士的做法。

卢代富（2002）与刘连煜的观点不同，他认为，要落实企业的社会责任，一方面，要改革传统的以股东为本位的企业内部治理结构，在企业中作出有利于各方利益相关者参与企业治理的制度安排。另一方面，要营造与企业社会责任相适应的企业运作外部市场环境，从而使市场既充分释放其作为资源配置基本手段的功用，又尽可能地为企业社会责任提供适宜的生成空间，以此达成市场与企业社会责任在最大化其各自作用基础上的和谐与均衡。但他对到底如何让非股东利益相关者参与企业治理，缺乏进一步的分析。

杜中臣（2005）认为，企业担负社会责任的基本方式主要有三类：政府或民间组织认证的方式、博弈的方式和自愿的方式。其中认证的方式是企业履行义务的他律方式，自愿的方式是一种自律的方式，而博弈的方式则是一种市场或契约的方式。随着经济的发展、个体及企业责任感的成熟，企业担负社会责任的方式会逐渐发生由外在强制、中经契约形式到自愿担负的转变。

田虹（2006）认为，推进企业社会责任需要建立企业、政府、社会的长效联动机制，坚持自律性和他律性相结合，政府在推进企业社会责任问题上的作用至关重要，企业要有积极的态度和相应的措施，社会要形成企业社会责任的舆论环境。

田梅（2011）认为，企业承担社会责任分为法律责任和道德责任两部分。其中，法律责任的实现保障包括：完善企业内部的管理制度、建立有效外部监督制度及确立多角度救济制度等；而道德责任的实现要通过以政府为主体，加大舆论宣传、设立评价体系及制订引导措施等方式鼓励并促使企业自觉主动地承担相应责任。

张衔（2014）等人根据马克思经济学原理提出，必须通过强制手段使企业承担社会责任，普通的道德约束并不能改善企业社会责任缺失问题。他认为企业社会责任并非伦理问题，而是一种规制问题，企业社会责任是一种超越企业自愿的强制性义务。

3. 零售企业社会责任的相关研究评述

对于企业社会责任的研究更加深入的同时，国内学者也开始研究不同行业的企业社会责任问题。零售业作为第三产业中的一个重要行业，近十年来受到学者们的广泛关注。

（1）零售企业的含义。零售企业是直接服务于消费者或社会组织的非生产性终端企业，主要任务是为消费者提供日常生活用品和服务，或为社会组织提供非生产性的商业企业，通常设有营业网点和柜台，包括小型零售商店、超市和大型的百货商场等。

（2）国外研究成果综述。皮特·琼斯（Peter Jones，2007）通过分析英国前十大食品零售商在网上发布的企业社会责任报告，然后实地观察了它们在英国的一个中等城市里最大的分店。研究表明，当顾客在店内时，大型零售们以企业社会责任为主题与顾客交流，尽管交流的程度有很大变化，但是企业承担社会责任的内容主要集中在公平贸易、健康生活、合理饮食、有机产品、可持续性、就业政策、慈善捐赠及对当地社区的支持方面。

蒂尔曼·瓦格纳（Tillmann Wagner，2008）试图找出哪些零售商业行为导致顾客认为企业没有承担起社会责任。并通过定量分析调查问卷所得数据，总结出了13种情况导致顾客认为该企业社会责任缺失，主要包括：社会规则、员工歧视、工作条件、欺诈行为、价格策略、自然环境、员工福利、雇用国外劳工、员工报酬、当地企业、不恰当的宣传材料、国外经济及销售方式。

克鲁兹（Luciano Barin Cruz，2010）对两个全球领先的跨国零售企业进行了深入研究后，提出了企业承担社会责任后面临的四种挑战——制订良好的企业社会责任计划、构建企业社会责任竞争优势、应对东道国当地的利益相关者问题及借鉴全球不同企业承担社会责任的经验。并通过横向企业社会责任管理概念（指横跨不同的职能部门、不同国家和企业边界的一种独特的组织结构形式）提出了跨国公司总部与子公司在面临四种挑战时的应对方法。

（3）国内研究成果综述。蒋米仁（2006）就零售商主导供应链的企业社会责任行为进行了研究。他首先提出零售企业作为供应链管理的主导者，要满足供应链上产品信息的透明度和责任感的要求，就必然要加强供应链的企业社会责任管理，并提出了以下四点建议：①突出供应链的企业社会责任重要性，零售企业应该以契约的方式规范各自的企业社会责任范围，以免损害其利益相关者的权益；②加强高效的沟通渠道，通过加强与供应链相关者的信用沟通，增加供应链的公正和透明度，改善服务和产品的质量；③建立战略伙伴性的统一的社会责任标准和管理准则；④强化供应链上企业社会责任的评审机制。

赵勋升（2008）总结了我国零售企业缺乏承担企业社会责任意识的现象和暴露出的问题，认为零售企业社会责任是指企业在追求利益最大化的同时还要兼顾相关利益群体的权益。他提出了零售企业社会责任的三个层次，分别是：核心责任——对顾客、股东和员工负责；中间责任——对供应商、配送商、金融机构和社区公众负责；外延责任——对其他利益相关者负责。最后提出了由三个部分组成的零售企业承担社会责任的有效服务体系，首先是政府和供应链主导的合作控制机制；其次是保证供需匹配和产品质量的过程控制机制；最后是包括客观评估和信息反应的反馈控制机制。

王勇（2011）利用我国上市零售企业发布的相关数据，对零售企业承担社会责任的现状、影响因素和绩效进行了实证研究。结果表明，零售企业是否公布企业社会责任报告对企业的绩效无显著影响，而当企业明确公布其企业社会责任报告后，其股票在资本市场中会表现出更高的市盈率。

刘聪粉（2014）在总结了电子商务零售企业由于未能承担企业社会责任而出现的问题后，提出了相关的对策建议，主要包括：从企业层面树立社会责任意识，在经营管理中融入社会责任理念，以及从国家和社会层面积极推动电子商务零售企业履行社会责任。

从以上综述可以看出，国内外的学者们对于零售企业社会责任的相关问题展开了丰富的研究，明确了企业社会责任的定义及层次，根据零售企业公布的相关数据进行了实证研究，并对加强零售企业履行社会责任问题给出了许多建议。但是并没有构建起符合我国现有国情和需要的零售社会责任实现机制，没有对我国零售企业社会责任的内容和衡量指标作出具体的界定。本书正是在前人研究的基础上，对零售企业社会责任的实现机制进行了深入的研究。

（三）研究重点和方法

第一部分是对企业社会责任理论和企业社会责任实现机制理论的概述。本部分首先阐明企业社会责任的内涵及企业履行社会责任的正当性。其次对零售企业社会责任实现机制的含义和必要性作一说明，并给出本文研究零售企业社会责任实现机制的理论依据。

第二部分是对我国零售企业履行社会责任现状的分析。本部分首先界定我国零售企业社会责任的应有之义，在此标准之下评述我国零售企业履行社会责任的现状，找出存在的主要问题，并分析其后的深层次原因，为我国零售企业社会责任实现机制的构建提供现实依据。

第三部分在分析我国零售企业社会责任实现中的各种问题和产生原因的基础上，解决"构建一个什么样的机制"的问题。结合发达国家在零售企业社会责任实现机制的经验，明确我国零售企业社会责任实现机制的目标和原则，界定我国零售企业社会责任实现机制的参与主体和主要内容。

第四部分承第三部分，解决"怎样构建我国零售企业社会责任实现机制"的问题。分别从我国零售企业社会责任实现机制的三个参与主体——政府、企业、社会出发，具体论述构建我国零售企业社会责任实现机制体系的方法和措施。零售企业社会责任的实现不仅是企业行为，更多的是一个社会化的过程，在很大程度上政府的意愿、公众的期望形成社会责任的内容，政府的管制、公众的压力促成社会责任的实现。在现有的企业治理结构之下，没有明确的制度来保证股东之外的利益，但既然股东的利益是需要一个明确的企业治理机制来保障的，那么其他利益相关者的利益当然也需要构建一个合理的机制来保障。需要通过构建政府管理、企业自律、社会推进机制来达成社会责任的实现。

本课题以规范研究方法为主，以企业社会责任及其实现机制理论为理论依据；通过案头研究使用充分的数据和实例来分析零售企业社会责任在我国的实现现状；兼用比较研究。从公共管理、企业管理等视角对我国零售企业社会责任实现机制的目标、原则和内容进行研究，提出构建措施。

（四）创新点

本课题依据企业社会责任及其实现机制理论，结合对我国企业社会责任实现现状和原因的深入分析，构建起符合我国现有国情和需要的零售企业社会责任实现机制，并对其实施提出相关建议。主要的创新点如下：

现有的研究多将企业承担社会责任的必要性和正当性作为企业社会责任实现方法的理论依据，本课题在此基础上，引入现代产权理论、外部性理论、制度经济学理论、市民社会理论，作为建立零售企业社会责任的实现机制的依据和指导，使得研究结论更具合理性和富于应用意义。

现有对于零售企业社会责任实现方面的制度构建中，多是简单地从各个层面提出的方法的罗列，或是简单借鉴西方社会责任实现工具。本课题在对我国零售企业社会责任的内容和衡量指标作了较为具体的界定，对我国零售企业社会责任存在问题的原因作出了较全面的分析的基础上，提出了我国零售企业社会责任实现机制的原则、目标和内容，并提出：由于我国的市场经济体制正在完善之中，企业生产的外部性突出，需要政府通过法律的、经济的和行政的手段，从公共管理的角度对零售企业社会责任的实现进行宏观调控；同时需要零售企业社会责任意识和社会责任能力同步提高。

二、零售企业社会责任实现机制研究的理论基础

（一）零售企业社会责任实现机制的内涵

1. 零售企业社会责任的内涵

自20世纪70年代开始，国外企业社会责任的研究进入一个新的阶段，许多学者和组织提出了社会责任的概念，采取的定义方法主要是列举式和概括式。最有代表性的有三个：一是"三个同心圆"。由美国经济发展委员会提出，内圆是指企业履行经济功能的基本责任，即为投资者提供回报，为社会提供产品，为员工提供就业，促进经济增长；中间圆是指企业履行经济功能要与社会价值观和关注重大社会问题相结合，如保护环境、合理对待员工、回应顾客期望等；外圆是企业更广泛地促进社会进步的其他无形责任，如消除社会贫困、防止城市衰败等。二是"金字塔"。由美国佐治亚大学教授阿奇·卡罗尔提出，认为企业社会责任是指企业的经济责任、法律责任、伦理责任和自愿的慈善责任之和，也就是社会在要求企业完成经济使命的同时期望企业遵守法律、符合伦理、热心公益事业。三是"三重底线"。由英国学者约翰·埃尔金顿提出，认为企业行为要满足经济底线、社会底线与环境底线，并且不仅是衡量和报告企业的经济、社会和环境业绩，包括一系列的价值观、问题和过程，企业还要充分考虑利益相关方与社会的期望，以及经营活动对经济、社会和环境可能产生的不良影响。

其中，卡罗尔提出的概念被广为引用，即："企业社会责任包含了在特定时期内，社会对组织经济上的、法律上的、伦理上的和自愿的慈善责任的期望。"卡罗尔认为，首先，经济责任是企业最基本也是最重要的社会责任，但并不是唯一责任；其次，作为社会的一个组成部分，社会赋予并支持企业承担生产性任务和为社会提高产品和服务的权利，同时也要求企业在法律框架内实现经济目标，因此，企业肩负着必要的法律责任；再次，虽然企业的经济和法律责任中都隐含着一定的伦理规范，公众社会仍

期望企业遵循那些尚未成为法律的社会公认的伦理规范；最后，社会通常还对企业寄予了一些没有或无法明确表达的期望，是否承担或应该承担什么样的责任完全由个人或企业自行判断和选择，这是一类完全自愿的行为，卡罗尔将此称为自愿的慈善责任。从企业考虑的先后次序及重要性而言，卡罗尔认为这是金字塔形结构，经济责任是基础也占最大的比例，法律上的、伦理上的及自愿的慈善责任依次向上递减。

2. 零售企业社会责任实现机制的内涵

零售企业社会责任实现机制是零售企业社会责任活动得以进行和落实的运行原则、组成环节及其参与主体之间相互作用的总和，是指实现零售企业社会责任的各种方法、措施的有机结合，它不仅指某种制度或某几种手段，而是多个主体、多项措施共同作用的结果。

一定的机制总是在一定的体制之下形成的，不同的体制会形成截然不同的机制。零售企业社会责任的实现机制与一国的现实国情、经济发展水平、社会环境密不可分。具体到我国目前的零售企业社会责任实现机制，应当是一个适应市场经济体制、能促进社会经济全面协调可持续发展的机制；是为深化企业内部改革、实施现代企业制度，增进企业社会责任意识和社会责任能力而设置的各个机构、制定的各种制度、采取的各项措施，并使之有效运行的总和。

(二) 建立零售企业社会责任实现机制的必要性

1. 零售企业承担社会责任的必要性

（1）现代产权理论。现代产权理论认为，在市场经济中，产权是不同权利主体之间的相互关系。一切产权都包含权利与责任两个方面。谋求利润的最大化是企业在市场经济中的权利，但是这种权利不能通过损害其他市场主体的利益来实现，而只能在尊重他人产权、遵守交易原则的基础上，通过向社会提供有效的产出来实现，因此，在拥有实现利润最大化的权利的同时，企业还需要向社会各界承担各种责任。

首先，企业须承担产出保证责任。企业是市场经济中最基本的产出交易主体，利润必须通过产品或服务的交易从社会获取，按照平等互利、等价交换的原则，企业在按一定的价格获得价值、让渡使用价值的同时，必须就所提供产品的量和质向交易对象负责，这就是产出保证责任。具体包括产品质量责任、售后服务责任、交易场所的安全责任、广告宣传的真实责任、发现问题的召回责任、定价依据的公开责任等。这是企业与消费者之间的产权边界。

其次，企业须承担要素使用责任。为了向社会提供产出并取得利润，企业必须使用大量的生产要素，与不同要素所有者之间建立合作契约。为保证此类契约的合理性和有效性，企业必须向这些生产要素的所有者提供足够补偿，保证其正当权益，这就是要素使用责任。主要表现为：对劳动力要素提供者即企业员工的薪酬支付责任、安全生产责任、教育培训责任等；对资本要素投资者，包括对证券投资人的信息披露和分红付息责任，对信贷提供者的还本付息责任，以及对设备租赁者的租金支付和资产保全责任；对其他生产要素，如技术、专利等无形资产提供者的知识产权保护责任等。这是企业与各种生产要素供给者之间的产权边界。

最后，企业还有外部性责任。企业除了与确定的消费者和要素供给者发生产权交易关系以外，还与不确定的社会成员发生产权联系，例如，表现为企业对自然环境的污染和对不可再生资源的破坏等。这些产权联系无法在普通的市场交易中表现出来，被称为外部经济效应。因此，企业在承担上述两种责任外还要承担外部性责任，其中包括向政府缴纳各种税费的责任、保护生态环境和自然资源的责任、关爱弱势群体的责任、支持公益事业和促进所在社区建设的责任等。这是企业与一般社会成员之间的产权边界。虽然政府需要在处理外部性问题时承担相应责任，企业也已通过向政府缴纳税收补偿了部分的外部性责任，但这无法完全否定企业外部性责任的存在。外部性较难计量，纳税本身也不能补偿所有外部负效应，因此从宏观和长远来看，企业对外部经济效应应当负起相应责任，否则有违公平交易原则，而且会导致社会公共利益的重大损失和公共负担的大量增加，这对社会总产出的增长造成很大不利。

（2）利益相关者理论。利益相关者理论认为企业存在于一定的组织环境和社会关系中，企业必须对其行为可能产生影响的团体负有一定的责任，并积极履行，否则会危及企业的生存和发展。企业的本质是利益相关者的契约集合体，利益相关者是所有那些在企业真正有某种形式的投资并且处于风险之中的人，包括股东、经营者、员工、债权人、顾客、供应商、竞争者、国家。股东在企业只是承担有限的责任或者风险，而且股东所承担的这种风险可以通过投资的多样化来化解。而剩余风险转移给了经营者、员工、债权人和其他利益相关者，甚至他们可能承担了比股东更大的风险。由于契约的不完备性使得利益相关者共同拥有企业的剩余索取权和剩余控制权，进而共同拥有企业的所有权，这种对所有权的拥有是利益相关者参与企业治理的基础，也是利益相关者权益得到应有保护的理论依据。

利益相关者利益最大化取代股东利益最大化，已是社会经济发展的必然选择。企业的终极目标不仅仅是盈利，而应该将企业及社会价值最大化结合起来，实现企业价值最大化和社会价值最大化的统一。企业在追求盈利的同时，应该为所有利益相关者的利益服务，而不应该仅仅是为股东的利益服务，必须考虑社会的整体利益和长远发展，自觉承担相应的社会责任。

（3）企业公民理论。在现代法学中，公民是指具有或取得某国国籍，并根据该国法律规定享有权利和承担义务的人。责任程度与自由程度（或者说权利与义务）的一致性，是公民这个法律概念的核心理念。在现代社会，企业与公民一样都是社会的细胞。进入 21 世纪，人们对企业的期望已经不仅仅是赚取利润、解决就业和缴纳税收的功能，人们更希望企业能有效地承担起推动社会进步、关心环境和生态、维护市场秩序、扶助社会弱势群体、参与社区发展、保障员工权益等一系列社会问题上的责任和义务，"企业公民"就是在这种期望的反映中应运而生的。企业公民概念属于伦理学、社会文化学和法学范畴，是指一个企业将社会基本价值与日常经营实践、运作和策略相整合的行为方式，蕴含着社会对企业提出的要求，意味着企业是社会的公民，应承担起对社会各方的责任和义务。企业公民要求把企业当作社会公民来对待，企业在通过其核心业务为社会提供价值的同时，也向社会各方显示其应承担的社会责任。

2003 年世界经济论坛认为"企业公民"应包括四个方面的内容：第一，企业的基本价值观，主要包括遵守法律、现存规则及国际标准，拒绝腐败和贿赂，倡导社会公认的商业道德和行为准则。第二，对利益相关群体负责，其中雇员、顾客和股东是最基本的，主要包括安全生产、就业机会平等和薪酬公平，反对性别、种族等的歧视，注重员工福利；保护消费者权益，保证产品质量；维护股东权益，重视投资者关系等。另外，还包括企业对所在社区的贡献等。第三，对环境的责任，主要包括维护环境质量、使用清洁能源、共同应对气候变化和保护生物多样性等。第四，对社会发展的广义贡献，如救助灾害、救济贫困、扶助残疾人等困难的社会群体和个人，赞助教育、科学、文化、卫生、体育、环保、社会公共设施建设，或其他促进社会发展和进步的社会公共事业和福利事业。

2. 建立零售企业社会责任实现机制的必要性

尽管有众多理论为零售企业承担社会责任的正当性提供了依据，但这并不代表企业就会无条件地履行责任，企业社会责任能够自动实现。企业管理学和制度经济学的相关理论充分说明了建立零售企业社会责任实现机制的必要性。

（1）企业管理学视角。在文献综述中笔者曾论及许多知名的管理学家都对零售企业社会责任持肯定态度。现代管理体系已经不得不考虑企业社会责任的因素，而零售企业社会责任的实现需要有效的企业管理。

扎德克（Zadek）认为，所有企业都会经历社会责任的五个发展阶段：从抗拒到服从、从服从到完善管理、从管理到战略，最终实现企业公民的目标。第一个阶段是抗拒阶段，企业认为社会责任是一种包袱，不应该承担；第二个阶段是服从阶段，企业明白履行企业社会责任的必要性，服从环境法规、劳工法规等明令要求的规定，将其视作企业运营必需的成本，同时最大限度地规避额外成本；第三个阶段是管理阶段，将企业社会责任问题整合到企业核心管理中，对企业社会责任的认识理性化，认识到企业社会责任的必要性及自觉履行企业社会责任给企业带来的好处，并在实践中自觉履行企业社会责任；第四个阶段是战略阶段，此时的股东和利益相关者的利益已经达成有机的统一；第五个阶段是企业公民阶段。

企业履行社会责任的坐标如图 3-1 所示。

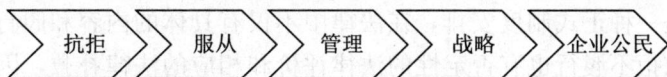

抗拒　　服从　　管理　　战略　　企业公民

图 3-1　企业履行社会责任的坐标

在企业的运作实践过程中，为了合理策划其社会责任，不少零售企业实施了企业社会责任战略。从企业的运作实践看，零售企业社会责任战略可以大致划分为：①消极反应战略（reaction strategy），即尽可能地躲避或隐瞒自己的不负责任行为；②抵御战略（defense strategy），即采取不积极的防御战略，得过且过；③适应战略（accommodation strategy），即比较自觉地使他们的行为与公共法则保持一致，更为重要的是尽力对公众的期望负责；④提前采取行动战略（pro-action strategy），在责任到来之前提前采取行动，肩负起社会赋予它的责任。企业的行为与企业对待社会责任问题上采取的战略是一致的。

由于国内企业对承担社会责任理念的认知与接受程度不同，在企业的运作实践中，企业的社会责任战略就从企业消极对待到预先采取行动的过渡中表现出来。大多数企业目前依然停留在第一类战略与第二类战略的层次上，很少有企业能够主动采用第三类或第四类战略。因此，迫切需要建立一种管理体系，通过对人、自然和利润的共同尊重来提高企业的业绩表现。

（2）制度经济学视角。制度经济学家认为，所谓制度，是对人的行为具有约束力的所有规则。制度通过提供一系列的规则以界定人们的选择空间，约束人们的相互关系，从而减少环境中的不确定性和交易费用，进而保护产权，增进生产性活动。制度包括正式制度和非正式制度，正式制度是人们有意识地创造的一系列政策法规；非正式制度是人们在长期的交往中无意识地形成的行为规则，具体包括价值观、道德观、伦理规范、风俗习性、意识形态等形式。

企业的经营行为是在一定的制度安排下进行的。诺斯认为，经济行为者之间的互动发生的行为性约束（包括以国家强制执行的法规形式出现的正式约束，以及以行为习惯和惯例形式出现的非正式约束），大多数是由社会制度（包括政治、法律和经济制度）产生的。促使个人在特定情形下作出对社会增长有贡献的经济行动的激励机制，是由上述的制度和约束所决定的。对一个企业而言，它是否有动力实施社会责任行为，同样是在权衡现有法律、经济制度对其的影响之后进行的。

从制度经济学的角度分析，提升企业社会责任管理水平，需要有一个社会参与机制，调动各个利益相关者参与规则的落实和制度的创建，其中各个利益相关者有不同的作用，而回报也可以被所有参与者分享。从长远来看，这种机制所包含的规则、制度可以降低成本，且能够有效提升价值体系和社会道德。很多时候企业忽视或漠视社会责任并非由于企业不了解法律法规，而是由于缺乏将这些规则落实为企业自身可操作流程的规则与制度。

零售企业社会责任的内容极为丰富，既有强制的法律责任，也有自觉的道德责任。如果将这两方面的企业社会责任放在制度经济学的分析框架中，可以认为，企业对社会的法律义务是一种正式制度安排，在法律中不仅有具体的内容和履行上的要求，而且对于其怠于或拒不履行也有否定性的法律评价和相应的法律补救，因此它实际上是对义务人的"硬约束"，是维护基本社会秩序所必需的最低限度的道德的法律化；企业对社会的道德义务则是一种非正式的制度安排，它存在于一定社会的道德意识之中，通过人们的言行和道德评价表现出来，是对义务人的"软约束"，是在法律义务之外对人们提出的更高的道德要求。

（三）指导零售企业社会责任实现机制建立的理论依据

零售企业社会责任实现机制建立的具体方法主要基于以下几个理论。

1. 零售企业社会责任的实现与公司治理

（1）职工参与制。即职工代表直接参与公司的内部治理过程，譬如参加董事会的决策活动，以此确保公司对职工利益的维护。

（2）利益团体参与制。即非股东利益的代表直接参与公司的内部治理过程，包括董事会，以保证公司对非股东利益团体这一社会责任的承担。

（3）独立董事制。即通过设立与公司没有利害关系的人作为公司董事的制度，以达到公司在决策时不仅要充分考虑公司的利益，也要顾及非公司利益的存在。

（4）其他利害关系人条款。即法律明确规定公司董事会在决策时不仅要维护股东的利益，而且也要维护其他利害关系人的利益，而不再是仅仅维护唯一的"股东利益最大化"。

2. 零售企业社会责任的实现与政府管制

市场上，企业是非自然的集体性的经济人，追逐利润永远是其最重要的动机和目的。因此可以认为，零售企业履行社会责任的动机和原因之一与利润有关。对于零售企业的社会绩效和财务绩效的关系研究，承认二者有正向关系的文章占多数，也就是说，零售企业承担社会责任在大部分情况下可以显著影响其资本市场。然而这还是无法解释为什么仍有众多零售企业逃避社会责任。因此零售企业外部环境的变化给企业施加的压力，是企业承担社会责任的重要原因。而这种压力只有在一个合理的引导和控制之下，才能发挥有效的作用。

那么，谁来发挥这个引导和控制的作用呢？我们知道，市场经济是自由竞争的经济，由此也产生了难以避免的自发性、盲目性和外部性。政府的重要职能与作用之一就是加强对企业和社会的管制，以弥补市场经济固有的缺陷。总的来说，政府机构对零售企业社会责任发展的影响主要集中在制度层面，而且是引导与约束的结合，是直接与间接的结合。政府通过建立规章和法律来规范和约束企业的行为，这是对零售企业社会责任的实施所产生的直接推动作用；而通过采取一系列措施来应对已经出现和可能出现的零售企业社会责任运动，维护劳动者、消费者和整体社会的利益，这又是通过引导社会的力量间接对零售企业社会责任产生的推动力。

3. 零售企业社会责任的实现与市民社会

把市民社会纳入零售企业社会责任的理论视野，是零售企业社会责任研究的新的尝试。市民社会原本是一个政治学概念，但近年来也在社会学、经济学及伦理学范畴内被使用。一般来说，市民社会指的是在个人同国家政府之间，有众多的自愿结合的社会组织，构成了一个巨大的网络结构，成为国家同个人相联系的中介。市民社会中的各种组织，包括非政府组织、社区组织、利益团体、志愿性社团等，将单个公民动员起来，结成利益共同体，既阻止国家权力的过分扩张和对个人权利的侵犯，又在政府功能薄弱的公共领域起到补充和协调的作用。同时，市民社会又独立于追求商业利润的经济组织。

在西方企业社会责任体系发展的过程中，开始起重要作用的往往是作为社会一般成员的消费者、投资者和大众媒体。有组织的消费者运动、劳工运动、投资者运动等在为自身争取到应得利益的同时，也促成了政府相应的立法，从而促使企业充分全面地重视社会责任。但是，市民社会在西方也并不是一直成熟的，处在不断的发育过程中，只有市民社会发育成熟到一定程度，可以对企业造成压力甚至震慑力的时候，才能真正起到推动零售企业承担社会责任的作用。

三、我国零售企业社会责任实现的状况及原因分析

（一）我国零售企业社会责任的内容分析

1. 总述

分析问题都要有一定的评价依据，因此，我们首先来界定我国零售企业社会责任的应有之义，作为分析我国零售企业社会责任现状的评价依据。

企业社会责任是一个历史的、动态的范畴。纵观国内外文献，对企业社会责任的具体内容从不同的角度给出了不同的界定和表述。而社会对于企业在承担社会责任方面的期望，也随着时间和空间的变化而变化。表 3-1 比较了几个重要国际组织对社会责任的认识，既有共同认可的内涵，也有不同的侧重和差异。

表 3-1　　　　　　　　　　重要国际组织对企业社会责任内容的界定比较

倡议组织	主要内容
联合国《全球契约》	要求跨国企业重视人权、劳工标准、环境保护和反腐败，以克服全球化进程带来的负面影响
欧盟	企业在自愿的基础上把对社会和环境的关切整合到它们的经营运作及它们与其利益相关者的互动中
世界银行	企业社会责任是企业与关键利益相关者的关系、价值观、遵纪守法及尊重人、社区和环境有关的政策和实践的集合，是企业为改善利益相关者的生活质量而贡献于可持续发展的一种承诺
世界经济论坛	作为企业公民的社会责任包括四个方面：一是好的企业治理和道德标准；二是对人的责任；三是对环境的责任；四是对社会发展的广义贡献
国际标准化组织	社会责任是指一个组织在开展任何活动时都要负责任地考虑对社会和环境的影响，其活动应当满足社会和可持续发展的需要，符合社会道德标准，不与法律和政府间协议相抵触，且全面贯穿于该组织开展的活动之中

我国零售企业社会责任的内容，既要与国际接轨，又要结合我国国情和我国零售企业的具体实际。它应该是一个适应我国目前经济体制从计划经济向市场经济转变，市场经济体制不断确立并走向完善的过程中的零售企业社会责任内容体系。它不同于计划经济时期国有企业的"企业办社会"模式，将企业看成是一个行政单位，要求其对每一个员工承担本该由社会承担的福利功能，如企业办学校、办医院、办社区等；它也不简单等同于由某些国际组织或跨国企业所倡导的社会责任标准，或者简单等同

于企业慈善捐赠行为或其他公益事业。

本课题在对我国零售企业社会责任的内容进行界定时，部分采用学者卡罗尔对企业社会责任的金字塔式的划分和界定，同时本课题提出如下观点。

第一，零售企业在市场和社会中的行为要受到一定的约束，背负一定的期望。成为一个合格的企业公民，必须要满足经济底线、法律底线和道德底线。

第二，自愿的慈善责任其实也是受道德调整而非法律调整的行为，因此，本课题将其归入道德责任中。

综上，本课题认为，我国零售企业的社会责任是指，零售企业作为市场主体、社会公民，作为各种资源的索取者与使用者，应当对其所处的社会环境和自然环境所负的经济、法律与道德责任。零售企业不仅要对股东负责，同时要对其他非股东利益相关者负责。其中，最主要的非股东利益相关者有政府、非政府组织、消费者、劳动者、商业伙伴、媒体、社区等（见图 3-2）。

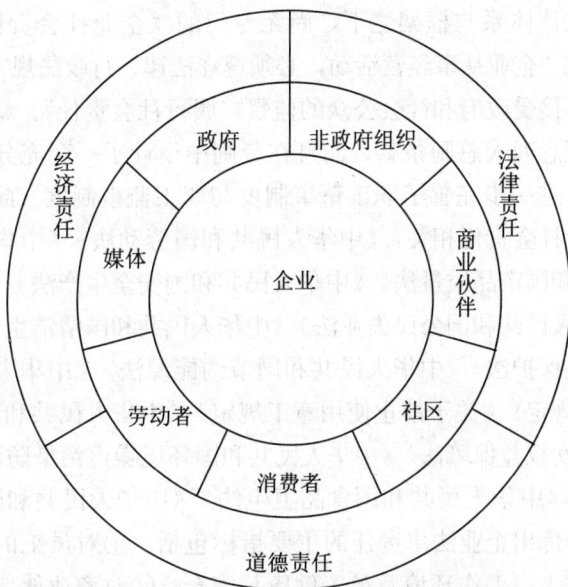

图 3-2 零售企业对各非股东利益相关者的社会责任

2. 经济责任

作为社会公民的一员，零售企业与其他公民的不同在于它是一个经济组织，其存在的目的是要利用各种资源为社会创造财富，满足人民群众的物质和文化生活需要；同时要促进企业资产的保值与增值，在不损害其他利益相关者合理合法利益的情况下，保障广大股东和投资者的合法收益权，确保投资者在企业中的基本利益的实现，为投资者提供较高的利润。在经济责任方面，零售企业除了要取得良好的经济绩效，实现自身可持续良性发展外，还应该合法诚信地进行企业的经营活动，诚信纳税；尽可能地促进就业，为社会、为社区减少就业压力。其具体指标包括股东权益责任、企业所缴纳的总税收和企业吸收的就业人数。

生产经营是零售企业最主要的活动，承担社会责任最主要的表现应该是提高经济运行效率，为社会创造财富。因此，零售企业经济责任的实现也是企业实现其法律责任和道德责任的基本保障和前提。

3. 法律责任

法律义务是法定化的且以国家强制力作为其现实的和潜在的履行保证的义务。企业法律责任是企业应当承担的法律义务，是法律规定的企业必须遵守和实现的责任，比如依法纳税、采用正当竞争的手段、遵守相关法律法规关于工人最低工资标准的规定等。在法律体系中，对于企业法律责任这种义务有具体的内容界定和明确履行要求，企业如果怠于履行或拒不履行则会有否定性的法律评价和相应的法律补救，因此它实际上是对义务人的"硬约束"，是维护基本社会秩序所必需的最低限度的道德标准的法律化。换言之，对于零售企业来说，企业的法律责任是零售企业通过服从和履行当地的法规、国家的法律及相关的国际法等各种法律规范来实现的，是企业最基本的责任。

在我国现有的法律体系与框架之下，尚无专门的《企业社会责任法》。但新《公司法》第5条明确要求"企业从事经营活动，必须遵守法律、行政法规，遵守社会公德、商业道德，诚实守信，接受政府和社会公众的监督，履行社会责任"。新《公司法》不仅将强化企业社会责任理念列入总则条款，而且在分则中设计了一套充分强化企业社会责任的具体制度，例如，进一步完善了职工董事制度与职工监事制度。此外，国内约至少有以下法律法规与企业社会责任相关：《中华人民共和国劳动法》《中华人民共和国环境保护法》《中华人民共和国产品质量法》《中华人民共和国安全生产法》《中华人民共和国职业病防治法》《中华人民共和国公民失业法》《中华人民共和国清洁生产促进法》《中华人民共和国消费者权益保护法》《中华人民共和国节约能源法》《中华人民共和国公益事业捐赠法》《最低工资规定》《关于禁止使用童工规定》《中华人民共和国大气污染防治法》《中华人民共和国妇女权益保障法》《中华人民共和国环境噪声污染防治法》《中华人民共和国可再生能源法》《中华人民共和国食品卫生法》《中华人民共和国反不正当竞争法》等。从中可归纳和提炼出企业法律责任的主要指标包括：①对员工的法律责任：工资保障及社会福利保障水平，工作环境及员工健康与安全；②对商业伙伴及消费者的法律责任：公平竞争，产品或服务的质量与安全；③对政府的法律责任：杜绝商业贿赂；④对社区及环境的法律责任：节能减排、控制环境污染及环境扰民。

4. 道德责任

除了基本的经济责任和具有一定强制性的法律责任之外，还有很多企业活动和行为是要依靠企业自身的宗旨、企业家的价值观来调节的，或者说是依靠企业内生和自发的意识来承担和实现的责任，我们将这一类的责任归为道德责任。企业的道德责任是属于伦理道德性质的企业社会责任，不像企业法律责任那样具有法制性和强制性，而是企业的自愿行为，是意愿性责任。零售企业道德责任的最主要表现形式就是社会捐赠，也就是人们所说的慈善事业和公益事业。虽然社会希望企业更多地将自己的财富贡献于慈善事业和公益事业，但不能像要求企业完成自己应有的法律责任那样去强制它履行，而是要立足于企业自愿。

零售企业的道德责任是社会对企业的一种期待实现的义务。这种义务是未经法定化的、由义务人自愿履行且以国家强制力以外的其他手段作为其履行保障的义务。这种义务的内容存在于一定的社会道德意识之中，通过人们的言行和道德评价表现出来。由于这种义务不以国家强制力为其履行加以保障，而只能通过责任人的自我责任感的激发及外部教育、规劝、鼓励、舆论评判等非法律手段的促使来确保其承担，因而它实际上是对企业这一责任人的"软约束"，是在法律义务之外对企业或企业领导人提出的更高的道德要求。

零售企业道德责任的具体指标包括员工素质发展、供应链关系管理、维护消费者权益、扶贫助教、慈善捐赠等。

（二）我国零售企业社会责任实现的基本情况

自企业社会责任运动进入中国以来，我国零售企业社会责任的实践在政府、媒体、非政府组织及企业自身等多方面的共同努力和协调下开始受到重视。但是许多零售企业在生产安全、零供关系处理、节能环保、员工福利等方面依然与发达国家存在较大差距。

1. 零售企业是国家经济发展的发动机

我国的经济体制改革和企业体制改革走过一条从"计划经济"到"市场经济"的"市场化"道路，很多企业则经历了从"企业办社会"到以发展经济为主的转变过程，尤其是国有企业。近几年来，我国零售企业通过创新体制机制、夯实管理基础、优化资源配置、推动技术创新、转变发展方式，实现了持续稳定健康发展，经济效益和运行质量显著提高，为国民经济健康快速发展做出了积极贡献。

随着市场化的加快，国内的零售企业也逐渐登上舞台，并为我国的经济发展做出了巨大贡献。2014年，我国的社会消费品零售总额达到262394亿元，同比去年增长12%。截至2013年年底，零售和批发行业的城镇单位就业人数达到890.81万人，持续、高效、大量地吸纳就业人员，是零售企业对国民经济发展的重要贡献之一。[①]

2. 大部分零售企业能够遵守法律法规

虽然有一些零售企业在遵守法律责任上做得不尽如人意，但绝大部分企业认真执行有关法律法规和政策规定，遵照国家制定的环境保护、资源节约、安全生产、职工权益保障、消费者权益保护、市场经济秩序等法律规范，切实维护好职工合法权益，努力维护企业和社会的稳定和谐。

对零售企业而言，最基本的法律责任包括保证提供合格的产品或服务，从而确保消费者的利益不受侵害，保证员工的合法权益，促进行业良好竞争秩序的建立，依法缴纳税款，不参与、不支持腐败，不得严重污染环境等。

3. 零售企业回馈社会的意愿和能力逐渐增强

在道德责任方面，国内零售企业大力实施职工素质工程，主动参与扶贫助教、慈善捐助等一系列社会公益活动，推动了和谐社会的建设，获得了社会各界的广泛好评。

---

① 有关数据来源于中经网统计数据库，http://db.cei.gov.cn/page/Default.aspx。

目前，已有百联集团、苏宁电器、翠微大厦等多家国内零售企业发布企业社会责任报告或可持续发展报告，在社会上引起了强烈反响。大多数跨国零售企业的在华机构也都十分注重企业的社会责任，特别重视在中国推行各种公益活动。

（三）我国零售企业社会责任实现中的问题及原因分析

1. 我国零售企业社会责任实现中存在的主要问题

尽管我国已经有越来越多的零售企业参与到企业社会责任运动中，但从目前总体的实施效果来看，在实践中落实得还很不够。零售企业如何履行社会责任的一些问题需要进一步厘清思路，履行社会责任的内涵、方式和方法也有待规范。

如在经济责任方面，由于大型零售企业往往带有一定的行业垄断性质，在一定程度上存在寻租行为，损害了社会成员的劳动积极性；在改制和重组的过程中，在一定程度上忽略了民生问题、职工权益问题，把裁减冗员作为企业改制和重组的主要手段。跨国零售企业在华机构存在较为严重的非法避税，据近年来国家税务总局对企业开展的反避税调查显示，跨国零售企业在华机构的调整补税金额和不合理亏损金额均很高，且可据此推算出跨国公司在我国避税超过 300 亿元。

在法律责任方面，由于历史原因，民营经济在克服困难发展壮大的过程中，暴露出了一些严重的问题与不足，阻碍了自身的发展，特别是商品质量不合格、随意延长保质期等，这些急功近利的极端利己主义行为也受到了来自社会舆论的强烈谴责。在一系列冲击下，我国零售企业开始积极应对跨国零售企业以社会责任作贸易壁垒的做法，逐步加强对零售企业社会责任的重视程度。近几年来，有关跨国零售企业在华机构缺乏企业社会责任的表现也被媒体频繁揭露，根据南方周末报社的调查，相当数量的跨国零售企业履行企业社会责任状况不佳，甚至公然对抗、违反中国法律法规，与它们在母国或者其他发达国家的表现大相庭径。这些世界著名跨国零售企业在中国的不良行为主要涉及五个方面：不遵守中国《工会法》，拒绝甚至公然对抗组建企业工会；存在重大环保违规行为；涉嫌垄断；劳工标准不达标；产品安全存在严重问题或产品质量遭到多次重大投诉。此外，少数企业在中国还存在对中国官员和企业主管行贿及受贿行为，直接触犯中国法律。

在道德责任方面，企业界往往比较狭隘地理解企业社会责任，从一些节能低碳企业自我宣传的网站上可以看出，一谈到企业社会责任，一些企业往往列出企业的捐款、资助、慈善活动，当然我们不能说这不是企业社会责任行为，事实上它还属于企业社会责任的高级层次，但它不是企业社会责任的全部或本身。也有企业认为企业在照章纳税之后，就算完成了企业对社会的责任，就没有必要再去承揽其他社会义务，如果再增加对社会的责任，例如增加工人的福利和环保的投资，就必然增加节能低碳企业的成本，从而减少企业的盈利，增加了企业的负担，这些认识都是片面和错误的。

2. 我国零售企业社会责任实现中问题的原因分析

企业是否承担社会责任，承担什么样的社会责任，承担多少社会责任，是由多方面的情况决定的。零售企业承担社会责任的态度受许多因素影响，如一国历史、文化、制度、经济发展水平，国际社会中发达国家和跨国企业的社会责任标准，企业规模、企业经营者的预期心理等。这些因素限制和影响企业承担社会责任的数量和质量。在零售企业社会责任的实现过程中，企业是主角；同时，零售企业生存和发展的市场和社会环境是重要的外部因素。因此，我们从内因和外因两方面来对我国企业社会责任实现中存在问题的原因进行探讨。

（1）企业外部原因：我国零售企业社会责任实现环境相对滞后。

①经济发展水平的制约。整个社会的经济发展水平和发展阶段会直接影响企业对社会责任的承担。零售企业社会责任随着经济发展水平的提高呈现出相应的变化。一般说来，当一个国家尚处在经济落后状态时，产品质量、环境污染比较严重；当进入发达阶段，则会增添环境保护、社会公平等社会责任内容。在发达国家，企业社会责任的发展已经跨越潜在和显现阶段，目前正处于巩固阶段①。这一阶段的特征是：外部压力已经成熟，企业已经开始行动，并逐步融入主流的商业理念，向制度化的方向迈进。在不发达的国家里，通常没有什么全面完整的企业社会责任观念，例如，许多非洲和拉丁美洲的中小国家都有很多社会问题，但由于收入低、国民经济中通货膨胀率高、财政监管较弱，以及资本的外流等原因造成发展很艰难，在这种情况下，企业的首要社会责任就是发展经济。

而在我国，尽管政府一再强调可持续发展、科学发展观及和谐社会理念，但在过去的若干年中，经济发展无疑是中国发展的主轴，地方官员、企业管理者的思想仍旧没有扭转过来。我们也不得不承认，中国仍在或多或少重蹈西方"先污染后治理"的覆辙。过去，在经济、社会、环境三者的发展中，经济是放在第一位的，社会、环境其次。这样的决策后果是环境保护形势严峻、贫富差距大等社会问题突出。

②利益相关者的影响。零售企业社会责任的实现受企业各利益相关者的影响巨大。随着零售企业引发的社会问题日趋严重化，社会公众对零售企业的不满情绪日渐高涨。这种激扬的民众情感最终演变为一次次的社会责任运动，直接推动了零售企业对利益相关者责任的关注。利益相关者维权意识的提高和维权能力的增强产生了对零售企业社会责任的需求。当利益相关者在博弈过程中形成足够的谈判力时，这种利益相关者权益就构成了对零售企业现实的责任要求。没有企业利益相关者维权的需求，就没有企业社会责任。因此，利益相关者权利的大小、维权程度的强弱，是零售企业社会责任最直接和首要的影响因素。

从历史上看，美国之所以成为企业社会责任的发源地，是与各利益相关者对企业社会责任的约束力强密不可分的。美国是一个多边制衡的社会，民主的价值观深入人心。美国的宪法制度为多边制衡提供了权利保障，保护个人自由，使他们可以自由组成社会团体、发表个人见解，追求个人利益。因此，美国社会是各种利益的大杂烩，社会中的力量通过许多团体和组织得到分散，没有一个团体有压倒一切的力量，而每一个团体对其他团体都有直接或间接的影响。在这样一个社会里，企业必须与环境中

---

① Simon Zadek 在 "The Path to Corporate Responsibility" 中提出，他将企业社会责任的有关议题划分为潜在、显现、巩固和制度化四个阶段。

的许多限制力量相互作用，受到消费者、劳工、环境及其他团体的挑战，履行社会责任的行为已经成为企业生存和发展的必备条件。

相对而言，在我国社会，由于利益相关者往往都是刚刚接触到企业社会责任的理念，对其并没有深刻的认识和理解，只能通过一些简单、直观的手段推动企业履行社会责任。以最主要的利益相关者之一——劳动者为例，在中国，企业员工往往处于弱势地位，大量劳动力的存在削弱了他们在劳资谈判中的议价能力。与国外相比，中国的劳工并不能给企业施加很大的压力。此外，企业投资者对企业社会责任问题也还没有给予足够的关注，甚至还不是十分了解，他们关注的是公司管理结构是否完善、公司的盈利状况是否良好。中国的社区文化也尚不发达，因而以社区形式向企业施加压力的情况也不多见。

③零售企业社会责任评价标准的缺失。零售企业社会责任标准不应是一个强加的外在要求，而是能易于操作和管理的，能切实融入企业当中的，成为企业经营管理的一个有效工具，成为企业日常经营中的有机组成。一个成功的企业社会责任标准，应做到务实和有效，在具备统一基准的基础上又富含差异和柔韧性，成为一个灵活、合理的多级方程式，否则不仅容易给企业及社会公众带来误导，更有可能对企业真正切实地践行社会责任制造障碍。

从表面上看，目前施行的企业社会责任标准貌似已经不少，如 ISO 14001[①]、AA 1000S[②]、SA 8000 等。其中，SA 8000 作为全世界第一个可用于第三方认证的社会责任国际标准，最为我国学术界和企业界熟悉和关注。但是，这些标准都是发达国家或跨国公司率先倡议的，它们必定从自身利益出发，与发展中国家实际情况有一定的差别，不能吻合我国零售企业社会责任建设的务实有效的要求，甚至成为发达国家发动贸易壁垒的手段之一。例如，跨国公司一方面要求其合作伙伴符合社会责任标准；另一方面，千方百计地压低价格、降低成本，最后牺牲的仍然是劳动者的利益。此外，由于这些标准涉及的内容片面，也未能切合企业的实际经营规模、行业特色、承受水平。

作为发展中国家，我们应该在 SA 8000 的基础上制定出自己的标准，建立一套适合中国企业的评价理论体系和评估机制，建立一个面对不同的企业参数能产生一定差异的社会责任的标准，并通过国际谈判，力争将中国体系融入国际标准中。

综上，从总体上说，中国发展零售企业社会责任的外部大环境压力还处于酝酿阶段，压力在不断积蓄，但尚未完全释放。在如此环境下经营的企业，没有感觉到特别大的社会和环境压力，从而没有自觉地走上零售企业社会责任的道路。因此，甚至一些原来在发达国家操守良好的跨国零售企业，到了中国也开始放松对自己的要求，做出一些有违企业社会责任承诺的事情。

（2）企业自身原因：我国零售企业社会责任意识和能力相对薄弱。尽管从中国传统的商业文化中也能找到印证企业社会责任的思想火花，但企业社会责任在最初终归

---

① ISO 14001 国际标准化机构在 1996 年制订，是它所制定的众多自愿性行业标准之一。

② AA 1000S 由非营利组织社会与伦理责任学会在 1999 发起。

是一个"舶来品"，是由经济全球化带来的冲击，对中国企业而言是一个新生事物，没有一个孕育发展的过程，无论在企业社会责任理念上还是行动上都要远远落后于市场经济发展已达百年之久的西方。当前我国的大多数企业对于社会责任的认识尚处于感性认识阶段；在企业社会责任的践行方面，还处于从抗拒阶段过渡到服从阶段，没有将企业的专业优势与社会公共利益相结合的意识。只有少数企业可以从企业管理的角度看待企业社会责任问题，逐步将社会问题、环境问题整合到企业的经营管理中去。

我国的部分零售企业对企业社会责任概念的理解狭隘，甚至有一些零售企业完全没有企业社会责任概念，零售企业还未发现企业自觉履行企业社会责任给企业带来的益处，没有意识到履行企业社会责任会给零售企业带来效益。对事物理解的不全面必然导致行为的不理性，这在一定程度上影响企业的社会责任行为。零售企业没有认识到承担企业社会责任可以提升企业社会形象，没有认识到企业善待员工、建立和谐的劳资关系，可以提高工作效率，更没认识到企业社会责任是零售企业进入国际市场的通行证、企业社会责任和企业绩效之间存在正相关关系，这就阻碍了零售企业将企业社会责任转化为实实在在的竞争力，在现实中则表现为不够有意识、有目的、有计划地主动承担对员工、对消费者、对环境和社区的社会责任，未能实现企业利益和社会发展的双赢。

零售企业的社会责任意识是企业履行社会责任的内在动力，若要企业确实承担起社会责任仅仅有动力是不够的，关键还在于零售企业是否具有相应的承担社会责任的能力。由于历史原因，在我国真正做强做大的知名零售企业并不多，主要是一些中小零售企业，它们已经成为我国国民经济和社会发展中的重要力量。在世界各国，中小企业一般占企业总数的95％以上，而在我国却占到总数的99％，其创造的工业总产值占总数的60％以上。我国有关企业生存周期尚无明确统计，但据《科学投资》采访调查和研究显示，中国中小企业平均寿命为3～4年，每年有近100万家中小企业倒闭，约为美国的10倍。我国的众多企业所处的生存状态，决定了企业尽量进行资本积累以求得存亡，也决定了零售企业必然首先考虑生存而后关注企业社会责任。

从图3-3中我们可以清楚地看到零售企业社会责任意识和企业社会责任能力之间的关系。横轴是零售企业社会责任意识，反映了在不同时期零售企业会产生不同的履行社会责任的需求。纵轴是零售企业社会责任能力，表明了零售企业履行社会责任能力的强弱。当零售企业处于低社会责任意识、低社会责任能力阶段时，企业关注的重点是自身的生存，创业者的起初投入使得企业一开始就具备了一定的资产，使其能够承担一定的经济责任和法律责任，但企业却可能因为受到能力的限制，有时会通过一些非道德行为，诸如逃税、克扣工资等行为，来维持企业的生计。当零售企业处于低社会责任意识、高社会责任能力阶段时，尽管零售企业实力有所增强，有承担更多社会责任的能力，但企业还是会想办法去规避法律和道德责任。当零售企业处于高社会责任意识、低社会责任能力阶段时，企业履行经济责任和法律责任的水平较高，但零售企业对履行更多的道德责任有心无力。最后，当零售企业处于高社会责任意识、高社会责任能力阶段时，企业具备了相当程度的履行社会责任能力的动力和能力，各个方面实现的程度都会比较高。

强

经济责任实现程度高
法律责任实现程度低
道德责任实现程度低
A

经济责任实现程度高
法律责任实现程度高
道德责任实现程度高
B

经济责任实现程度低
法律责任实现程度低
道德责任实现程度低
C

经济责任实现程度高
法律责任实现程度高
道德责任实现程度低
D

零售企业社会责任能力

弱　　　　　　　　企业社会责任意识　　　　　　强

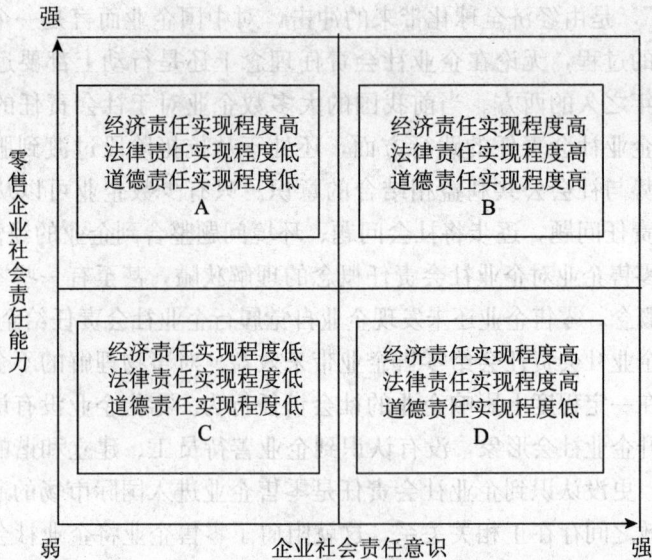

图3－3　零售企业社会责任能力与企业社会责任意识的匹配关系

（3）根本原因：零售企业社会责任实现机制的缺失。通过上述内外因的分析，我们认为，我国零售企业社会责任的实现受内外因作用的共同影响，其中外部因素主要来自企业社会责任实现环境的要求，而内部因素主要是零售企业的社会责任态度和社会责任能力。

零售企业的社会责任态度受企业家或者企业的所有者、管理层的企业社会责任意识的影响，受到企业履行社会责任的动机的影响；而企业的社会责任能力则受一国经济发展的总体规模和企业自身生命周期、经济效益的影响。马克思主义哲学理论告诉我们，在事物发展的过程中，内因起决定作用。但是，当促使零售企业履行社会责任的内生性力量相对不足时，外部压力就显得尤为重要。

在零售企业社会责任的实现过程中，企业管理者、股东和非股东相关者乃至全社会公众的企业社会责任意识对落实企业社会责任至关重要，但是，单纯依靠公司管理者和股东的社会良知、非股东利益相关者对自身权利的珍视及社会公众对企业社会责任的认知，企业社会责任终将沦为一种缺乏足够支撑力的说教。因此，要使零售企业社会责任切实得以实现而不至于停留在一般道德说教上，正式制度的构建则是必经途径。

四、我国零售企业社会责任实现机制的建立目标、原则与内容体系

在第三部分中，我们从两方面分析了我国零售企业社会责任实现中的问题及原因，一是由于外部环境的滞后；二是由于内部动力的不足。因此，在对我国零售企业社会责任实现机制的设计过程中，我们应着眼于解决上述两个问题。

由于经济发展的水平在一定程度上是客观的，因此，外部环境的改善需要着力从利益相关者与企业之间的关系入手。由于政府具有社会公共利益的维护人和公共事务的管理者的双重身份，而零售企业承担社会责任的根本目的在于企业与社会的关系，因此，本课题将零售企业社会责任的主体定义为政府、企业和社会三大主体，其中除政府之外的其他利益相关者，包括非政府组织、员工、商业伙伴、媒体、社区等。

政府是零售企业社会责任的管理主体，零售企业是企业社会责任的承担主体，社会则是企业社会责任的推动主体。在政府、企业与社会三者之间建立合理的关系是构建中国零售企业社会责任实现机制的关键。在政府、企业、社会之间形成合理关系的基础上，通过明确各自的角色定位并相互协作，确保中国的零售企业社会责任实现机制得以顺利建立和运行。

从政府经济学的视角来看，政府与企业是现代社会的两大活跃因素，两者以多种方式相互作用，对经济绩效和居民生活都产生了重大影响，在企业社会责任的实现问题上，政府如何管制企业直接关系政企关系的合理性和有效性。作为企业社会责任的管制者，政府的管制作用主要体现在两个方面：引导和管制。因此，政府对企业的作用既有宏观调控也有直接管制。

作为社会责任的实施者，企业通过培育其社会责任的意识，强化自律精神和行为，塑造主动承担社会责任的理念；企业依靠建立"生产守则"等内部管理规章、制度，改善劳资关系，融洽员工氛围；加强与各种利益相关者的联系和沟通，树立企业的外部亲和形象，为企业发展创造良性的外部空间。

作为零售企业社会责任的监督者和推动者，社会的监督和推动手段主要是通过非政府组织、新闻媒体等配合政府的引导和管制，对企业履行社会责任的状况进行必要的监督和推动。如典型的监督和推动手段是尝试设立专门负责企业社会责任管理的非政府组织，或是介于政府和企业之间的第三方认证的社会中介性评价和审核机构，定期向利益相关者提供企业相关的业绩证明报告或评价结果。

（一）我国零售企业社会责任实现机制的建立目标与原则

1. 我国零售企业社会责任实现机制的建立目标——两个平衡

（1）宏观层面：经济增长与社会发展的平衡。政府、企业与社会在企业的社会责任方面共同关注的核心问题是经济增长与社会发展的关系问题。十八届三中全会将经济体制改革作为全面深化改革的重点，转变经济发展方式，对我国的发展是有针对性的，就是不能把发展的动力放在增加投资、消耗资源、多占耕地上面。这种重要调整，强调的是更加注重发展的质量和效益，走生产发展、生活富裕、生态良好的文明发展道路，避免片面追求经济目标而忽视社会发展。因此，我国零售企业社会实现机制也应当以追求经济和社会的协调发展为最终目标。

（2）微观层面：零售企业社会责任与企业盈利目标的平衡。张维迎曾分析过企业社会责任的两个困境。一个是合理与合法的困境，即合理并不总是合法的；另一个是企业盈利与社会福利的困境，即企业盈利并不总是提高社会福利，他认为，当存在合理且合法、企业盈利且提高社会福利的情形时，企业社会责任就会由市场这只看不见的手来实现①。因此，零售企业社会责任实现机制就是要通过制度和机构的设置及相关主体之间的相互制衡，将整个市场规范在合理且合法、企业盈利且提高社会福利的范围内，尽一切可能根除合理但不合法、不合理但合法、企业盈利但损害社会福利、企业亏损而社会福利增加等情形。这样的环境才最适宜企业社会责任的落实和发展。零售企业社会实现机制的提出是为了实现零售企业在社会责任和经济利益上的动态平衡，即在企业、政府及社会相互作用的关系中，每一方都同时达到了约束条件下可能实现的利益最大化目标，因而这种状态可以长期持续存在。零售企业通过经营活动获得利润，从而有能力更好地履行社会责任，尤其是更高级别的道德责任；而零售企业担负起社会责任回馈社会的同时，也逐渐提高自身的声誉和品牌影响力，得到政府和社会的认可，这又反过来促进其经济效益的提高。

2. 我国零售企业社会责任实现机制的建立原则——两个符合

(1) 符合我国国情和企业实际。加强零售企业社会责任必须立足于中国的基本国情。从整个社会层面来看，任何社会责任问题的解决总要消耗一定的社会资源，这些资源要么由企业、政府或第三方组织分别承担，要么由他们共同承担。中国作为一个拥有13亿人口的发展中大国，人口多、底子薄、就业压力大，每年中国新增的劳动力就超过了2000万人，在这种地域广阔、城乡和地区发展不平衡的情况下增强企业社会责任不可能一蹴而就，必须立足于我国的基本国情，正确树立符合我国当前实际的企业社会责任观，深刻认识时代对企业社会责任的要求，寻找到现阶段政府、企业和社会能做到哪些，以及公众最关注哪些，应该提倡哪些，然后不断丰富其内涵，使得整个社会的资源配置效率提高。

(2) 符合市场经济的要求。在市场经济条件下，宏观调控已从过去的直接计划管理和行政干预转变为间接调节，政府原则上不能直接介入企业的微观商事活动。国家的调控和干预体现在企业社会责任方面，一方面应充分尊重企业的自主权，使其成为真正的市场主体，这是保证企业效率和竞争力的重要条件；另一方面，计划经济时期"企业办社会"的局面也应彻底改变，在我国零售企业社会责任实现机制中，国家通过宏观调控引导企业承担社会责任，绝不是要回到"企业办社会"的老路上去。

(二) 我国零售企业社会责任实现机制的内容体系

零售企业社会责任，作为时代发展和社会进步的产物，体现的不仅是企业主体的态度和行为方式，更是政府和社会主体的态度和行为表达。根据目前我国社会环境的特点，结合西方零售企业社会责任运动的经验和教训，笔者将零售企业社会责任机制归纳为零售企业社会责任的需求机制、激励机制、约束机制、认证机制和披露机制。各内容之间的逻辑关系如图3-4所示，政府、企业、社会多元主体通过互动形成上述5大机制，从而对企业社会责任的实现产生外部和内部的驱动力。

---

① 张维迎. 社会责任应具可考核性 [J]. 中国企业家杂志，2006 (12).

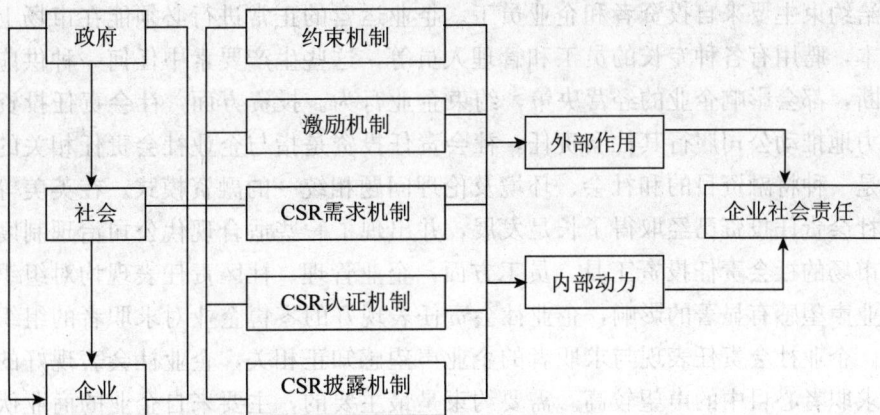

图3-4　我国零售企业社会责任实现机制的内容体系

1. 零售企业社会责任的激励约束机制

激励机制是在组织系统中，激励主体系统运用多种激励手段并使之规范化和相对固定化，从而与激励客体相互作用、相互制约的结构、方式、关系及演变规律的总和。激励机制是零售企业将企业社会责任的远大理想转化为具体事实的连接手段。约束机制是根据经营业绩及对约束客体各种行为的监察结果，约束主体对约束客体作出适时、公正的奖惩决定，包含对权力的约束，建立较完善的监督机制，对渎职者采取惩罚措施。仅有约束而无激励，企业缺乏参与CSR的利己动力；仅有激励而无约束，则企业可能因利己而盲目行动，因而两者缺一不可。机制设计理论将前者称为参与约束，后者称为激励相容约束。只有同时满足参与约束和激励相容约束这两个条件，才能构成有助于解决零售企业社会责任实现问题的机制设计。

（1）零售企业社会责任的激励机制。无论是法律责任还是道德责任，在短期内，承担社会责任给企业带来的影响更为突出的是成本的增加。因此，需要完善激励机制为零售企业社会责任的实现提供强大的引导力。如果零售企业在节约资源、保护环境等方面能够得到激励，那么每种正激励对一个追求持续性发展的企业来说都是极大的鼓舞。

零售企业社会责任的激励方式主要有物质激励和精神激励。物质激励包括政府采购、财政补贴、信贷支持、减免税收等，如完善《企业所得税法》，对企业增进社会道德水准、进行社会捐赠或其他福利行为方面的非营利性投资从企业所得税中减免，从而鼓励零售企业主动承担社会责任。精神激励包括荣誉、地位、成就感、认同感等方面的激励，提高零售企业的社会声誉，为企业带来更多的顾客、更好的员工、更多的合作伙伴，更融洽的社区关系等。例如，设立零售企业社会责任标兵或者类似奖项，鼓励企业适当从事公益活动。

（2）零售企业社会责任的约束机制。约束零售企业行为的各种条件及其对企业行为的约束作用，构成企业行为的约束机制。约束机制可分为企业外部约束和企业内部约束。

企业外部约束主要是市场约束，可分为供给约束、需求约束、法律约束和行政约束。供给约束主要来自投资者和企业员工。企业运营的正常进行必须能在市场上获得足够资本，聘用有各种专长的员工和管理人员等，这些生产要素中任何一种供应的短缺或垄断，都会影响企业的经营决策，约束企业行为。投资方面，社会责任投资的实施可有力地推动公司履行其社会责任，社会责任投资是指与企业社会责任相关的投资活动，是一种将融资目的和社会、环境及伦理问题相统一的融资模式。在英美等发达国家，社会责任投资已经取得了长足发展，并出现了一些适合现代公司治理制度和现代金融市场的社会责任投资工具。员工方面，企业管理、社区责任表现均对组织吸引力、企业声望感有显著的影响，企业社会责任表现好的零售企业对求职者的组织吸引力更大，企业社会责任表现与求职者的企业声望感知正相关，企业社会表现好的零售企业在求职者心目中的声望较高。需要约束是最主要的，主要来自企业的商业伙伴或最终消费者。商业伙伴对企业社会责任的推动作用主要通过供应链体现，即采购方要求供应方改善生产环境，提供符合生产守则的产品。消费者是一个特殊群体，他们的消费决定直接影响企业的财务绩效。除此以外，企业的外部约束还有法律约束和行政约束，主要来自国家和政府相关部门，是为保证正常的市场经济秩序，通过各种经济法规的制定和实施而对企业施加压力。

企业内部约束主要是内部监督和道德约束。企业社会责任内部监督机制的目标在于健全企业社会责任监督体系矛盾，依靠"老三会"（党委会、工会、职代会）和"新三会"（股东会、董事会、监事会）建立内部监督机制。道德约束主要是指实行企业道德的内部制度化，在企业内部组织和行为中，导入正确的道德判断基准，作为规范员工行为的管理制度，使之形成良好的道德行为规范。

企业社会责任实现的激励与约束机制如图3-5所示。

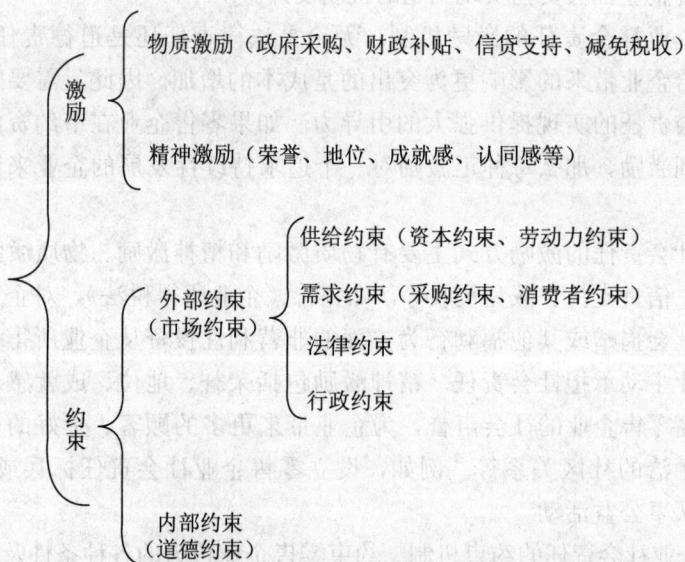

图3-5　企业社会责任实现的激励与约束机制

2. 零售企业社会责任需求机制

零售企业社会责任需求机制是指，通过增强零售企业利益相关者的企业社会责任意识和行为，提高对零售企业社会责任的社会性需求，增加利益相关者对零售企业的压力，促进利益相关者与零售企业的对话交流和互动合作，以带动零售企业对社会责任的有效供给。需求意识和需求行为是需求机制的两个构成要素，完善需求机制需要强化这两个方面。

当一种行为不需要支付成本或者成本很低时，对行为的管理就容易被忽略。于是，企业社会责任有效需求不足就成了零售企业内部社会责任管理缺位的"正当理由"。没有企业社会责任需求的推动，缺少对企业社会责任有着相当理解和需求的社会群体，就容易出现企业对社会责任供给不足的问题。利益相关者的压力、对话、互动合作对零售企业的影响是巨大的，企业回应利益相关者需求的过程，实际上也是逐步履行企业社会责任的过程。近几年，虽然随着国内零售企业社会责任运动的发展，公众对企业社会责任的需求有所提高，但是总体上有效需求水平仍偏低。因此，要完善零售企业社会责任需求机制，必须提高政府主体和社会主体对企业承担社会责任的需求意识，从而促进零售企业社会责任管理意识和实际管理水平的提高。

3. 零售企业社会责任认证机制

目前国际上出现的社会责任认证组织，都是民间组织，主要有社会责任国际（SAI）、公平劳工协会（FLA）、服装厂行为标准组织（WRAPP）、道德贸易倡议组织（ETI）和工人权利联合会（WRC）等，这些组织都先后制定了各自的社会责任标准。其中社会责任国际（SAI）2001 年版的 SA 8000 影响较大。这些认证标准都是以发达国家的立场、眼光和实际制定的，与我国现状有很大差距，对发展中国家来说，这些标准常常是难以达到的。这就要求我国政府尽快制定适合中国的社会标准。

对任何一个企业的评价都是从经济、社会和环境三个方面入手，经济指标仅仅被认为是企业最基本的评价指标，而关于企业社会责任的评价多种多样，如道琼斯可持续发展指数、多米尼道德指数、《商业道德》《财富》等都将企业社会责任纳入评价体系。我国应该根据自己的国情，建立针对零售行业的类似 SA 8000 的认证标准或企业社会责任评价体系，把环境保护、促进社会事业发展、社会进步等方面的情况不仅纳入对零售企业的评价体系中，同时也纳入对地方政府的业绩考察当中去，加大环境指标、社会指标的权重。

4. 零售企业社会责任披露机制

西方国家对于企业社会责任披露机制的研究和实践由来已久。20 世纪 30 年代产生的强制信息披露（mandatory disclosure of information）主张以政府干预的力量来对上市公司的信息披露进行规范。在这种模式下，上市公司要按照有关规定的内容和格式进行披露，并承担相应的法律责任。自愿性信息披露（voluntary disclosure of information），是相对强制性信息披露而言的，是指在强制性披露的规则要求之外，公司管理层自主提供的关于公司财务和公司发展的其他方面相关信息，用以弥补强制性披露模式下信息量不足的缺点，促进上市公司信息披露向完善和真实的方向发展，并且在世界各国都逐步得到重视和认可。

目前，我国企业主要采取的是自愿性披露的方式。有一些企业正通过媒体以发布社会责任报告的形式向社会公布公司履行社会责任的状况，但披露内容更多体现在企业社会责任理念方面上，披露内容的深度、广度相对西方发达国家来说还有较大差距。在鼓励上市公司作自愿性的信息披露的同时，我国应制定会计制度要求零售企业强制披露企业社会责任信息，规定企业社会责任披露最低信息要求，并鼓励社会责任意识强的企业做更多的自愿性披露。强制性社会责任披露制度可以首先在已上市的大型零售公司实施，然后在全国所有零售企业推广使用，推动全部企业全面履行社会责任。

五、我国零售企业社会责任实现机制的构建措施

在政府、企业与社会的关系中，零售企业社会责任的定位是能够有效维护和增进社会公共利益的润滑剂和媒介物，通过承担相应的公共职责来协调政府、企业与社会之间的关系。而零售企业社会责任实现机制的构建需要政府、企业和社会三方各司其职，相互作用方可完成。在零售企业的外部环境中，政府是一个极其重要而又特殊的角色，政府是从宏观的角度以引导者和管制者的身份出现，起到自上而下的推动作用；企业从微观的角度通过履行社会责任，承担自下而上的推动作用；而社会则扮演政府和企业之间中介平台的角色，分别向政府和企业传达彼此的意志，把政府、企业与社会之间的多元关系有机地贯穿起来，社会同时是企业社会责任的实施目标和受益者。

我国零售企业社会责任实现机制的构建如图3-6所示。

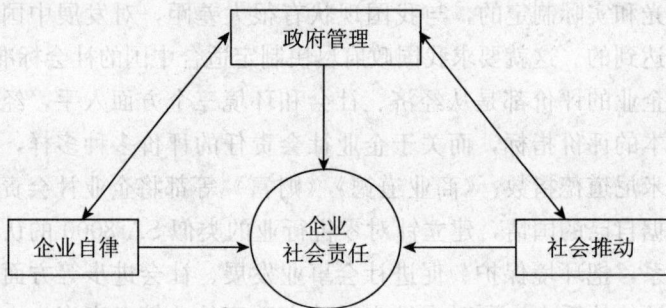

图3-6 我国零售企业社会责任实现机制的构建

（一）政府管理

在西方发达国家，企业社会责任并不是完全靠企业家自身的觉醒形成的，而是靠市民社会的基础和各种社会运动的推动发展起来的。但是在中国，目前缺乏推进企业社会责任的社会基础和各种社会力量，既缺少市民社会的基础，又缺乏社会运动的推动。在这样的条件下，政府对企业社会责任的推动就显得更为重要。政府应发挥主导，转变职能，为企业履行社会责任创造良好的社会环境和政策环境。

1. **法律手段**

（1）立法。立法是国家依据一定职权和程序，制定、认可和变动法这种特定社会规范的活动。政府制定的法律直接影响企业社会责任，一方面，通过立法引导企业自觉承担利益相关者责任以增加企业利益相关者责任的自觉供给。如税法规定一定限额内的捐赠可以抵税，这样，企业慈善捐赠比股东捐赠更有效率。另一方面，通过立法强制企业承担利益驱动不足的利益相关者责任。如《劳动法》关于企业对职工责任的强制，《消费者权益保护法》关于企业对消费者责任的规定，《环境保护法》关于企业对社会公众责任的要求等，都是利益相关者责任的强制供给形式。对于企业利益相关者责任的需求，法律的作用也是双方面的：一方面，相关法规中的责任条款可以使企业利益相关者的损失得到补偿；另一方面，法律对弱势利益相关者的救济可以增强利益相关者的谈判力，并强化其对企业利益相关者责任的需求。

国家通过立法规定公司社会责任，为公司承担社会责任提供依据，为行政机关公正执法确立准绳，当然也为违法行为预置了国家强制力。近年来，我国出台了多部有关企业社会责任的法律，如《公司法》《职业病防治法》《劳动法》《工会法》《安全生产法》《环境保护法》等，都对企业社会责任的具体事项做了详尽的规定。

然而，与社会责任的要求相比，我国的法律体系仍需要进一步完善。从立法方面推进企业社会责任法制化、规范化，必须依靠多个法律部门共同确认，整合法律资源，梳理目前与中国企业社会责任相关的法律，为企业社会责任实现机制的构建搭建一个平台。需要分析哪些条文有利于推进企业社会责任，哪些条文需要改进，如关于董事义务的界定，我国《公司法》采用了传统立法态度，"董事、监事、经理应当遵守企业章程，忠实履行职务，维护企业利益"，即仅仅将董事看作股东的代理人，仅对企业利益、股东利益负责。为了强化企业社会责任，在今后立法中应强调，企业除了营利之外，还必须承担社会责任；企业董事也不仅仅是股东的代理人，而且是非股东利益相关者的代理人或受托人。需要我国政府继续抓紧修订已不完全适应现实需要的自然资源法律法规和环境保护法律法规。制定空缺的法律法规，加强综合性环境与资源法律法规的制定和研究，扩大环境与资源保护法的调整范围，加大其调整力度。

（2）司法。司法监督是制裁违法和维护权益的最终途径，通过司法裁判给企业社会责任的实现创造一个公正高效的司法环境。好的法律要得到严格的执行才会产生足够的震慑力，否则便会成为一纸空文。目前政府面临的一个重大挑战是执法不严，一些法律的执行效果不能令人满意。原因是多方面的，有执法队伍的问题，也有法律本身的问题，还有制度设计的问题。但不论什么原因，政府都需要加大执法力度，迫使企业不得不履行某些责任。

从司法方面要加强法律法规的实施工作，使执法程序明确具体。创造比较健全的法律环境，充分发挥法律的利导性，做到有法可依、有法必依、执法必严、违法必究，使企业通过服从法律规范来承担企业社会责任。集团诉讼为企业社会责任的实现提供了一种新的思路和模式。所谓集团诉讼，又称集体诉讼，即当事人一方为一个庞大集团的诉讼。为了保护处于相同情况下的一大批受害人的合法权益，便于众多当事人进行诉讼，便于法院审理这类案件，《民事诉讼法》规定了代表人诉讼制度，集团诉讼是代表人诉讼的重要形式。在中国，近几年来，企业与社会公众在证券投资、产品责任、环境污染、消费者权益、公平竞争、劳工权益等方面的群体性纠纷不断发生，有相当部分案例所涉的权利主体规模较大、分布比较分散且力量单薄，通过集团诉讼的方式解决此类问题有较强的针对性，能够更为有效地促成企业社会责任的实现。除了集团诉讼之外，为强化企业社会责任的司法监督，还应该设置公益诉讼程序。公益诉讼是指特定的国家机关和相关的组织和个人，根据法律的授权，对违反法律法规，侵犯国家利益、社会利益或特定的他人利益的行为，向法院起诉，由法院依法追究法律责任的活动。企业社会责任的指向有很大一部分不是针对某个具体对象的，而是针对社会公共利益的，处于无保护状态下的公共利益比私人利益更容易受到侵害，因此，进一步完善公益诉讼程序，超越诉讼主体必须存在直接利益相关者的限制，可把那些制造社会危害又未受到追究的企业置于恢恢法网之下。

2. 经济手段

不少零售企业对社会责任望而生畏，是因为它们片面地理解了社会责任的内涵，认为那纯粹是一种成本的投入而不会带来任何回报。事实上，节能低碳、提高员工素质、改善企业形象都可以为零售企业带来潜在或可见的经济回报。让零售企业自觉承担社会责任较好的方法之一就是让企业先体会到社会责任的好处。政府可以按照市场经济规律的要求，运用价格、税收、财政、信贷、收费、保险等经济手段，影响市场的主体行为，通过财政补贴、税费优惠，甚至直接资助的办法鼓励企业走出第一步。

就零售企业而言，经济手段具体包括以下几个方面：一是在经营过程中自觉使用低碳节能的设施设备实行设备补贴政策，以价格和收费手段推动节能减排。二是在销售过程中，对于非环保产品实行高收费，要向消费者宣传绿色低碳的消费理念，提供绿色产品或服务，抑制过度包装、减少使用塑料袋，合理回收废旧产品，有效处理垃圾等。三是绿色资本市场。在间接融资渠道，推行"绿色贷款"，对环境友好型零售企业或机构提供贷款扶持并实施优惠利率，对经营非环保产品的企业进行贷款额度限制并实施惩罚性高利率；在直接融资渠道上，研究一套针对零售企业社会责任表现的投资制度，包括资本市场初始准入限制、后续资金限制和惩罚性退市等内容的审核监管制度。四是绿色贸易。针对发达国家越来越多的绿色贸易壁垒，改变单纯追求数量增长，而忽视资源约束和环境容量的发展模式，平衡好进出口贸易与国内外环保的利益关系。五是绿色保险。其中环境污染责任保险最具代表性，一方面由保险公司对污染突发事故受害者进行赔偿，减轻政府与企业的压力；另一方面，增强了市场机制对企业排污的监督力量。此外，还可引入当前国际上比较流行的公私合作（Public Private Partnerships，PPP）的模式。例如，中德政府企业社会责任合作项目将设立的公私合作基金，就是以非现金方式支持优秀的企业发展社会责任。

3. 行政手段

（1）全面转变政绩观。要推动零售企业社会责任的实现，政府部门首先要转变传统的政绩观，从以经济论实力转向综合权衡经济、社会和环境和发展质量。这一转变之所以重要，是因为如果不转变这个观念，我们的政府就不会动真格花大力气去监管零售企业，不会为了一个社区搬迁一个企业。所以，转变政绩观、实施新的政绩评估体系对企业社会责任的发展将会有非常巨大的促进作用。

（2）直接介入 CSR。政府直接介入 CSR，倡导零售企业实施企业社会责任，可从以下几个方面入手：一是由政府相关部门会同国际国内各种非政府组织和媒体，发起或参与一些 CSR 相关的活动及培训，表明政府对 CSR 积极推进的立场；二是倡导零售企业积极应对跨国公司的 CSR 标准要求，要求国内零售企业转变经济增长方式，关注可持续发展、和谐社会及环境问题，通过实施企业社会责任提高中国产品的国际竞争力；三是加强与有关国家和相关组织的合作，共同推动中国的 CSR 事业，妥善解决世界产业链中中国 CSR 成本的合理分担问题，要求跨国零售公司应当考虑与中国供应商共同承担社会责任成本，而不能一方面要求中国中小企业改善劳动条件，另一方面却在采购合同上一味压低价格。

（3）间接引导非政府组织等社会力量。非政府组织等其他社会主体作为与政府和企业并存的第三方，具有主体广泛、相对公正的特点，而且是零售企业行为的直接受用者，所以它们更加关注企业社会责任问题。在我国，这些主体尚未形成独立制约力量，所以，政府应当促进其存在的多样化、合法化、职业化程度，将其权力提升到法律层面，确保其监督招待的力度。从而淡化政府代言公众的功能，也可以弥补政府因与利益集团形成利益同盟而忽视公众利益的缺陷。

（二）企业自律

零售企业社会责任的实践主体毕竟还是零售企业，企业自身的组织保障和内部制度建设是影响履行社会责任效果的重要条件。因此，零售企业要修炼内功，更好地承担起相应的社会责任，为整个社会的可持续发展做出贡献。在对零售企业社会责任实现不力的原因做分析时，我们曾提到零售企业的社会责任意识和企业的社会责任能力对于企业社会责任实现的影响。因此，零售企业的自律行为，旨在从这两方面去推进。一方面，零售企业要把强化企业社会责任与和谐发展观联系起来，在经营活动中自觉履行社会责任和义务；要强化自律约束，对自己的经营理念、经营行为进行自我规范、约束和控制。另一方面，零售企业要建立基于企业社会责任的总体战略和经营战略，将履行企业社会责任与增强企业竞争优势结合起来，不断增强创造财富、回报社会的能力，同时，调适企业内部治理结构和组织结构，以保证社会责任观念和战略的有效落实。

1. 自觉增强零售企业社会责任意识

增强零售企业社会责任意识主要从两个方面入手。一是增强具有社会责任感的企业家精神。零售企业的行为与企业家个人的操守密切相关，尤其是在我国经济发展中举足轻重的民营企业当中，企业家个人几乎可以完全决定企业的价值取向和未来走向，因此，作为企业家，应正确处理企业、政府与社会的关系，正确处理股东、客户与员工的关系，不应只顾眼前利益，要深刻感知履行社会责任是获得长远发展的必要条件，是实现个人更高层次需要的途径。二是增强零售企业全员的社会责任意识。通过企业文化凝聚优秀的员工，从而使员工对企业价值达成共识，最大限度地提升企业社会责任的执行力。通过组织员工志愿者组织和志愿者活动，使全员参与到企业社会责任行动中来。

2. 有效增强零售企业社会责任能力

（1）实施零售企业社会责任战略。社会责任应当是一个主动和自觉的过程。因此，零售企业承担的社会责任必须纳入到企业的战略规划中。如果零售企业能够用战略的眼光来看待企业社会责任，那么，企业社会责任既可以解决社会问题，也能为零售企业带来竞争优势。

在战略管理中，任务陈述是制定战略的基础，表明了企业存在的社会目的及价值。首先，零售企业应在任务陈述中有效表达对社会责任的态度，从而奠定零售企业对社会责任问题及早采取行动的基本策略。其次，零售企业应明确，承担什么样的社会责任，对企业的经营方向、组织结构、用工制度、利润分配等都有不同程度的影响，必须根据变化的企业内外社会环境制定具体的社会责任目标。零售企业应视情况而定，有选择性地策划和实施社会责任，设定确定的、可测量的目标。

在经营战略上，零售企业应拓展更多的商业机会，从一开始就把对社会和环境的关心整合到经营战略中，结合公司的使命、战略、价值观、服务领域，有选择性地策划和实施公益事业。这是促进零售企业创新和获取竞争优势的关键，也是零售企业增强履行社会责任的能力的关键，因为倘若零售企业无法在市场竞争中立足，甚至亏损、破产，那么不仅连基本的经济责任都无法实现，更不要谈道德责任了。零售企业应该选择少数适合自身价值观的战略性重点领域；挑选可以支持企业经营目标的社会活动；选择与自身的核心产品及核心市场相关的主题；支持可以为实现营销目标提供机会的主题；评价不同主题对陷入危机或面临国家政策变动时提供积极支持的潜力；让更多的企业部门参与选择过程，以便为支持计划的实施打下基础；承担社区、客户和员工最关心的主题。

（2）调适零售企业内部治理结构。企业社会责任要落到实处，就必须落实到零售企业的治理环节中。有效的公司治理结构应该包含企业社会责任的承担与实现机制，能够在企业面临决策时，综合考虑利益相关者的利益，使得决策行为符合企业利益相关者价值最大化原则，这样，零售企业的行为就是可以预期和控制的。从整个社会来看，只有零售企业具备了这样的公司治理结构，才能形成实现社会责任分担的微观基础。在此基础上，政府就可以运用宏观调控手段，制定相应的公共政策，引导零售企业承担相应的社会责任。因此，企业内部治理结构的调适是实现企业社会责任的基础。

首先，允许零售企业利害关系人参与企业的经营。因为零售企业除股东外，事实上还有其他利害关系人。包括企业经营者、企业员工、主要供应商、主要债权人。在这种共同治理的模式下，董事会领导下的经理人员的受托责任不再是单纯的维护股东的价值，而是维护零售企业所有资产的价值。

其次，在董事会层面设专门委员会负责企业社会责任事项，或在董事会的职能中明确董事会要承担企业社会责任；在操作上，授权给公司的管理层负责相关事项。

最后，可以增设一些外部独立董事，从更加客观、公平、独立的立场对企业的经营管理进行监督和评价，促使零售企业履行对所有利益相关者的责任承诺。

（3）建立组织保障。对于社会责任的管理体系，外资企业普遍给予高度的组织保障，并在战略规划上提到相当明确的位置，欧美等国纷纷设立了伦理委员会、伦理热线，建立了伦理培训项目，各著名跨国零售公司都把履行企业社会责任作为实现企业好公民形象的条件，并且将企业社会责任作为一个制度化、规范化的管理体系，有明确的计划、有专门负责部门、有一定的经费保障、有可操作的规范化的管理程序。而内资企业特别是民营企业在组织制度建设上明显不足。国有控股企业虽然在社会责任管理措施的政策规章方面有更为明确的要求，但在组织保障方面还是明显逊色于外资企业。

我国零售企业在社会责任管理措施中的组织保障方面可借鉴国外零售企业的两种组织形式：正式部门，即企业中设立专门的 CSR 部门，负责履行企业社会责任方面的义务；即需团队，即零售企业中没有专门的 CSR 部门，但在履行企业社会责任时会临时组织一个团队来进行相关活动。

（三）社会推动

公民社会的发展有助于培育零售企业社会责任的外部压力，因而有助于刺激企业社会责任的发展，它的三个核心群体是非政府组织、新闻媒体和消费者，他们从不同的维度促进零售企业社会实现机制的达成。

1. 非政府组织的推动

非政府组织（Non-Governmental Organization，NGO），一般被认为是非政府部门的协会、社团或其他非营利性组织。随着"小政府，大社会"理念日益深入人心，非政府组织将在公共利益的维护方面发挥更大的作用，因此，在 CSR 领域方面的潜能也还有很大的上升空间。在课题中，我们认为，与中国企业社会责任的实现密切相关的非政府组织有行业协会和本身即以 CSR 为工作重点的特殊机构。

行业协会的基本职能是在政府宏观管理和企业微观经济活动中间发挥桥梁和纽带作用，传达政府意图，反映企业要求，协调企业行为，在零售企业社会责任的实现的职责和作用主要体现在三个方面。一是对零售企业进行约束，利用行业协会自愿与强制相结合的民主机制，运用行规的作用，发挥其自律和监督职能，对成员企业的行为进行约束。二是制订零售行业标准，为行业内的合理竞争、有序发展及国际市场的扩展创造条件。我们在前面的分析中提过到，目前看起来企业社会责任标准很多，但并不完全适合我国国情和企业实际，需要建立起一个有效的零售企业社会责任认证机制，这项工作的一个重要的承担主体就是行业协会。例如，中国纺织工业协会 2005 年 5 月 31 日正式推出中国第一个制造业行业性社会责任管理体系——CSC 9000 T，并且成立了中国纺织工业协会社会责任建设推广委员会，该委员会对推动纺织企业承担社会责任起到了至关重要的作用。三是发挥沟通作用。向上与政府沟通，提供信息，反映群体需求；促进零售行业成员间的对话和合作成员；制定维权准则，在具体的侵权案件中，通过协会直接给受害者以支持诉讼等方式参与。

本身就是以 CSR 工作为出发点的非政府组织，则需要深入了解中国国情，合理干预企业社会责任，不对企业正常的生产经营秩序造成干扰。需要获得企业对自身工作的支持，加强与企业的联系与合作。例如，我国第一个水污染公益数据库"中国水污染地图"，就是由环保非政府组织与环境问题研究中心共同制订的，记载水质信息、排污信息及污染源信息的电子地图，这是专门化的非政府组织推动企业履行社会责任的一个典范。

2. 新闻媒体的推动

我国零售企业社会责任实现机制的重要内容之一是零售企业社会责任的激励与约束机制。在这个机制的构建过程中，除了政府以外，新闻媒体由于其特有的公信力与覆盖面，能够在最短的时间内造成各种社会舆论效果，产生最大的影响力和社会效益。新闻媒体应主要发挥如下三个作用。

一是宣传作用。鉴于零售企业社会责任在我国的现状，新闻舆论应该加大对企业社会责任的宣传和引导工作，逐步澄清零售企业社会责任承担方式、内容和意义，引导公众对于零售企业履行社会责任的现状的理解和认识，为在全社会范围内建立零售企业社会责任制度发挥应有的作用。

二是监督作用。现代社会赋予了媒体舆论监督职能，媒体拥有有效的话语权，将有关零售企业社会责任的事实交给公众，引起公众积极的社会舆论，就起到了监督的作用。

三是激励作用。新闻媒体以颁奖、评选等形式，给予那些在社会责任方面做得好的零售企业充分表扬，帮助其提升公众形象，促使更多的零售企业参与企业社会责任运动。在这方面，新闻媒体应当努力做到这些活动的公正与公开，使得这些奖项和排名能真正有意义；同时，致力于传播零售企业社会责任的最佳履行方法，让更多的零售企业懂得如何履行企业社会责任。

3. 消费者的推动

在 2008 年 1~2 期《WTO 经济导刊》公布的"2007 年中国企业社会责任十大事件"评选结果中，中国消费者协会 2007 年 3 月 15 日发布的《良好企业保护消费者利益社会责任导则》名列榜首。零售企业作为供应链的终端直接面向消费者，消费者是一个特殊群体，其消费决定直接影响零售企业的财务绩效，他们的行为对零售企业有十分重要的导向作用，因而在零售企业社会责任实现机制的构建中占据重要位置。

在西方，责任消费一直是企业社会责任发展重要动力之一，消费者的抉择直接影响企业的战略。在自由化的市场经济下，消费者的"货币投票"对商品生产者和销售者具有终极的影响力，不论中小零售企业，还是跨国零售公司，最终都必须服从消费者的选择。

在中国，过去多数中国消费者在消费时考虑的首要因素是性价比，有时候甚至是纯粹的价格，因此，制造企业也都在降低生产成本上下功夫，且不惜降低生产标准、降低工资、侵犯知识产权。如今，中国消费者在食品安全方面已能接受责任消费的意识，但在其他方面，责任消费的意识还不够，在实际生活中倾向选择那些更便宜的商品，而不是那些更带有企业社会责任色彩的产品。因此，我国消费者组织应把工作方向从针对产品的信息发布，向鼓励消费者购买承担社会责任的企业的产品方向发展，比如不购买盗版商品、少使用塑料袋等，从而向零售企业发出一种信号，若企业不遵守法律、侵害员工利益、污染环境，则即使零售企业产品的质量、价格都可接受，消费者也会拒绝购买。而消费者个人，应当充分认识到，选择社会责任表现良好的企业的产品符合消费者的长远利益，有效利用经济手段、法律手段来维护自身权益，向零售企业施加压力。

六、结论与展望

（一）结论

零售企业社会责任的实现问题，并不单纯是零售企业一方的问题。本课题依据企业社会责任及其实现机制理论，通过分析我国零售企业社会责任的实现现状、存在问题及其原因得出我国零售企业社会责任实现机制设计的现实依据，从而得出以下几个重要结论。

第一，企业社会责任是在一国经济发展的过程当中，为保持经济、社会与环境的可持续和协调发展，对企业在经济、法律和道德方面的全面要求，是一个历史的、动态的概念。我国零售企业社会责任的内容包括经济责任、法律责任和道德责任。其中经济责任是企业必须要实现的基本责任，否则便失去了企业存在的理由，也没有履行更高级责任的物质保证。与此同时，零售企业必须履行法律责任，在法律法规允许的范围内从事经营活动。在此基础上，零售企业应根据自身实际情况和政府、社会的需要，履行相应的道德责任。当前，我国零售企业在经济责任、法律责任及道德责任的履行上还存在很大的提升空间。2014 年 11 月 13 日，中国社科院发布了《企业社会责任蓝皮书（2014）》，其中表明，零售企业的社会责任指数为 18.8 分，相比其他行业仍处于旁观阶段。

第二，我们必须要清醒地认识到，我国零售企业在履行社会责任方面的不足。这些问题的产生，一是由于在大环境上，中国在社会发展、环境治理等方面的投入尚未跟上经济发展的节奏，零售企业的各类利益相关者对企业社会责任还缺乏足够的理解和需求，缺少与企业之间的对话和合作，导致零售企业欠缺履行社会责任的外在动力和良好环境；二是由于多数中国零售企业还未能将企业社会责任整合到企业管理中去，企业社会责任意识和企业社会责任能力的匹配还未能到达既有较强意识又有较强能力的最佳区域，导致零售企业履行社会责任的内生力量不足。我们不能指望零售企业在此情况下，仅仅通过道德感完全自发地认同企业社会责任理念，也不能盲目要求零售企业承担不适应其能力的社会问题，因此，一个合理有效的零售企业社会责任的实现机制是必经之途，它将分清政府、企业和社会在社会问题上的责任边界，促使零售企业把社会责任与核心目标相结合，成功转化为内在的商业运作过程。

第三，尽管西方社会已经形成了较为成熟的零售企业社会责任机制，但我们不能盲目照搬。我国零售企业社会责任实现机制必须要符合我国国情和零售企业的现实情况，符合当前市场经济体制的现实要求。在中国，企业员工、社区对零售企业履行社会责任影响不大。政府、非政府组织、新闻媒体、消费者等利益相关群体对零售企业社会责任的发展影响较大。在我国，由于公民社会发育尚不成熟，第三方公共力量相对弱小，零售企业社会责任的推动尤其离不开政府这个管理主体。政府管理企业、引导社会，三方共同参与到由零售企业社会责任的激励约束机制、需求机制、认证机制和披露机制构成的零售企业社会责任实现机制中去。在这个机制中，政府要从经济、法律、行政三方面入手，积极应对发达国家和跨国公司的 CSR 挑战，正确分析国内的CSR 发展情况，创新机制体制，从宏观上管理 CSR 的落实。而零售企业作为微观履行主体，着力于增强企业社会责任意识和能力。最后，以非政府组织、新闻媒体和消费者为主要力量的社会主体，要从不同维度推进上述机制的达成。

（二）展望

在得出上述结论的同时，笔者也发现了一些值得进一步深入探讨的问题，为今后的研究提供思路。

首先是关于零售企业社会责任的认证。经济全球化要求国际统一的认证标准，这在一定意义上使得认证标准成了发达国家制约甚至制裁发展中国家的一种手段。发展中国家如何在参与制定、认知、理解和使用国际通用标准的同时，求得经济的稳步健康发展，无疑是一个历史性的难题。将国际化的零售企业社会责任标准在中国"本土化"，建立适合中国国情的零售企业社会责任标准，这是中国应对零售企业社会责任的对策之一。中国现在正在试图建立一个让全球都能够理解的零售企业社会责任标准体系，可借鉴 CSC 9000 T 作为一个行业成功案例的做法和经验，在零售企业社会责任认证标准的研究和实践上做进一步的研究探讨。

其次是关于企业责任和政府责任之间的关系。零售企业在承担自己法律责任方面不到位，与政府的责任不到位有直接的关系。一方面，政府尤其是地方政府不能违反政策，降低招商门槛，甚至地方保护主义为上，充当违法违规企业的保护伞。另一方面，政府在某些社会管理领域，要勇于退出，交给非政府组织等社会力量管理，这样资源的配置优势会更明显。如果说中央政府的主要任务在于创造引导零售企业履行企业社会责任的环境，推动 CSR 立法，在经济全球化和国际分工中为中国零售企业合理承担企业社会责任创造良好的外部条件，那么，地方政府的主要任务则在于制定地方零售企业社会责任标准，切实监督企业社会责任的实施。因此，地方政府如何制定和采取 CSR 相关政策，亦是今后值得关注的焦点之一。

最后是在零售企业社会责任实现机制的研究过程中，零售企业履行社会责任的动因研究是至关重要的一个内容。目前在这个方面，学术界尚无法合理解释的问题有两个：一是大量研究表明企业社会责任与企业财务绩效呈正相关，但无法解释为什么仍有大量零售企业不愿承担企业社会责任；二是慈善和公益活动明显有悖于利益最大化的动机，那么其真实的动机是什么，如何培养这种动机？西方国家的 CSR 实践表明，随着经济的发展、个体及企业责任感的成熟，零售企业出于自我实现和社会认同的需要，担负社会责任的方式会逐渐发生由外在强制到自愿担负的转变。进一步结合其他学科领域来分析如何促进这种转变，对我国零售企业社会责任的实现有较强的现实意义。

第四章　零售企业社会责任报告
编制流程及评价

一、零售企业社会责任报告编制流程

当前我国企业社会责任报告整体还处于初级发展阶段，企业普遍采用事后总结的方式编制报告，对工作很难有指导意义，难以充分发挥社会责任报告在传播理念、提升管理和树立形象方面应有的价值。年度报告编制创新模式是在借鉴全球报告倡议组织（GRI）《可持续发展报告指南》编制流程基本思想的基础上，创新社会责任工作理念和报告编制流程，将企业社会责任报告编制工作前移，在报告年度开始前启动报告编制工作，在报告年度全程进行跟踪，并提供专业支持、指导和服务，在报告年度结束后及时撰写和发布报告，实现了企业社会责任报告从传统的"事后编制"方式向"事前编制"方式的转变，是将企业社会责任逐步融入公司日常生产经营的重要举措，符合 ISO 26000 社会责任国际标准的核心思想。

年度报告编制目的：一是更好地发挥企业社会责任报告在公司社会责任管理中的抓手作用，提升公司的管理水平，融入日常管理；二是通过对重要企业社会责任指标施行动态跟踪和服务，及时了解和回应利益相关方的需求和期望，提升公司的服务水平；三是通过企业社会责任报告编制方式的创新，向利益相关方系统披露公司的社会责任实践和绩效，更好地树立公司负责任的形象；直接服务于建设管理好、服务好、形象好的国际先进零售企业这一目标。最终目标是以编制《企业社会责任报告》为契机，全面推进公司社会责任管理体系的建设。

（一）启动阶段

社会责任报告编制与公司全体员工，尤其是高层管理者的支持密不可分。项目启动阶段的主要任务是报告编制工作动员和对员工进行社会责任及报告编制相关知识的培训，其目的是使社会责任报告编制工作得到高层领导和员工的支持。在启动阶段要做好以下工作。

（1）召开报告编制启动会议，设计确定报告的主要内容（企业理念、行动、结果）。

（2）完善具体工作制度，明确工作职责，建立联动机制。

（3）确定研究工作技术路线，研究技术路线如图 4-1 所示。

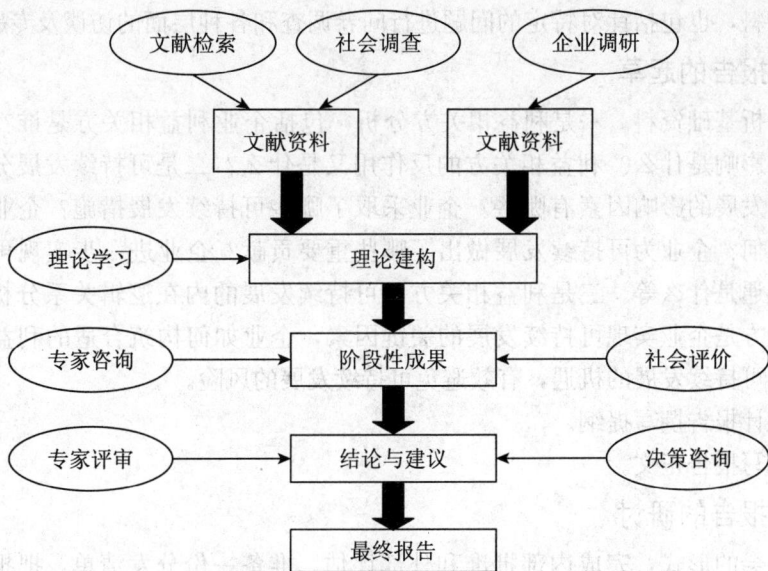

图 4-1 研究工作技术路线

(二) 组建编制机构 (领导机构、执行机构)

报告编制组织机构由领导机构、执行机构两部分构成。

领导机构由企业主要高管和企业战略、财务等部门负责人及外部专家组成的高层指导委员会构成。

执行机构由首都企业社会责任研究与评价中心承担和企业相关部门人员具体操作。

(三) 制订编制工作计划

确定目标和分工及具体的工作步骤。

目标要求：公司社会责任管理体系建设是公司一项重要的、长期的战略任务。公司社会责任管理体系建设的总体目标是：制订公司社会责任管理体系建设战略规划，按照有计划、有步骤、由浅入深、由表及里的建设程序，建立起一套基础化、程序化、科学化的公司社会责任管理体系建设系统。整体推进、系统运作，构建一个切合实际的、科学合理的、便于操作的公司社会责任管理体系建设规划体系，并把规划纳入企业发展战略，成为企业整体规划的一部分。

具体的工作步骤：①启动阶段；②组建编制机构；③调研分析；④总报告起草；⑤交流讨论；⑥报告的发布；⑦宣传培训。

(四) 编制工作调研

搜集基础资料和专题资料，部门采访和调查。基础资料搜集主要是书面的现有的资料，包括两方面内容，一是公司企业社会责任和可持续发展的文字性资料；二是数字性资料。

专题性资料的搜集主要是在工作小组通过撰写提纲后，针对写作提纲的要求有目的地搜集资料，也包括针对特定的问题进行问卷调查和各种层面的访谈及专题讨论。

（五）报告的起草

（1）分析基础资料。一是利益相关方分析，包括企业利益相关方是谁？企业对利益相关方的影响是什么？利益相关方的反作用又是什么？二是可持续发展分析，包括企业可持续发展的影响因素有哪些？企业采取了哪些可持续发展措施？企业可持续发展的绩效如何？企业为可持续发展做出了哪些重要贡献？企业进一步实现可持续发展的风险和机遇是什么等。三是利益相关方与可持续发展的内在逻辑关系分析，企业哪些利益相关方是企业实现可持续发展的关键因素，企业如何构筑合适的利益相关方关系，来抓住可持续发展的机遇，有效避免可持续发展的风险。

（2）设计报告撰写提纲。

（3）撰写报告正文。

（六）报告的研讨

以座谈会的形式，完成内部批准和外部评估。准备一份分发清单，把报告分发给目标群体；随报告附上一份简短的征询意见表，索取读者的反馈信息。参加组织有关可持续发展与编制报告的专家讨论，收集反馈信息。与利益相关者群体进行对话，获取如下问题的答案：对报告的总体印象如何？缺少哪些题目？忽略了哪些题目？报告并不是对话的主题，而是对话的基础。收集内、外部反馈意见是为下一个报告流程做准备，可以通过很多方式来进行。

（七）报告的发布

传播途径：①利益相关者会议传播；②公司人员发送；③网络版发送；④纸版寄送；⑤新闻发布会；⑥向杂志社提供一份报告摘要，通过电子邮件发送信息，在主页的显著位置发布报告。

（八）报告发布后的宣传、应用

1. 报告的宣传

宣传不仅仅需要领导的重视，还需要全体员工的配合与学习，促进企业凝聚力，加强宣传，中层领导和员工给予切实可行的建议。

公司领导和员工要做到加强交流和学习；增强理解和沟通；增强部门之间的协作力，培养团队协作力和凝聚力；培养员工的使命感和对企业的归属感，切实把报告深入到每位员工的心中去；建立健全传播网络，传播网络纳入企业总体工作的一部分，从计划、组织、人员、经费等方面给予充分保证，使其能长期坚持并逐步完善；领导重视是关键；报告需要大量的宣传、推广。

2. 报告的应用

首先，一份完整的企业社会责任报告是对企业社会责任实践进行的系统总结，是企业增加外部沟通的新手段，是综合业绩报告的新工具，是促进利益相关方参与的重要工具。其次，企业社会责任报告有助于企业建立内部对话新机制，能够促进企业社会责任理念在企业内部传播，并有助于提高管理层的评估能力。最后，企业社会责任报告不仅增强了财务稳定性，而且完善了预警机制功能；最终为企业树立起负责任的品牌形象。

二、大型零售企业社会责任评价程序

（一）社会责任评价体系的基础理论及企业报告

近年来，在中央构建和谐社会和落实科学发展观思想的指导下，我国各类企业社会责任运动迅速发展，众多的国有大中型企业、上市公司纷纷发布社会责任报告。大型零售企业在供应链系统中承担着商品流转的中介任务，它联结上游供应商和下游消费者；作为社会单元，大型零售企业又承载着员工、社区和社会的基本利益。中国大型零售企业对于社会责任的认识还处于初级阶段，损害相关者利益的短视行为也时有发生。为便于对企业社会责任绩效进行评价，有必要建立一套全面而科学的社会责任评价体系。

本评价指标体系的基础理论是企业公民理论和利益相关者理论。企业公民理论把企业看成是社会的公民，通过其核心业务为社会提供价值与贡献的同时，为表达出企业对人类、社会及环境的尊重，向社会各方显示他们应当承担的责任并作出符合道德及法律规范的发展策略。世界经济论坛将"企业公民"概括为好的公司治理和道德价值、对人的责任、对环境的责任及发展的广义贡献四个方面。利益相关者理论是指那些能够影响企业目标实现，或者会被企业实现目标的过程所影响的任何个人或群体。大型零售企业在经营过程中影响了这些利益相关者的切身利益，因此大型零售企业应该承担对这些利益相关者的社会责任。本评价指标体系设计理念是促进大型零售企业协调与各类利益相关者的利益关系，促进其履行对这些利益相关者的责任。

本评价指标体系根据大型零售企业在经营过程中涉及的各类利益相关主体，把大型零售企业履行社会责任程度的评价指标梳理为五大类，共计 70 个指标项目，并依据这些指标对大型零售企业的社会责任进行综合评价，力图综合衡量大型零售企业履行社会责任的状况。大型零售企业对股东负有增值保值及稳健运营的责任；对员工具有提高员工福利及公平雇用的责任；体现在售后服务及信誉度等方面的不断改善；对合作伙伴负有履行合同和谐共存的责任；对社会负有依法纳税、增加就业机会、积极参与保障性住房建设的责任。

在指标的设置上，本评价指标体系以定量指标为主，同时辅助以定性指标。对于不能定量表现的指标，通过对公开资料进行材料搜集，可以了解该企业在履行社会责任方面做过哪些具体工作，并由专家委员会进行综合评分。值得注意的是，本评价体系设定了特别评价指标，如果评价对象在这些指标上有不良表现，将酌情在企业社会责任分值上扣分。另外，本评价指标体系除设计了绝对额指标外，还有部分比例指标，以保证不同规模企业参与评价的公平性。

本评价指标体系的信息来源有三种：第一，通过公开信息搜集的材料，例如企业的社会责任报告、企业财务年报、企业官方网站、中国统计年鉴及其他公开渠道；第二，通过企业主动填报获得的一手数据；第三，通过《中国商报》等媒体渠道展开的调查，确保各类利益相关主体都有表达对参评企业意见的机会，同时佐证企业填报的信息。

我们应当把企业履行社会责任的情况也纳入社会公开机制中，可采用将财务与社会责任两者相结合的报告模式，以透明的方式向社会公开企业运作的综合效果。

企业报告内容及格式如下。

（1）封面和目录。

（2）公司概况。

①公司所从事的行业、经营范围、公司注册地址、办公地址及邮政编码、公司国际互联网网址、电子邮箱、公司股票上市交易所、股票简称和股票代码、企业法人营业执照注册号、税务登记号码及公司聘请的会计师事务所名称和办公地址等。

②公司的法定代表人及其致辞。

③公司董事会主要成员介绍。

④公司的发展战略。

⑤公司的价值观、企业文化。

⑥公司对社会作出的承诺。

⑦公司与股东、员工、政府、社会组织、商业合作伙伴、媒体、社区和消费者等利益相关者信息沟通体系。

（3）公司年度重要事项。按事项发生的时间顺序分月进行报告。主要包括公司本年度所取得的成就、面对的挑战及所采取的应对措施等。

（4）公司财务报告。主要包括对本年度及上一年度资产负债表、利润表和现金流量表的披露并显示变化方向及比例。对于需要补充说明的某些重大项目另外予以报告。

（5）企业社会责任报告。按照员工、消费者、投资者、政府、社区、环境、商业合作伙伴、竞争者及其他几大部分分别进行报告。

（二）当前企业社会责任发展现状

（1）中国起步晚、发展快。2008年胡锦涛在APEC提出：企业应该树立全球责任观念，自觉将社会责任纳入经营战略，完善经营模式，追求经济效益和社会效益的统一。

（2）发达国家政府强势推动：制定规则、创新推进、责任监督。

（3）我国企业日益重视，发展势头良好。

（4）行业范围多元化，地区范围扩散化。

（5）理论指导与企业实践同步提速。

（6）问题：缺乏法律支撑和监督机制、评价体系有待相对统一，缺乏国内外的可比性。

（三）大型零售企业社会责任内涵

企业对股东、员工、合作伙伴、消费者和社会环境的综合责任，包括安全生产、保护劳动者的合法权益、提供安全放心的产品和服务、遵守商业道德、支持慈善事业、热心社会公益、保护自然环境、促进社会可持续发展等。

（四）大型零售企业社会责任评价活动的重要意义

（1）推动全行业社会责任运动发展。

（2）促进零售企业重视社会责任。

（3）指导零售企业编制社会责任评价报告。

（4）形成正确的舆论导向。

（5）完善全社会的推动和监督机制。

（五）中国大型零售企业社会责任评价委员会组织框架（见图4-2）

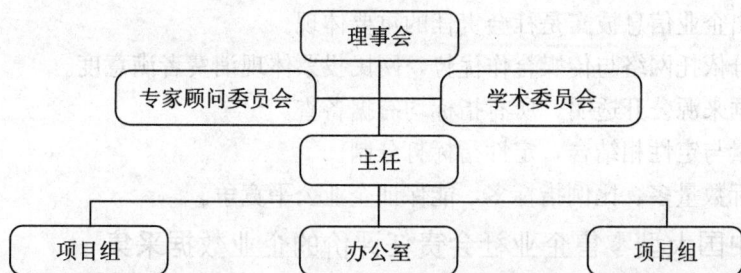

图4-2　中国大型零售企业社会责任评价委员会组织框架

零售企业社会责任研究与评价中心由北京工商大学管理，最高权力机构是理事会，理事会设理事长一人，副理事长若干人。理事长和副理事长由北京工商大学任命。理事会下设专家顾问委员会和学术委员会，各有委员会主席一人及委员若干人。中心办事机构设主任一人，副主任若干人，下设办公室及各项目组。

（六）中国大型零售企业社会责任评价三大成果

（1）中国大型零售企业社会责任评价指标体系研究报告。

（2）中国大型零售企业社会责任实践报告（蓝皮书）。

（3）中国大型零售企业社会责任排行榜（TOP 50）。

（七）中国大型零售企业社会责任评价指标体系编制的理论基础（见图4-3）

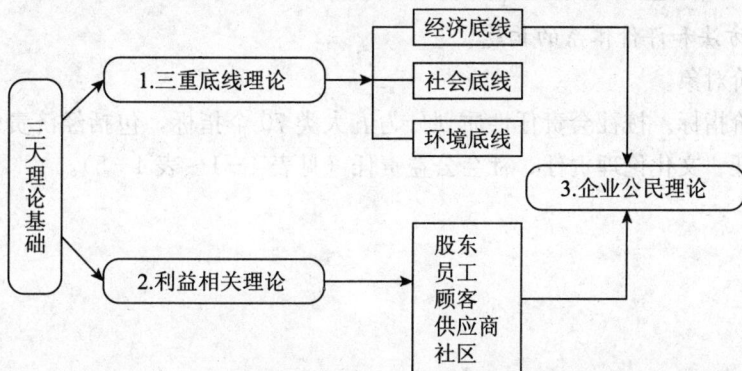

图4-3　企业社会责任评价指标体系编制的理论基础

(八) 中国大型零售企业社会责任评价指标体系的特征与创新

1. 五大特征

(1) 独特的行业特性。

(2) 综合性、系统性。

(3) 科学性、前瞻性。

(4) 数据的可获得性。

(5) 指标的可对比性。

2. 五大创新

(1) 突出企业信息披露是社会责任的重要体现。

(2) 充分依托网络与传媒合作优势，网民投票体现消费者满意度。

(3) 数据来源公开透明，所有指标均有据备查。

(4) 定量与定性相结合，定性指标打分制。

(5) 指标数量多、比例指标多，能保证企业公平竞争。

(九) 中国大型零售企业社会责任评价的企业数据采集

企业信息透明度是重要衡量标准，是社会责任的重要体现。零售企业社会责任评价的企业数据采集如图 4-4 所示。

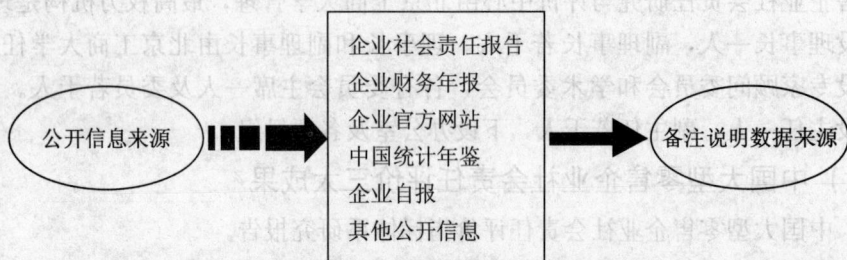

企业社会责任报告
企业财务年报
企业官方网站
中国统计年鉴
企业自报
其他公开信息

公开信息来源 ➡ 备注说明数据来源

图 4-4　零售企业社会责任评价的企业数据采集

(十) 中国大型零售企业社会责任评价指标体系

1. 评价方法和评价体系的构建

(1) 评价对象。

(2) 评价指标。按社会责任性质划分为五大类 70 个指标，包括经济责任、法律责任、环境责任、文化伦理责任、社会公益责任（见表 4-1～表 4-5）。

表 4 - 1　　　　　　　　　　　　零售企业经济责任指标体系

利益相关者	管理指标		绩效指标
股东和债权人	建立和健全投资者关系管理体系		成长性、收益性、安全性财务指标
	在追求股东利益最大化的同时兼顾债权人的利益		
	加强经营管理，追求良好经济效益		利润分配
客户消费者	建立和健全客户关系管理制度		研发投入，研发投入占销售收入的比例
	完善售后服务体系		
	支持产品服务创新		
	建立方便特殊人群购物的制度及措施		
	积极处理客户投诉		顾客满意度
	调查客户满意度		
	完善商品补货系统和商品配送系统		
	控制所销售产品质量的制度及措施		客户投诉率
	完善问题产品处理制度及措施		
	积极应对广告宣传重大负面信息		
供应商	建立战略共享机制及平台		供应商信息系统接入覆盖率
	审查供应链社会责任，分摊供应商审核成本		全部货物和服务的购买成本
	建立供应链考核评定制度		
	进行供应链社会责任培训		根据合同条款付款的合同所占的百分比
	确保公平竞争的理念及制度保障		
政府	响应国家政策		接受毕业生人数
	确保就业或带动就业的政策或措施		
员工	为员工提供有竞争力的薪酬		员工工资增长率
	健全员工培训管理体系		员工培训人次和培训投入
	提供良好的员工职业发展通道		员工流失率、员工满意度
	完善员工意见或建议传达到高层的渠道		
社区	评估企业运营对当地的影响		本地化采购比例
	确保就业或带动社区就业的政策		本地化雇用比例
	指派专人或设立专门机构协调公司与社区的关系		本地经济贡献率
	带动地区经济发展，推动社区基础设施建设		

表 4-2   零售企业法律责任指标体系

利益相关者	管理指标	绩效指标
股东和债权人	建立和健全企业守法合规体系、措施	违法所交罚款
	公平对待所有股东，不进行选择性信息披露	重大守法合规负面信息
	制订长期和相对稳定的利润分配方案	
顾客	确保商品或服务的安全	政府公告批评次数
	产品信息合规披露	
	保护顾客的个人信息	
员工	保障员工合法权益	年人均带薪休假天数
	保障员工工资支付与提供社保	劳动合同签订率、社会保险覆盖率
	健全并落实职业健康和安全管理制度和措施	男女员工工资比例
	保障信仰自由，反对各种歧视	劳动争议负面信息
供应商	保护供应商的个人信息	合同履约率
	确保公平交易的制度及措施	
	不从事腐败贿赂行动	
政府	依法纳税	偷税漏税相关负面信息
	遵守公平竞争原则	

表 4-3   零售企业环境责任指标体系

类别	管理指标	绩效指标
环境管理	建立和健全环境管理体系	售出的产品在使用期限结束时可回收的比重，以及实际回收的百分比
	完善环保培训制度、绿色采购制度	
	评估新投资项目的环境影响	环保总投资及其占销售收入的比例
	推广环保产品的政策、制度及措施	
	提高员工环保意识	环保产品销售量及销售比率
	环保技术、设备的研发与应用	违反环保法规所交的罚款
	参与外部环保组织	环保违规负面信息
节约资源能源	降低能耗的政策、措施或技术	单位产值能耗及能源节约量
	节约水资源的政策、措施或技术	单位产值水耗及水资源节约量
	使用可再生能源的政策、措施	可再生能源使用量或使用率
	循环经济政策、措施或技术	能源资源循环利用率或利用量
	办公场所节约用纸措施	办公场所用纸量及节约量
	办公场所节约用电措施	节能建筑或环保店面数量
	促进绿色物流	仓储物流中的能源节约量

类别	管理指标	绩效指标
降污减排	减少温室气体排放的措施或技术	温室气体排放量及减排量
	包装减量化与包装物回收再利用	仓储物流中的二氧化碳排放量及减排量

表 4-4　　　　　　　　　零售企业文化伦理责任指标体系

类别	管理指标	绩效指标
文化伦理责任	促进诚信商业文化建设，诚信经营	每年组织员工文化活动次数
	敦促供应商遵守商业道德和社会公德	
	培育健康和谐的企业文化	
	消除各种形式的强迫劳动	企业文化建设投资额占销售收入的比例
	提供员工心理健康援助，促进员工成长和发展	
	组织形式多样的员工文体、休闲活动	

表 4-5　　　　　　　　　零售企业社会公益责任指标体系

类别	管理指标	绩效指标
社会公益责任	建立健全企业捐赠制度	公益捐赠金额
		公益捐赠占销售收入的比例
	成立企业公益基金或基金会	产品捐赠占销售收入的比例
	积极参与社区公益活动	员工志愿者活动数据
	完善支持志愿者活动的政策	
	救助弱势群体	残疾人雇用人数或雇用率

（3）指标权重。

2. 企业社会责任评价体系的运用

（1）研究样本。

（2）描述性统计。

（十一）推进大型零售企业社会责任评价的保障措施

1. 企业推进社会责任工作的具体内容

零售企业社会责任报告不仅要反映企业开展的社会责任活动及其绩效，而且还应反映企业社会责任管理的理念、制度、措施等。而在企业社会责任工作中，企业社会责任的治理、推进和沟通是必不可少的工作，它们从组织体系、企业理念、价值观及管理制度等方面保证企业社会责任工作的顺利进行。

企业推进社会责任工作的具体内容如表 4 - 6 所示。

表 4 - 6　　　　　　　　企业推进社会责任工作的具体内容

分 类	项 目	具体内容
内部推进	社会责任管理体系建设	社会责任组织体系的建立，明确社会责任工作的责任部门（如成立企业社会责任指导委员会，统一领导企业各部门的工作）
		企业社会责任工作部门的人员配置情况
		企业社会责任专项管理体系（如社会责任风险管理）的建设情况
		企业社会责任工作考核的制度及措施
	社会责任工作规划	企业社会责任工作的核心议题的讨论（如遵法管理、顾客权益维护、员工权益维护、股东权益维护、供应商权益维护等）
		社会责任工作要达到的总体目标及保障措施（如通过公司集团扶助资金，扶助有困难员工；通过风险教育培训来提升经营风险意识等）
	社会责任方面的培训	社会责任理论宣讲、国际国内先进企业社会责任运动介绍，以及如何把社会责任融入企业经营及培训取得的成效等
	下属企业社会责任工作的推进	下属企业发布社会责任公告、对下属企业进行社会责任培训、在下属企业进行社会责任工作试点、对下属企业的社会责任工作进行考核与批评等
外部推进	商业合作伙伴履行社会责任的推进	企业对合作机构、同业者及其他组织履行社会责任工作的倡议和企业对关键供应商社会责任工作的审核
		推进其他企业的社会责任意识

2. 三项保障制度

（1）三个明确：指导思想、基本原则、主要目标。

（2）三个建立：推进规划、评价体系、信息披露制度。

（3）三项完善：组织领导机构、法律法规、监督机制。

3. 三项配套措施

（1）完善配套与激励措施。

（2）推进地区与企业试点示范。

（3）宣传责任理念、开展企业培训，加强沟通与交流。

第五章　零售企业社会责任案例研究

2014 年 11 月 13 日，中国社科院经济学部企业社会责任研究中心发布了《中国企业社会责任研究报告（2014）》[①]。报告系统披露了国有企业 100 强、民营企业 100 强和外资企业 100 强，以及电力、通信、房地产、石油石化、零售等 14 个重点行业的社会责任发展指数，详细解读了不同性质、不同行业的企业在社会责任管理、社会责任信息披露方面的阶段性特征。其中，电力（65.1 分）和通信行业（64.9 分）社会责任发展指数得分最高，达到了四星级水平，处于领先者阶段。而零售行业社会责任发展指数为 18.8 分，在 14 个行业中排名倒数第一，行业企业社会责任发展整体处于旁观者阶段。

报告中的零售行业包括百货商店、超级市场、大型综合超市、专门零售商店、品牌专卖店、便利店等主要面向最终消费者（如居民等）的销售行业。零售行业 32 家样本企业社会责任发展指数排名及得分如表 5-1 所示。

表 5-1　　　　　　　零售行业社会责任发展指数（2014）　　　　　　单位：分

排名	企业名称	企业性质	是否发布企业社会责任报告	官网是否设有社会责任专栏	社会责任发展指数
★★★★（3家）					
1	苏宁云商集团股份有限公司	民营企业	有	有	67.5
2	永辉超市股份有限公司	民营企业	有	无	67.2
3	广州百货企业集团有限公司	国有企业	有	有	62.2
★★★（1家）					
4	华润万家有限公司	国有企业	有	有	56.0
★★（5家）					
5	麦德龙（中国）	外资企业	无	有	34.7
6	天虹商场股份有限公司	国有企业	有	无	32.2
7	银座集团股份有限公司	国有企业	有	无	29.5
8	沃尔玛（中国）投资有限公司	外资企业	无	有	23.0
9	家乐福（中国）	外资企业	有	有	21.2

---

① 新华网，《中国企业社会责任研究报告（2014）》，http://news.xinhuanet.com/tech/2014-12/09/c_127286839.htm。

排名	企业名称	企业性质	是否发布企业社会责任报告	官网是否设有社会责任专栏	社会责任发展指数
★（23家）					
10	北京王府井百货（集团）股份有限公司	国有企业	无	无	19.5
11	上海豫园旅游商城股份有限公司	民营企业	有	无	19.0
12	物美控股集团有限公司	民营企业	无	无	19.0
13	国美电器有限公司	民营企业	无	有	18.0
14	中百控股集团股份有限公司	国有企业	无	无	15.5
15	江苏五星电器有限公司	民营企业	无	无	14.0
16	利群集团股份有限公司	民营企业	无	无	10.7
17	亚马逊中国	外资企业	无	无	10.0
18	三胞集团有限公司	民营企业	无	有	9.7
19	庞大汽贸集团股份有限公司	民营企业	无	无	9.7
20	新合作商贸连锁集团有限公司	国有企业	无	有	8.3
21	重庆商社（集团）有限公司	国有企业	无	有	7.2
22	欧尚（中国）投资有限公司	外资企业	无	有	7.0
23	武汉武商集团股份有限公司	国有企业	无	无	6.2
24	宏图三胞高科技术有限公司	民营企业	无	无	5.7
25	世纪金源投资集团有限公司	民营企业	无	无	5.7
26	乐购中国	外资企业	无	有	5.5
27	石家庄北国人百集团有限责任公司	国有企业	无	无	5.5
28	农工商超市（集团）有限公司	国有企业	无	无	5.0
29	百盛商业集团有限公司	外资企业	无	无	4.0
30	大连大商集团有限公司	民营企业	无	无	2.0
31	百联集团有限公司	国有企业	无	无	1.5
32	卜蜂莲花超市有限公司	外资企业	无	无	0.5

从表 5-1 中可以看出，32 家样本企业中没有五星级企业，仅有 3 家企业达到四星级水平，1 家企业达到三星级水平；处于二星级和一星级水平的企业共有 28 家，占样本企业的 88%。样本企业中共有 12 家民营企业，平均企业社会责任发展指数为 20.68；12 家国有企业，平均社会责任发展指数为 20.72；而 8 家外资企业的平均社会责任发展指数仅为 13.24，与零售行业整体平均社会责任发展指数相比明显偏低。企业社会责

任发展指数表明，零售行业中各企业整体承担社会责任情况差距较大，零售企业社会责任感普遍较低，处于旁观者阶段。

本章从每个星级中选择一个企业进行研究，其中苏宁云商集团股份有限公司已在第一章进行了分析，在此不再赘述，主要针对四星级企业的广州百货企业集团有限公司、三星级企业的华润万家有限公司、二星级企业的沃尔玛（中国）投资有限公司及一星级企业的上海豫园旅游商城股份有限公司进行研究。其中，广州百货企业集团有限公司和华润万家有限公司是国有企业性质，上海豫园旅游商城股份有限公司是民营企业性质，沃尔玛（中国）投资有限公司是外资企业性质。

本章从经济责任、法律责任、伦理责任、环境责任和慈善责任五个主要维度，分析四家上市零售企业的社会责任情况，探讨企业社会责任在国有企业、民营企业和外资企业中的发展状况和差异，并分析出零售企业承担社会责任的优势和不足，从而引起零售业对社会责任问题的重视程度，促进零售企业更好地履行企业社会责任。具体来说，经济责任是企业承担社会责任的基础，主要体现在企业在追求利益最大化的同时，向社会提供产品和服务。法律责任也是一种基础性的社会责任，企业承担法律责任要求企业在生产经营过程中必须知法守法，在我国各项法律法规要求的范围内经营，不能逾越法律的底线。而伦理责任属于道德责任的范畴，它是法律责任的补充，是没有形成正式法律法规但符合一般社会公众所期望的要求的责任形式。伦理责任体现了企业的价值观，是约束企业行为、构成企业文化的重要方面，维护了企业利益相关者的利益诉需求。环境责任是指根据企业在环境中所处的地位，在对环境整体维护中应承担的责任。环境属于公共资源，对它的保护及合理利用关系到当代及子孙后代的生存与发展，因此我国的零售企业必须落实可持续发展战略。慈善责任是一种高层次的社会责任形式，企业一般要根据自身能力，自发自愿地开展各类社会捐赠等慈善活动，通过这种方式成为一个优秀的企业公民。

第一部分　我国国有零售企业社会责任案例研究

国有企业一般由政府授权经理人进行管理，受到政府的直接监督。具体来说，政府委托国资委等机构行使所有者职能，国资委等机构行使国有股东权利，即享有资产收益、重大决策和选择企业经营者等出资人权益，由于这一特点，国有企业在社会责任上具有和其他企业不同的理念。国有企业承担社会责任是一种主动选择的、战略导向的、外于形而内于心的理念。国有企业在国民经济中的主导地位，赋予其促进国民经济持续增长、劳动力充分就业、国家综合实力稳步提升的责任。此外，国有企业除了要履行民营企业、外资企业所具备的环保、社会保障等一般性质的社会责任外，还担负着国家工业化、产业化和信息化升级的历史重任，承载着自主创新、敢于创造、自主品牌创建与新技术研发的责任。

案例一　广百集团：先导型社会责任战略

一、企业简介

广百集团（以下简称"广百"）成立于 1996 年，是广东省、广州市重点发展的国有大型商业集团。集团拥有二级全资、控参股企业 18 家，形成以零售、物流、展贸三大主业和配套的商业地产组团结构。截至 2013 年，集团资产总额 109 亿元，净资产44.5 亿元，经营规模 230.5 亿元，位列中国商业企业百强第 27 位。未来几年，广百集团将构建以零售为主，物流、展贸为两翼，商业地产为配套的"3＋1"融合发展模式，力争 2020 年年底实现经营规模 500 亿元。

广百集团是华南商业龙头企业，从 2005 年开始主动采取先导型的社会责任战略，并把社会责任战略作为企业发展的主导战略。通过实施社会责任战略及卓有成效地开展社会责任管理，不但有力推进了企业的社会责任建设事业，而且大大提升了企业的核心竞争力。广百集团 2011 年的总资产较 2005 年翻了三番，经营面积翻了三番。

广百率先制订了"企业责任五年规划"，把社会责任奉为统揽企业改革发展的总体战略。建立了涵盖"合作伙伴责任、商品质量责任、安全生产责任、环境保护责任、顾客权益责任、员工权益责任和社会公益责任"七大重点责任领域的"先导型"社会责任模式，把责任管理纳入经营管理体系，对内规范管理，对外接受监督，确保社会责任管理与经营运作管理的同步并进、相互促进。

二、企业承担社会责任内容

（一）经济责任

广百集团一直把企业作为一个创造价值的机构，是利益相关者共同的价值源泉。

从这一认识出发，广百集团以和谐商业合作伙伴理念为指导，秉承伙伴权益十字理念："感恩、尊重、真诚、双赢、长远"，实施合作共赢的伙伴管理战略，通过卓有成效地组织商品流通，为顾客创造价值，为合作伙伴带来合理利润，与合作伙伴共同成为优秀的企业公民，进而提升企业竞争力。2012年和2013年连续两年广百集团获得市级"诚信守法示范企业"的荣誉。广百在承担经济责任方面通过合同管理、对供应商市场管理及培训教育监督来实施。

1. 合作伙伴经济合同管理

广百集团严格遵守诚实经营、遵纪守法的原则，经营中从未出现过利用价格串通、低价倾销、价格歧视等不正当竞争手段牟取非法利益的行为。同时，战略合作伙伴合同履行率高达100%，从未出现合作伙伴进行投诉的现象。

2. 供应商市场公平竞争管理

广百股份公司在办公区域公示《零售商收取供应商费用项目一览表》，严格规范对供应商的收费标准，做到诚信经营。通过公示可以让上门洽谈业务的供应商清晰了解公司的收费标准。

此外，广百股份公司还对各类零售供应商进行等级划分，包括 A 级国际一线品牌、B 级标杆品牌、C 级战略品牌、D 级大众化品牌四级，通过等级划分来完善供应商的基础资料数据库建设，从而引导供应商进行公平的市场竞争。

3. 价值链责任采购原理

广百股份公司对新引入的供应商严格检查相关证照，包括营业执照、国税税务登记证、一般纳税人资格证、商标注册证、授权书等。此外，对已有合作关系的供应商，在进行合同续签时，重新检查相关的证照是否齐全。

4. 价值链培训与教育

广百新一城在由百货中心到购物中心的华丽转变中，餐饮比例逐渐扩大，因而餐饮店铺的食品安全管理和服务水平成为门店重点关注和提升的内容。为此，门店特别邀请了海珠区食品药品监督管理局餐饮服务监管科到店对所有的餐饮店铺负责人进行餐饮服务食品安全培训。

5. 建立供应商监督机制

广百股份公司于2013年11月从众多优秀的供应商中聘请了10名供应商代表作为公司的特邀廉洁监督员，聘期两年。供应商廉洁监督员充分肯定公司的工作业绩，并围绕反腐倡廉、经营管理等方面提出了积极建议。

（二）法律责任

企业是最基本的市场主体，要想获得长期稳定健康的发展，必须在法律规定的范围内开展活动。法律责任是以国家强制力而规定的一种硬性约束，是企业必须遵循的最低的社会道德标准，只有在此准绳下，企业才能寻求自身的发展。由于法律自身的层次性，企业也必须遵守国际公约、国家相关法律法规、行业的道德标准及规范、企业内部的规章制度，但是法律不可能解决所有社会对企业的期望，更多的需要企业自觉遵守社会公约。

广百集团积极履行法律责任，表现在对商品质量的保证和进行安全生产，保证为消费者提供合格的产品和服务，保证员工的合法权益。

1. 商品质量责任

商品质量责任是企业的基本社会责任形态，也是国际一致认可的企业社会责任形态。现代企业的产品责任是一项"无过错"的强制责任，无论是生产企业还是零售企业都应该无条件地遵循国家的商品质量法律法规，承担商品质量的相关责任。广百集团作为一家零售服务企业，是产品进入消费领域的桥梁和中介，它对商品质量实行了"四个三"制度，即三审查、三检查、三个推进和第三方质量监督机构建立独立监管合作关系。

（1）质量检查。2013年，广百股份公司引入第三方对旗下门店进行了13次商品质量检查，检查了124种商品，商品质量合格率为94.6％，第三方检查中常见不合格检测项目主要服装的纤维含量和产品性能，食品类主要是标识不合格。

针对检查结果，广百股份公司进一步规范和落实了对不合格商品的处理工作，加大对不合格商品的整治力度，提高商品质量管理工作水平。同时根据公司商品质量管理办法的要求，结合实际工作，本季度对不合格商品处理流程作出进一步完善，制定《广百股份有限公司不合格商品处理流程》，保障顾客利益。

（2）新产品研发投入。广百集团全年争取政府各项扶持资金2100万元，支撑创新项目的发展，积极研发合格的新产品。广百股份公司2013年投入商品质量抽检和培训费用达20万，商品质量监控人员投入300多名。大量的人力物力的投入使得广百的研发创新顺利进行，从而为顾客提供优质的新产品。

2. 安全生产责任

企业创造经济利润的同时，应不断加强对社会的安全生产责任管理，给员工创造安全的生产工作条件，保护消费者、社会的安全，这是企业作为社会公民、回馈社会的重要内容之一，只有这样企业才能更好地生存和发展。

广百集团以实践科学发展观和建设和谐社会为指导，按照全面、协调、可持续的企业发展模式，在实施商品质量规范化管理的基础上，强化安全生产是企业"生死线"的理念，认真坚持"三铁"（铁手碗、铁面孔、铁心肠）精神，抓住"四个关键"，落实"五个进一步加强"，做到"六个百分百"，践行"以人为本"的理念和"安全第一、预防为主"的基本方针，在企业内部的安全责任和企业外部的安全责任两个方面，着力保护劳动者的生命健康、保护用户和公众安全，不断扩大企业的安全影响力与提升企业的安全形象，进而提升企业的综合竞争力。

（1）加大安全资金投入。2013年，集团各企业增设消防系统18套，新置消防及安防器材2566件，维修充装2148件。共投入安全费用1853万元，其中消防设备设施（包括维保）共投入1036.7万元，安全生产、消防隐患整改资金167.6万元，安全奖励100余万元，防暑降温及工伤保险共投入188万元，安全培训25.3万元。据统计，广百百货商场等内部场所抓获违法犯罪嫌疑人员40人，避免损失16.75万元。

（2）安全教育与监管。广百近年来连年举办安全会议、安全培训及进行安全教育和安全监督。积极组织公司相关人员参加，并取得了一定的成效。

（3）安全活动。

①安全生产月。集团积极认真开展"安全生产月"活动。紧紧围绕"强化安全基础，推动安全发展"的活动主题，制订印发了安全生产月活动方案，成立了安全生产月活动领导小组，有序推进安全生产活动。

②微电影。组织开展安全生产微电影征集汇演活动。广百股份公司、商业储运公司通过自己演、演自己的方式分别创作拍摄了《广百伴我成长》《帮忙》等安全生产微电影，受到了市安监局的好评。广百股份公司选送的《广百伴我成长》被市安监局、共青团广州市委评为"2013 年安全生产微电影优秀作品"二等奖。

③案例教育法。广百针对国内发生的一些重特大安全事故，实施案例教育法。通过召开安全生产紧急会议及播放收集到的事故现场照片和视频，结合集团公司实际，提出整改措施和防范要求。大力开展以"认识火灾，学会逃生"为主题的 119 消防宣传月活动，通过预案演练，采取贴近实际、贴近生活的宣传手段，充分调动广大从业人员参与消防工作的积极性。

（三）伦理责任

尽管法律责任已经对企业行为有了一定的约束，但显然仅仅靠法律是远远不够的。伦理责任是社会成员共同期望或禁止的，但还没有形成法律文件的做法。作为存在于社会中的企业，必须以社会正义和人类道德规范为基础，制约其唯利是图的天性，履行维护社会和谐的伦理责任。广百在承担伦理责任方面通过维护消费者权益和员工权益来表现。

1. 消费者权益责任

广百集团从建设和谐顾客关系的目的出发，发挥企业直接接触顾客、深入接触顾客、广泛接触顾客的优势，把诚信当作企业的生命，倡导"不仅要使顾客满意，更要使顾客感动""我们不是帮助商场卖东西，而是帮助顾客买东西"等服务理念。坚持遵纪守法、诚实守信的经营方针，在确保商品质量、消费安全的基础上，不断提高服务质量和水平。通过提高顾客满意度、提升顾客价值、培育忠诚的顾客关系，扩大企业影响力、营销执行力和文化渗透力，进而提升企业的核心竞争力。

（1）消费者基本权益保护。

①对客户信息的安全维护。在互联网大数据时代的背景下，广百集团主动履行对客户信息的保护工作，通过严格的内部管理机制保证客户个人信息的安全。

广百股份公司从技术手段和制度层面上双向保障客户的信息安全。利用 CRM 系统对会员的信息进行保存，在 CRM 系统上对相关工作人员的权限设置进行严格审核，公司各部门和门店由于工作需要对外提供客户信息的，需经公司领导审批后方可对外使用。同时，制定《广百股份有限公司员工奖罚办法》对泄露公司客户信息行为作出明确的处罚细则。

②对客户权益的合法保障。在广百百货各门店要求：如发现顾客对门店的投诉事情处理结果不满意，则门店负责人需亲自跟进处理，直至顾客满意为止；针对广百百

货收款员效率问题，制定严格的《广百股份收款员坐式收款规范》等标准，全面规范收款员工作流程，降低收款员工作强度，提升服务质量。

③对顾客投诉的合理处理。2013 年，广百集团一次性解决投诉率整体为 98.03%，各公司基本上都能做到一次性解决顾客投诉问题。

（2）创新服务。广百股份公司积极推广各类个性化服务项目，包括代寄快递、会员尊享、专柜升级、代客泊车、代召的士等，不断丰富服务内涵，强化个性化服务，增强顾客消费体验的满足感。通过创新增值服务，打造服务品牌。

①品牌优胜劣汰。2013 年广百创新开设广东首家黄金珠宝大厦，成功实现广百 GBF 北京路店转型升级，获消费者认可，开业 7 个月实现销售 1.3 亿元，比转型前翻了一番；广百以市场为导向，优化品牌结构，2013 年淘汰不适销品牌 397 个，新引入品牌 427 个；广百对亏损门店实施一店一策，2013 年 1 个门店扭亏为盈，3 个门店减亏，关闭了 1 个扭亏无望的门店；拓展品牌代理业务，成立品牌管理分公司，2013 年新拓展代理品牌 3 个。

②拓展电商渠道。广百股份公司批发中心创新拓展电商销售渠道，成功获得格兰仕电商项目的厂方授权，与京东商城签订销售协议，进一步扩大销售。2013 年 10 月 28 日，广百网购信息平台正式上线，更名为"广百荟"。为做大做强"广百荟"，公司整合整体资源，组成专责小组协助"广百荟"日常运营和品牌引进。目前，"广百荟"拥有 90 个在线经营品牌，3910 款在线品种，共开展 11 场促销活动，销售业绩稳步提升。

2. 员工权益责任

广百集团坚持以科学发展观理论与和谐社会建设理念为指导，借鉴 SA 8000 认证的员工权益标准要求，本着尊重人的价值，强化以人为本、"尊重、理解、关爱"的橙色文化理念，在建立健全企业人力资源管理和开发的基础上，尊重和维护员工的一切合法权益、不断提高员工的生活质量水平、加强员工的培训学习和能力提升、构造人才希望工程，打造企业与员工共同发展的平台，进而实现将企业建设成为"员工不断成长的熔炉，建功立业的平台，安身立命的希望"的目标。

（1）"幸福广百"工程。广百集团严格遵守劳动法律法规，践行"尊重、理解、关爱"的企业文化理念，积极推进"幸福广百"工程，致力于员工各项基本权益的责任建设。

2013 年 9 月 27 日，广州市总工会劳动监督检查小组到广百集团检查劳动法律监督及员工权益保护工作。经过综合评审，广百集团参检单位平均分达 99 分以上，表明集团工会在员工劳动法律监督、员工关怀和劳动保护方面做得很好。

（2）平等雇用。广百集团严格按照《中华人民共和国就业促进法》规定，不设性别、种族及其他各种歧视，鼓励职工群体多维度发展。广百十分关注女性职业发展，女性在中层以上管理人员中占有一定比例。

广百股份公司建立《广百股份公司厂家推销员、劳务派遣人员互助基金会实行办法》，加大对推销员、劳务派遣工的权益保护。

广百还重视残疾人的雇用工作，在集团的各个子公司为残疾人提供一定的岗位，积极承担社会责任。

广百获得了"2013 年度广州市优秀异地务工人员"和"2013 年度广州市优秀异地务工技能人才"的荣誉。

（3）多渠道解决员工诉求。为广开言路，更加深入地倾听一线员工心声，广百2013 年 9 月上旬在全集团系统组织开展了"我爱广百我献策"金点子评选活动。活动共收到 438 条金点子，内容涵盖了改革发展、创新经营、企业管理、人才战略、品牌塑造等方面的内容，对集团快速科学健康发展起到积极的作用。

此外，针对一线员工提出的就餐问题，集团领导亲自督促，制定"一店一策"原则，积极解决问题，截至 2013 年年底设立员工饭堂企业 11 家。

在党的群众路线教育实践活动期间，广百集团共征求各类意见 69 条，收到邮件 39个，读书论坛举办 7 次，参加人数 980 人次，中心组学习 15 次，参加人员 63 人次，集团班子成员面对面与基层群众交流 349 人次。

广百集团各成员坚持做到每周下基层调研不少于两次，每周不少于与一位员工谈心，协助基层解决问题，集团基层各级领导干部也积极深入一线调查研究，务实的作风受到员工的好评。广百股份启动公司党委"访百名员工，听千人建议"活动，班子成员一人一个联系点，定期听取员工建议，以服务行动解决员工困难。

（4）构建成长激励平台。广百高度重视人才对企业发展的至关作用，着力在全系统范围内构建人才兴企的和谐氛围。通过优化集团及各级企业薪酬考核体系，重点完善修订 BSC 考核结果运用管理办法，实现 BSC 与企业负责人薪酬考核及人员任用相结合；制定集团本部 KPI 绩效考评管理办法、指导各公司建立完善科学的考核机制等措施，全方位保障集团健康转型发展。

此外，广百具有完善的薪酬福利体系；通过广百商学院进行全面的培训管理体系；组织多种形式的文娱活动来激励员工发展；组织员工满意度调查来提升员工的满意度。

（四）环境责任

企业在创造价值来回报股东、投资人的同时，也在使用相应的自然资源，包括土地、能源和基本原材料，以及社会资源，包括人力、资金等。资源利用是企业生产经营活动的基本条件，而企业的生产经营活动又会对社会和自然环境产生影响，这些影响有的危及他人、国家甚至整个人民的利益，所以必须在合法、合理并承担相应责任的条件下才能加以利用。

广百集团积极推新绿色、低碳环保理念，和广东节能协会、广州能源研究院建立合作，进行能源审计，严格控制碳排放。

广百以改善环境质量、保障市民健康为目标，以解决消费者重点关注、影响社会环境的问题为重点，以优化购物环境、工作环境、社区环境为主要突破口，在企业战略、运营和管理的各个环节实施环境保护行动。2013 年，广百股份公司获评广东省节能先进集体；被广州市经济贸易委员会、广州市科技和信息化局、广州市环境保护局联合发函评为广州市 2013 年度清洁生产优秀企业。

1. 广百 LED 改造工程

广百百货各商场原来使用普通节能灯具，通过调查研究，在确保商场照度不低于原设计照度，灯光色温满足经营需要的前提下，逐步将普通节能灯具更换为 LED 灯，取得良好的节能成果。2012 年，广百集团 LED 照明示范工程启动，截至 2013 年 12 月，通过"EMC 能源服务合同"形式完成广百北京路等 14 家门店的 LED 照明示范工程。EMC 合同期内总节能效益 5061 万元；每年节能效益为 1049 万元，折合 1289 吨标煤（当量值）；更换 100254 支 LED 灯以后，每年节省购买气体放电节能灯具、换灯人工、旧灯具无害化处理费约 300 万元。截至 2014 年年底，广百集团 LED 示范工程完成。

2. 广百中央空调节能改造

广百致力于循环经济发展，对广百百货各门店中央空调系统实施节能改造。通过在商场内部、外部温度传感器，在空调系统管道内安装温度、压力传感器，实时将各种参数传输到中央空调控制计算机，实现空调节能优化控制。先后共对广百新一城店、新大新北京路店、广百北京路店、花都新一城店四家门店的中央空调系统（总装机容量 10930 冷吨）进行节能改造，改造后每年节省电费 444 万元，折合 1518 吨标煤。

3. 积极加入并倡导环保健康教育

根据中央文件精神，广百集团及下属各企业于本季度积极开展了"文明餐桌"行动，制作了"不剩饭不剩菜"台卡，放置在职工饭堂餐桌，大力倡导"奢侈浪费可耻，勤俭节约高尚"的道德理念和"不剩饭不剩菜"的勤俭风尚。

广百股份公司参与世界自然基金会（WWF）发起的第七个"地球一小时"活动。各门店在当天晚 8：30—9：30 关闭外围广告霓虹灯、LED 屏及后勤部门电灯一小时，以唤起民众对气候变化和节约能源的意识。

4. 坚持绿色办公

广百股份有限公司实施绿色办公后，办公区照明用电下降 50%；办公用纸节省 15400 元；办公用品节省了 22.6%，水电节约了 16.86%；会议费节约了 49.68%。

（五）慈善责任

广百集团坚持以科学发展观理论和建设和谐社会的理念为指导，从民族大义、大爱精神出发，满足利益相关者的社会公益要求和愿望，以社会公益项目创新为依托，积极投入社会公益、社会福利、慈善捐赠及相关的赞助活动，在大灾大难的关键时刻，坚持企业主导、组织推进、全员参与、志愿服务相结合的模式，率先履行社会公益责任，发挥社会公益活动对企业竞争力提升的作用，实现社会责任事业与企业发展的良性互动。

广百积极参与政府济贫济困公益事业，获省、市政府肯定。6 月 26 日、6 月 30 日，首届广州市慈善项目推介会及 2013 年广东扶贫济困日活动举行，广百集团捐赠 120 万元，以实际行动履行社会责任，回报全社会。

1. 支持教育事业

2007 年广东农工商职业技术学院与广州百货集团合作成立了广百商学院。广百商学院是校企双方实行资源共享，优势互补，互惠双赢，共同建立的培养商业企业经营管理人才的"商界黄埔军校"，是校企合作、产学结合、供需联结培养技能型人才的一个平台。一方面，作为广百集团的人才培训基地，广百商学院为广百集团下属各企业培训了一大批中层管理人员。广百商学院成立以来，为广百集团举办了多期店长、商场经理、物流管理、物业管理和人力资源管理等各类培训班；另一方面，作为农工商学院专业教师和学生的实习基地，广百企业为学生提供了良好的、稳定的实习与就业资源。

2. 参与社会救灾济贫

广百发动员工和商户进行自愿捐款援助四川雅安震区。2013 年 4 月 21 日下午，广百集团在西湖路广百旧翼广场举行"广百集团支援四川雅安芦山抗震救灾捐款仪式"，集团领导班子成员、集团本部员工，广百股份、广百置业公司领导班子成员、员工代表，以及广百股份供应商代表，新闻媒体等近 500 人出席活动，连同集团员工和商户、市民的捐款，广百集团本次共向灾区捐赠 100 多万元。当晚，在由广东省民政厅、广东省慈善总会、南方广播影视传媒集团主办、南方电视台承办的"雅安要稳住，广东在行动"的大型赈灾活动中，广百集团参加了企业捐赠仪式，声援地震灾区人民，鼓励灾区早日渡过难关，重建幸福家园。

2013 年春运期间广百为琶洲异地侯乘点旅客提供低价食品和日用品的供应。广百爱心售货点以超市形式，面积扩大到 80 平方米，经营品种近 40 个，包括方便面、饼干、饮料、广东特产、日用品等。广百集团连续 6 年提供该项服务，受到广大旅客和春运指挥部的好评。

3. 热衷基层社区服务

2014 年"3·15"期间，集团联合越秀区团委在农林广百·颐福养生城广场，举行"责任广百心连心"的广百社会责任走进农林社区活动。为越秀区农林街 20 位社区居民送上慰问品，并现场为市民提供 9 项惠民服务，包括养生保健咨询、免费血压测量、钟表维修、眼镜清洗、腰椎护理、红酒鉴赏等，受到广州各主流媒体及市民好评。

2014 年 2 月 22 日、4 月 20 日、9 月 14 日集团调动广百股份公司、商业储运公司、广百置业公司等基层组织力量，联合华乐街家庭综合服务中心举办了"饺子宴公益行""爱心义卖集市""城市花园计划"3 场次超过 55 人次的志愿服务进社区系列活动。

广百还致力于创新青年志愿服务进社区活动形式。参与和资助北京街"爱老护老"社区志愿服务、市恒福社会工作服务社的"食物银行"，以及越秀区华乐街团工委的"建设白领驿站，打造心灵家园"3 个广交会项目。

4. 倡导低碳生活

广百联合《广州日报》举行"广百集团 2012 年社会责任年报发布暨低碳生活宣传日"活动。向全社会发出《倡导低碳生活，建设幸福广州》倡议书，现场开展"垃圾分类小游戏"活动；向《广州日报》、北京街、光塔街及供应商代表赠送社会责任年报；向北京街、光塔街赠送了 40 个分类垃圾桶支持社区的环保建设；向北京街、光塔街的 10 名社区居民代表赠送了新型节能 LED 球泡灯。

5. 帮扶贫困村

2013 年 6 月，集团成立了新一轮扶贫领导小组，广百股份公司选派了 3 名驻村干部入驻梅州市五华县岐岭镇华源村、凤凰村，开展为期三年的帮扶工作，成为当地第一个进驻的帮扶单位。之后，广百集团及广百股份公司等各级领导先后十多次带队到梅州走访慰问对口扶贫村，慰问贫困户 14 户。集团王华俊董事长表示，广百集团将以对省、市负责的态度，充分发挥广百"五色文化精神"，竭力履行应有社会责任，做好扶贫"双到"要求的各项工作。

三、总结

随着经济的高速发展，资源的全球性整合及竞争的公开化、透明化，企业的产品、服务、价格、成本等日益成为企业激烈竞争的"红海"，而自觉履行社会责任成为越来越多企业增强竞争力的新选择。由于零售企业具有直接接触顾客、广泛接触顾客和深入接触顾客等诸多特点，在创效盈利的过程中，实施社会责任战略，通过持之以恒的社会责任建设，不但可以提升顾客的满意度和忠诚度，而且因为社会责任获得良好的"口碑"进而与竞争对手产生差异化优势，达到提升社会责任竞争力的目的。

广百集团近年连上台阶其实依托的就是这样一种优势，广百集团在深入贯彻落实科学发展观，积极推动发展方式转变的同时，从企业的独特性质及其在构建社会主义和谐社会过程中的特殊作用出发，顺应企业社会责任竞争力的发展大趋势，紧密围绕广州市打造国家中心城市和国际商贸中心的战略定位，以建设新型城市化的发展思路为引领，率先实施先导型社会责任战略，并把社会责任战略作为企业发展的主导战略。

广百集团社会责任战略的精神引领和行为规范是社会责任战略的核心，也是社会责任行动的文化积淀。广百在自身承担社会责任给自己带来经济效益和社会效益的同时，通过文化传播和影响，让更多的企业履行社会责任，达到在更高境界上履行社会责任的目的。

案例二 华润万家企业社会责任

一、企业简介

华润万家（以下简称"华润"）成立于 1984 年，隶属华润集团，是中国极具规模的零售连锁企业集团之一。成立 30 年以来，华润万家一直坚持可持续发展，积极承担社会责任，为社会人员提供众多就业机会。

华润万家一直是社会公益事业的积极倡导者，秉承"常怀感恩之心，践行社会责任，做优秀企业公民"的理念，对公益事业进行持续投入及长远支持。华润万家作为优秀的企业公民，明确了企业公民建设方向——环保节能、民生保障、食品安全、农超对接。做对社会及生态环境有利的事，努力做到最大化员工价值和合理化股东价值。华润万家怀揣着"与您携手，改变生活"的企业理念，并进行不断优化与发展，把自身打造为能够改善大众生活品质的优秀零售企业。

2010年，华润万家提出了"三百工程"的实践项目，就是用3年时间，在全国建立100家环保节能示范店、100家食品安全示范店和100家农超对接生产基地。这既是华润万家对社会大众的有力承诺，也体现了华润万家坚定不移地履行企业社会责任的决心。

二、企业承担社会责任内容

（一）经济责任

华润万家非常重视战略合作伙伴，秉承互惠、互利、公平、信用的原则。与合作伙伴建立了互信合作的友好关系。华润尊重并公平对待其供应商，通过供应商大会与供应商取得良好的合作关系，制定合作伙伴行为准则来约束双方进行平等协作，并对供应链全程进行管控。

1. 供应商大会

2013年华润万家在杭州召开了一年一度的全国供应商大会。会议以"心开始，共启航"为主题，以"亲切，温暖，贴心"为主基调，着重展现了华润万家与合作伙伴携手共赢的重要性和必要性。华润万家邀请了120家合作伙伴参加会议。华润万家CEO洪杰先生在会议上发表了名为"携手共赢零售新时代"的主题演讲。大会先后颁出了共同成长奖、规模增长奖、供应链效率奖、销售大奖及最佳战略伙伴奖，以此肯定和鼓励年度表现优异的合作伙伴。

2. 合作伙伴行为守则

华润万家秉承对合作伙伴负责的理念，与商业合作伙伴合作时签署《华润万家合作伙伴行为守则》，以约束双方规范操作，平等合作。

华润万家对供应商采取严格的审查机制，对送样、测试、验厂、评估等多重环节进行审核。鼓励供应商在生产、包装、运输过程中采用环保节能的设备和原料。华润万家致力于构建共赢的合作关系，严禁任何人利用华润万家的商业影响从供应商处获得不当利益，对存在重大质量及诚信等问题的供应商按照流程及时暂停或终止合作。

3. 供应链全程把握

（1）严格完善的标准。华润对供应链上的管控标准进行细化，对农业和生产企业进行不同的标准管理，并进行农业基地的认证工作，2013年共49家农业基地通过认证。

（2）索票索证。信息化时代，华润与时俱进，采用信息化技术去管理供应商，对供应商索证索票。通过统一的操作平台，用现代技术实现数据资源的有效整理，保证商品来源可追溯，网络化跨区域证照资源共享。在与供应商合作时严格审核以下票证：营业执照；税务登记证（国税、地税）、组织机构代码证；生产许可证；食品流通许可证；商品检验报告；3C认证（电器）等。

（3）供应商审核。从2011年年底开始，由总部质量管理部门编写教材，有针对性地对农产品供应商进行有计划的专场培训，宣传华润万家"认证基地"管理理念及管控专业知识。同时对审核通过的供应商颁发华润万家农产品基地认证证书。

（二）法律责任

法律责任是以国家强制力而规定的一种硬性约束，是企业必须遵循的最低的社会道德标准，只有在此准绳下，企业才能寻求自身的发展。由于法律自身的层次性，企业也必须遵守国际公约、国家相关法律法规、行业的道德标准及规范、企业内部的规章制度，但是法律不可能解决所有社会对企业的期望，更多需要企业自觉遵守社会公约。

华润万家积极履行法律责任，主要表现在对商品质量的保证和进行安全生产，保证为消费者提供合格的产品和服务，以及保证员工的合法权益。

1. 商品质量责任

食品安全不仅仅是一家企业的品牌形象工程，更是一家企业渗透到每一个工作岗位的良心工程。华润万家关注食品安全，关注百姓健康。

（1）华润"食品安全月"。作为全国最具规模的零售连锁企业集团之一的华润万家视消费者对食品安全的追求为己任。从2008年开始至今连续七年在全国各大门店举办"食品安全月"活动。活动期间，华润万家组织消费者参观超市面包房、熟食部等后台操作间及商品源头企业和基地，共同见证华润万家从田间到餐桌的绿色、安全食品服务保障。同时，华润万家还主动走入社区，现场宣讲食品安全常识。

为扩大社会参与度，华润万家制作"健康乐园"为主题的动画片头，通过妙趣横生的食品安全视频推广、身临其境，以及随时随地的互联网移动端向所有关心健康的消费者发出共同构建健康美丽生活的倡议。同时在城市主场大卖场推出"健康乐园"3D情境体验区，潮流逼真的3D效果情景体验让顾客身临其境，同时可以有效记录消费者的消费体验，让消费者在游戏与趣味中畅享食品安全常识，成为食品安全的有力倡导者。

（2）出席"全球食品安全倡议"中国主题日活动。华润万家副总裁代表公司出席以"同一个世界，同一个食品安全梦想"为主题的"全球食品安全倡议"活动，并代表中国零售商分享观点，作了题为"食品安全是我们共同责任"的分享报告，分享了华润万家将质量管理、食品安全纳入战略发展高度，积极参与食品安全倡议年度大会，将学习到的最佳食品安全操作规范应用于实践，持续改进食品安全管理体系，确保向消费者提供安全食品的信心等内容。华润万家将食品安全放在无可争议的首要地位，并积极践行。

华润万家在食品安全之路上已经进行了一定的实践，但是依然任重道远。截至目前，华润万家全国"食品安全示范店"已达161家，并成功获得第二、三、四届国内食品安全领域最高荣誉之一的"中国食品健康七星奖"称号。华润万家正在以民族零售领航者的企业公民形象，践行着引领食品安全的光荣使命，不断努力、前行。

2. 安全生产责任

企业创造经济利润的同时，应不断加强对社会的安全生产责任管理，给员工创造安全的生产工作条件，保护消费者、社会的安全，这是企业作为社会公民、回馈社会的重要内容之一，只有这样企业才能更好地生存和发展。华润在承担安全生产责任上主要表现在制定安全应急机制和对员工进行安全培训。

（1）安全应急机制。2013年8月开始，华润万家制定了《华润万家应急预案升级及优化工作计划》，计划主要分为六个阶段。第一阶段：梳理应急预案存在的问题；第二阶段：抽取典型事件做出升级优化的模版；第三阶段：取得公司高层的认同；第四阶段：进行所有应急预案的优化；第五阶段：进行全面评审并发布；第六阶段：发布后为了更好地宣贯应急预案，还应对安全管理人员进行培训。

（2）安全培训。公司对新入职员工分别进行业务单元级、门店级和岗位级三级安全培训；门店部门经理对转岗员工培训新部门岗位的设备安全使用、安全操作等注意事项；门店防损部对在岗员工进行三级安全培训的复训；政府部门对特殊岗位员工进行代培训。

3. 争做诚信纳税企业

华润万家诚信经营、依法纳税，2013年向国家纳税27.33亿元。2013年9月16日，深圳市罗湖区经济促进局赵劲松副局长给华润颁发了"重点纳税企业"奖牌，鼓励华润长期以来对罗湖区经济建设作出的杰出贡献。

（三）环境责任

世界环境问题日趋严重，保护环境成为义不容辞的社会责任。环保节能，不仅是提高企业竞争力、加快企业发展的内在要求，还是转变企业增长方式的重要举措，更是零售企业可持续发展和社会责任的体现。华润万家作为中国零售业的领头羊、民族零售业的名片，应该责无旁贷地争做节能减排工作的表率。

坚持常怀感恩之心，践行社会责任，争做优秀企业公民是华润万家矢志不渝的追求。华润万家积极倡导环保理念和循环经济发展理念，努力实践环保节能活动，建设资源节约型零售企业，为公众打造低碳超市。华润在承担环境责任方面主要表现在开展绿色采购、推进节能减排及参与绿色公益方面。

1. 开展绿色采购

在"促进经济增长，不能以牺牲环境为代价"的时代背景下，华润万家注重对引进产品在绿色环保方面进行优化，如饮料的轻量瓶、洗化产品包装从聚氯乙烯（PVC）到可降解材料聚对苯二甲酸乙二醇酯（PET）、床上用品简化外包装、家电产品的节能等。

2. 推进节能减排

华润万家针对照明系统、冷链系统、中央空调系统、生鲜熟食设备等高耗能设备进行采购和开展节能技术改造，加强对用电量的管理，并取得显著效果。

以深圳龙华店为例，龙华店从技术节能和管理节能两个方面开展节能工作。技术节能方面，从各个用能设备系统入手实施节能改造，使用通过国家认证的环保节能设备。空调系统采用变频节能控制；空调循环用水采用 PBS 中央空调冷凝器自动技术来提高制冷效率；冷链系统冷媒充注符合国家环保要求，采用新型大并联节能机组；照明采用环保三基色 T5 灯及照明电脑反射板降低能耗。通过一系列节能改造共计年节约用电量约 73.6 万度，年节约标煤约 257.6 吨。

同时，华润万家积极探索使用先进技术，例如 2010 年公司在试验店采用了日本电脑反射板技术，通过实际测试，在拆除一半灯管的情况下，试验店照明度反而得到了一定的提升。经测算，借助该项技术单店年节约灯管购置费和电费近 18 万元，年减少二氧化碳排放 169 吨。

此外，华润万家自主开发华润万家能源管理系统（CRVEMS），在线监测和动态分析门店能耗，提高水、电、气的综合利用效率，实现能耗分项实时监测分析，并通过此管理平台实行定额用能管理、能耗审计。根据行业特点，华润万家还编写了图文并茂的《节能降耗操作手册》，组织环保节能培训、宣传，提高全员节能意识；开展节能环保季、无胶袋日等多项环保公益活动，积极承担企业公民的社会责任，给公司创造了良好的经济效益和环境效益。

2010 年华润万家正式成立了全国节能减排工作委员会，该委员会的成立标志了华润万家节能减排工作迈上了一个新台阶。委员会以"管理一流、指标先进、效益显著、和谐发展"十六字作为工作奋斗目标，以"超前部署，做好统筹规划""精细管理，狠抓措施落实""确定目标，建立考核体系"为工作方针，系统、完善地推动了公司整体能减排工作的开展与落实。

3. 参与绿色公益

（1）太湖踏青放鱼。华润万家在环太湖流域有多家门店（无锡、苏州、湖州），多年来一直关注太湖水的治理。2009 年华润万家率先捐赠 2 万尾鱼苗，并在门店设置宣传板，倡议顾客为"认捐花白鲢，保护母亲湖"的活动捐献自己的力量，为治理太湖献计献策；2010 年华润万家捐赠鱼苗 1.7 万尾，并开展"同一蓝天下同一母亲湖"绘画比赛，组织小朋友画出心中母亲湖；2011 年华润万家捐赠 8 万多尾鱼苗，并组织苏州、无锡、湖州三地门店参加当地放养鱼苗活动；2011 年 4 月的无锡太湖店开业典礼上，华润万家与江苏省渔业管理委员会签订了 2012—2014 年的捐赠鱼苗白皮书；2015 年华润万家开展了"春光明媚太湖美，踏青放鱼正当时"洁净太湖水活动，华润捐赠鱼苗 2 万尾，并组织湖州员工及无锡太湖店员工，与湖州网及太湖明珠网友开展放鱼活动。2009 年至今，华润万家累计捐赠鱼苗近 20 万尾。华润呼吁大家爱护太湖水，保护我们身边的环境。

（2）推"零污染"购物袋。6 月 5 日为世界环境日，Ole' 超市倡议进行"无袋日"活动。华润从 2013 年 6 月 5 日开始全国启用完全生物降解塑料购物袋，成为国内首个全面启用此塑料袋的高端超市。新购物袋拥有比利时 VINCOTTE、德国莱茵、美国 BPI 等国际专业机构的权威认证，成分不含聚乙烯，因此能在自然环境中被自然存在的微生物分解，在较短时间内消化为水和二氧化碳，不会造成任何污染。

6 月 5 日当天，Ole' 超市及旗下 blt 超市的全国门店都以"多给地球一份爱"为主题，举办"无袋日"，提倡自备购物袋消费。Ole' 超市还在当天全面上线完全生物降解塑料袋，真正践行环保，履行社会责任。通过活动倡导一种环保的理念，呼吁更多的人重视环境问题。保护环境，不仅仅体现在一个个口号上，更体现在每一个生活细节中，也许你选择一只能完全生物降解的购物袋，就能挽救你脚下的一方土地。同时，Ole'超市更提倡消费者自备购物袋进行购物，减少一次性产品的使用，节约资源，保护环境。

（3）响应"地球一小时"。2008—2015年，华润万家连续7年响应"地球一小时"公益活动，在每年的3月28日21时30分，华润万家将旗下所有门店1/3的照明设备关闭，以实际行动支持地球一小时活动。在当天，灯火通明的超市一下"暗淡"，在行走通道关闭不需要的照明灯，货架区的灯光适度调暗，但能够让顾客看清商品说明。让顾客在一个缺少明亮照明灯和耀眼灯箱广告的超市内购物，给予不同的购物体验，唤起人们节能环保的意识。倡导节能应该从身边的小事做起，从自己力所能及的点点滴滴做起来保护我们赖以生存的地球。

（4）环保节能季活动。2013年8—9月，华润万家在全国范围内举办环保节能季活动。通过少年儿童在开通模型上的绘画，唤起社会对环保的倡议：保护生态环境，爱护地球家园，并以感恩之心善待自然、善待社会。此外，活动期间还推出了环保创意堆头比赛、月饼盒回收、无塑料袋日、可降解塑料袋推广、节能商品展等系列活动。华润还联手可口可乐公司举办"环保卫士 合家一起来"活动，共回收塑料瓶近70000个，参与人数67382人。

（四）伦理责任

尽管法律责任已经对企业行为有了一定的约束，但显然仅仅靠法律是远远不够的。伦理责任是社会成员共同期望或禁止的，但还没有形成法律文件的做法。作为存在于社会中的企业，必须以社会正义和人类道德规范为基础，制约其唯利是图的天性，履行维护社会和谐的伦理责任。华润在承担伦理责任方面通过建立消费维权服务站、打造品牌示范店、关爱员工、农超对接及响应政府号召五个方面来表现。

1. 消费维权服务站

华润万家设立了消费维权服务站，并在市区各级主管部门的指导与帮助下，不断提高服务效率和服务质量，以人为本，始终努力为消费者投诉维权提供顺畅渠道，第一时间内服务好消费者，及时化解处理好各类投诉，保证门店良好的经营秩序，为构建和谐社会作出积极贡献。

华润万家天津的三家门店在2014年度认真履行职责、依法诚信服务并且维权成效显著，在由天津市市场和质量监督管理委员会举办的"消费维权服务站工作交流暨表彰优秀服务站和先进个人工作会议"上受到了表彰。可见华润万家在维护消费者权益方面付出了努力，得到了认可。

2. 打造品牌示范店

经过一年多的培训、改造、审查，2009年华润万家华南区及华东区的8家大卖场通过了HACCP（危害分析关键控制点）国际食品安全管理体系及绿色市场双体系的认证工作，成为了全国第一家通过双体系认证的零售连锁企业。2010年华润万家大力在全国所有门店开始推广HACCP国际食品安全管理体系，从硬件设施、设备，人员管理，到现场操作，华润万家建立了一套完备的规范体系，其中在门店现场操作部分，华润在验收储存、加工和销售等各个环节制定了相应的量化指标，要求门店严格按此执行，并定期对所有门店进行相应的考核。截至 2010 年年底，全国食品安全示范门店在全国各大区共启动 57 家，评审了 33 家，达标了 21 家。截至 2013 年打造食品安全示范店 161 家。华润万家希望通过努力打造食品安全示范店，能够真正为消费者提供安全、放心的购物体验。

2013 年监督审核食品安全示范店/非示范店 94 家，利用 PDCA（戴明环）工作循环方法，从基层发现问题，层层落实关闭问题，形成闭环的质量链条管理，从而提高了工作效率，促进了门店食品安全管理水平的提升。

2013 年华润万家引进第三方通标标准技术服务有限公司（SGS）对全国共 115 家门店进行评审。门店全年改进率 66.36%，与目标 30% 改进率相比，目标达成率为 221%。针对评审发现的问题，公司统筹全部力量带领门店进行认真整改并跟踪落实，规范了门店食品安全管理行为，提高了门店食品安全管理水平。通过第三方 SGS 评审，全年未发生因食品问题引起的食品安全事件，保障了广大顾客的消费安全。

3. 关爱员工

华润万家在由智联招聘和北京大学企业社会责任与雇主品牌传播研究中心共同举办的"2014 中国年度最佳雇主深圳 30 强"评选活动中荣获"最佳雇主"深圳地区第一名。华润万家拥有良好的雇主品牌形象、完善的薪酬福利体系及多元的职业发展通道，赢得市场口碑。企业不仅为员工提供生存和发展的平台，更创造员工追求梦想的机会；企业除了盈利的收获，更有超越利润之上的追求，实现企业和员工共同成长和发展。

（1）尊重员工合法权益。2013 年，华润万家及下属各业务单元严格遵守国家劳动法律法规和企业所在地政策要求，尊重并保护员工合法权益，保障员工工资、社会保险、各项福利待遇全面落实。截至 2013 年年底，公司建立正式劳动关系的在职员工劳动合同签订率为 100%。公司在薪酬制度设计中注意向一线基层员工倾斜，并充分考虑员工的岗位、绩效、驻外等相关情况，制订了科学合理的薪酬体系，员工劳动报酬按照薪酬体系严格执行。在病假、待安置等情况下，员工报酬均不低于当地最低标准。

在员工保障方面，公司建立了以社会保险为主、商业保险为辅的多重保障体系，除为员工缴纳社会保险外，还根据公司实际情况，为员工购买重大疾病保险或意外险等非社会强制类保险，全方位为员工人身安全和健康提供保障，免除员工的后顾之忧。

（2）承担社会就业责任。华润万家及下属各业务单元招聘过程中，以应聘人员的综合素质（沟通能力、责任心、求职动机等）及专业素质（专业知识、专业经验、专业操作能力等）作为甄选依据，而不以应聘人员的性别、年龄、国籍、民族、宗教信仰、肤色、语言、户籍所在地等与工作无关的个人特征作为标准作为对应聘人员是否招聘的依据。并严格依照《劳动法》《劳动合同法》及《就业促进法》等法律法规进行规范用工，截至 2013 年年末，华润万家正式员工 142166 人，劳务派遣人员 12197 人，促销员 94558 人，共计 248921 人，向社会提供近 25 万个就业岗位。在 2013 年期间，华润万家新增 1 万多个就业岗位。

华润万家在对妇女及弱势群体（低学历农民工、残疾人等）的尊重及保护方面作出了重大努力。在招聘录用上，优先考虑该部分人员，目前公司女性员工 105020 人，占正式员工总数 68.35％，高中及以下学历员工 119850 人，占正式员工总数的77.64％。此外，华润万家仍积极推动年龄在 40 和 50 岁以上人员再就业，其中 40 岁以上的正式员工 40371 人，占正式员工总数 26.15％。

（3）搭建员工发展平台。华润万家为适应公司快速发展对人才的需要，每年都从全国各地高校吸收优秀的应届毕业生加入华润万家大家庭，并通过有针对性的"管理培训生成长计划"，通过三年的系统培养及两年重点关注，帮助管理培训生快速适应新环境，掌握工作技能，逐步成长为华润万家中高层储备管理人员。在 2013 年，华润万家面向本科院校招聘了 460 名本科（含）以上学历应届毕业生。

华润万家为给员工提供清晰的职业发展路线，便于员工选择与晋级，减少员工在发展路径中的盲目性与无序性，公司制订出了高管类、管理类、专业类、技术类、业务支持类、操作类六大类 74 个职位序列的员工职业生涯发展路线，为员工提供专业与管理两条发展通路，同时也便于员工根据对应序列进行职业生涯规划；公司为员工提供全国范围内的工作机会，在业务需要的前提下，员工可结合自身意愿在不同区域发展。

华润万家坚持企业与员工共同发展，充分利用各类资源和条件为员工创造学习与成长的机会。2013 年总部各部门及下属业务单元积极开展公司内及各利润中心的交流项目，一方面达到为企业协同创造价值的目标，另一方面帮助员工拓宽视野及专业领域，补充行业相关知识和技能，进一步提升职业能力，加速人才培养。

（4）丰富员工多彩文化。

①员工周系列活动。2008—2014 年连续 6 年举行员工周系列活动，每一届都围绕不同的主题。活动项目丰富多彩，使万家人能够真切感受到员工周带来的愉快，并使员工周活动的意义深入人心。

②员工篮球大赛。华润万家员工篮球大赛作为公司企业文化建设中团队沟通的重要组成部分，通过篮球比赛的形式，培养员工自我挑战、积极向上的运动精神，增进业务单元之间的沟通与交流，增加团队凝聚力、向心力及归属感；推动积极向上的组织文化氛围，推广公司品牌文化形象，建立优质的品牌文化活动。华润万家 VAN-GUARD 杯员工篮球大赛自 2010 年开展。2013 年 8 月 26 日—8 月 29 日，第四届华润万家 VANGUARD 员工篮球大赛在江苏南京顺利举行。第四届员工篮球大赛，参赛队伍包括来自总部、物流管理中心及 14 个业务单元的 16 个男队及 7 个女队，共 230 多名参赛队员参加。

③兴趣小组。员工社群化是华润万家开展的特色员工活动，员工兴趣小组作为员工社群化的重要表现形式，已于 2010 年开始在总部及多个业务单元相继建立。兴趣小组在总部及各业务单元相继成立，各处分别以业务单元、城市、区域、部门、门店为单位，成立文娱、体育、艺术等多层面多种类型的兴趣小组，并定期组织活动。

（5）关怀员工所想所需。

①冬、夏季员工关爱计划。2013年度针对一线岗位员工受夏季高温、冬季严寒的气温影响的状况，实施个性化关爱项目。截至2013年9月，总部及14个业务单元分别开展了夏冬季员工关爱。关爱项目累计达149项，关爱人次达55万人。各项员工关爱项目执行效果良好，活动普遍受到员工的好评。冬夏季关爱包括发放防寒保暖用品、姜糖水、宿舍慰问、员工加餐、冬至温情包饺子、凉茶供用、配遮阳伞等活动。节日关爱包括端午节员工关爱、春节系列员工关爱等活动。

②爱心互助基金。2007年华润万家成立爱心互助基金，迄今为止共为全国近600名员工和家属提供爱心资助，缓解燃眉之急。充分体现了华润万家大家庭互助互爱的精神，也体现了华润万家人相互关爱、互相帮助的亲情。爱心互助基金成为万家人坚强的后盾，使得万家人在积极投身工作的同时，也能深刻地感受到来自公司、同事们满满的关怀与深深的祝福。2014年，爱心互助基金共支出207万善款用于资助83名符合资助条件的同事，万家人的关怀与温暖给受助同事带来了精神上的鼓励和慰藉。"一方有难，八方支援"是华润万家对万家人爱的承诺，也是华润万家对所有员工义不容辞的责任。

4. 农超对接

一方面，"农超对接"模式，即连锁超市直接对接农业基地，生鲜农产品由以前的随机收购转变为定向直接采购，减少了中间商环节，降低了农产品的采购成本；另一方面，"农超对接"模式下的超市直接采购，将大大降低在多节点长途运输中的损耗率，终端消费者可以买到更多的生鲜农产品，大幅提高超市的销量及利润。农产品既是农村的生产品，也是城市的消费品，"农超对接"模式不仅能增加农民的收入，同时也有利于提升消费者的生活品质及增加零售业的利润，实现超市、农户和消费者的三方共赢。

2009年，华润万家被商务部和农业部指定为国家首批"农超对接"的九家试点企业之一。华润万家开展"基地采购"的始发优势，坚持"优质来源，追溯保证"体系，将其深化提升为可持续发展的合作联盟，形成独有供应链体系，打造成产供销一体化的全程产品链乃至自有品牌产品，构建形成核心竞争优势。

（1）华润希望小镇——自有品牌"润之家"。2009年，全国首个由企业捐建华润百色希望小镇正式落成，为国家探索了一条企业利用自身资源解决"三农"问题的新道路。经过理论结合实践的研究，探索出了"超市＋龙头企业＋基地＋农户"模式，希望通过这一载体，能使华润希望小镇的农村集体经济得到快速发展。

华润投资华润希望小镇的合作社，这种"农超对接"模式是典型的合作基地模式，连锁超市对农业基地投入了资金，并提供相关的农业技术支持，农业基地生产的农产品全部供应给华润万家超市销售，有利于连锁超市的个性化运营，同时也提高了华润万家自有品牌"润之家"的品牌影响力。

（2）华润万家农业基地——超市"直采"模式。目前华润万家已在全国20多个省市建立100家"农超对接"基地，其中华润万家在寻乌、西安、南京和维宁的4个

"农超对接"基地被中国连锁经营协会纳入全国"百个农超对接示范项目"，华润万家的"农超对接"项目不仅注重农产品品质，还考虑地域差异的因素，积极引入灵武的长枣、吉林的蓝莓、新疆的哈密瓜、云南的红提、周至的猕猴桃等各地的特色水果品种。

依托超市"直采"——"超市＋基地＋农户"模式，华润万家实现了对农产品从生产、储运到销售的全面监管，使自有品牌"润之家"的产品具有更高品质的同时，也使消费者在华润万家就可以享受到全国各地的新鲜果蔬。

2011年，华润万家自有品牌"润之家"纽荷尔脐橙的种植基地被中国连锁经营协会（CCFA）授予首批"百个农超对接示范项目"称号。截至目前已在全国23个省、250多个市县建立了72个具有一定规模的农产品采购基地，占地总面积约70000亩，涉及140多个品类。涉及农户近10万户，通过有计划的专业培训和种植引导，农户可持续实现年增收15%。

5. 响应政府号召

华润积极参加政府组织的各项节能活动。2013年，参加天津市经济信息委组织的能源管理师培训、深圳市经信委组织的《合同能源管理项目的节能量核算》培训、2013年节能博览会、《2013年节能宣传周/低碳日南山区企业节能减排能力提升》培训等。

（五）慈善责任

华润万家是社会公益事业的倡导者，对公益事业的投入和长远支持已经成为华润万家长期发展战略的重要组成部分。华润在承担慈善责任方面表现在应急支援、关爱青少年、关爱老人、关爱社区及支援贫困山区五个方面。

1. 应急支援

华润万家是一家具有社会责任感的企业，时刻关注社会状况，及时为有需要的人士提供帮助。

2013年8月初，超强台风"尤特"席卷广东，造成潮汕地区发生严重洪涝灾害，大量群众受困。华润万家时刻关注灾情，并携手华润燃气捐赠了价值30万元的救灾物资。满载着爱心的运送车驶往灾区，救灾物资包括17000袋面包、6640斤润之家软香油黏米、13680升润之家一级大豆油及6912瓶怡宝纯净水。

2013年10月9日，第23号强台风"菲特"袭击宁波余姚，百年一遇的大雨引发特大洪涝灾害，大量群众受困。华润万家密切关注灾情，第一时间联系当地政府部门，向余姚地区救灾中心捐赠了价值15万元的救灾物资。10月10日，华润满载着爱心的运送车驶往灾区。这批灾民急需的生活物资包括4000箱（96000瓶）纯净水、1000箱（12000桶）方便面。同时，为了方便市民与家人保持联系，华润万家余姚六家门店向市民免费提供充电电源。

2014年7月，海南省受到40年以来最严重的一次台风"威马逊"侵袭，海口市乡镇房屋大面积垮塌，华润万家第一时间向所属乡镇发放了水、油、米、面等合计8万元的物资。

2014年8月，云南昭通鲁甸发生6.5级地震，作为中国最大的零售业巨头华润万家一直心系灾区，时刻关注着灾区动态。在得知灾区物资紧缺时，华润万家向灾区送去近千件牛奶饮料、饼干，油、米、八宝粥等10万元救灾物资，满足了受灾居民的基本生活需求。

2. 关爱青少年

华润在关爱青少年方面积极履行社会责任，举办义卖活动，搭建爱心图书室，捐赠爱心奖学金等。

2013年3月，华润苏果响应扬子晚报的爱心召唤，通过南京500多家门店为当地乡村小学募集到5000多本图书，并筹建了爱心图书室，为当地儿童带来了课堂之外的文化精神食粮。

2014年9月，四川省广安市委、市教育局、市商务局与华润万家共同举办的"华润万家爱心助学公益活动"在广安希望小学举行捐赠仪式。华润万家捐资十万余元，用于帮助广安市五所学校的200名品学兼优的困难学子。

2014年11，华润向广东省普宁市广太镇黄叶小学进行爱心捐赠，捐赠了书包、文具、水杯等学习用品，送去对贫困地区学生们的关怀与爱心。华润得到了当地学校赠予的"热心助学献爱心，无私奉献育新人"的锦旗。华润承诺从爱心捐赠开始，在以后投入更多的时间和精力，做好每一次助学活动，让更多的贫困学生受益，切实践行企业社会责任。

3. 关爱老人

华润万家连续多年开展助老爱老活动，为老年人送上一份关爱。

2013年5月，华润万家组织慰问天津鹤童养老院，与养老院中孤寡残障老人共度端午佳节，为老人们带去深深祝福。

2013年10月，华润万家香港超市共61间分店进行老乐饼义卖活动，获得9000多元善款，全数捐予灵实医院，为长者服务。

2013年11月，华润万家与鹤童老年福利协会共同启动"圆老人超市购物梦想 重温夕日购物体验"活动，为老人设立专门购物绿色通道，满足老人体验快乐购物的乐趣。购物现场专门为老人举行了捐赠活动。

4. 关爱社区

2013年4月，华润万家与青云社区携手，开展环境卫生大扫除活动，为创城尽一份力量，同时也建立华润万家谷埠店良好的公众形象和沟通渠道。为营造整洁、优美、文明、卫生的城市形象贡献力量。

2013年8—9月，华润万家香港超市组织月饼券捐赠活动，顾客捐出剩余的月饼券到指定华润万家香港分店，所有月饼券将会全数捐赠于惜食堂，与社会上有需要人士分享中秋佳节的喜悦。

2013年12月，华润万家举行的社区月摄影征集活动，邀请消费者参与"寻找社区之美"活动摄影作品，得到华润万家大卖场周边社区居民的热烈欢迎和积极参与，共有50位社区居民在活动中获奖。

5. 支援贫困山区

2013年10月，华润万家南区响应广东省、广州市经贸部门号召，向广州市经贸扶贫对口单位"梅州五华县岐岭镇王化村"捐赠人民币20万元，向河源市扶贫开发领导小组捐赠人民币20万元，以帮助、扶持广东省内贫困山区发展建设。

2013年12月，华润万家从源头扶持宁夏海源县农产业，将海源土豆、胡麻油等产品引进至宁夏、陕西超市进行销售，为老区人民解决销售问题。

三、总结

华润万家奉行"常怀感恩之心，不忘回馈大众，构建和谐社会"的宗旨，以各种方式回馈社会，积极承担经济责任、法律责任、环境责任、伦理责任及慈善责任，每年在赈灾、扶贫、助学及环保领域捐助过亿，积极履行华润作为优秀央企的社会责任。

华润在多年的社会实践中，逐渐形成了将社会责任融入日常运营，与华润战略发展、企业文化与软实力打造相融合的方式，促进了华润健康发展。华润在承担社会责任中的工作也对加强诚信华润、绿色华润、平安华润、活力华润建设发挥了积极的作用。

第二部分 我国外资零售企业社会责任案例研究

从某种意义上来说，是外资企业将企业社会责任的概念传入我国的，正是由于外资企业在其生产供应链上推行"企业生产守则"要求，我国企业才逐渐被要求承担不同类型的社会责任。由于外资企业占用了我国的资源并对企业周边的环境产生了一定的影响，所以公众要求外资企业承担企业社会责任。外资企业在技术和资本上具有绝对优势，同时又可以利用我国相对廉价的劳动力，这就会制约我国的经济发展，影响我国的经济安全，所以外资企业承担社会责任是毋庸置疑的。

从外资零售企业整体数据来看，在推动我国零售企业社会责任的发展时，外资零售企业在承担社会责任方面仍有差距，如乐购、欧尚、卜蜂莲花等知名外资零售企业在社会责任履行上的表现也不尽如人意，这些外资企业没有遵守其在母国一贯的职业操守，社会责任缺失的现象时有发生。这可能是由于外资企业的控股方不是中国企业，因而企业履行社会责任的意识相比于国有企业和民营企业更加薄弱。也可能是由于国内的大多数外资企业都是国际大型企业在我国设立的分支机构，因而对于它们来说在承担社会责任的过程中不可避免地会受到母国文化理念的影响，而国家与民族文化之间存在着较大差异，西方发达国家法制建设更加健全，公司治理和市场经济相对比较完善，也重视知识产权的保护，维护股东、员工和消费者的利益。外资企业的所有者身份属性决定了其既不可能也不情愿大力承担我国社会的各项责任，但外资企业自身必须履行基本的经济和法律责任，在这个基础上，对环境责任、伦理责任和慈善责任有所承担。外资企业应该意识到，积极履行企业社会责任是获取合法经营并将自身融入我国本土的商业、社会环境的有效渠道，可以更好地转变社会公众对企业不恰当的认识，进而被大家认同。

下面将通过沃尔玛（中国）投资有限公司承担企业社会责任的状况为例，分析外资企业在华企业社会责任各方面的表现。

案例三 沃尔玛（中国）投资有限公司企业社会责任

一、企业简介

沃尔玛公司（Wal-Mart Stores，Inc.）是一家美国的世界性连锁企业，由美国零售业的传奇人物山姆·沃尔顿先生创建。1951 年，农民出身的山姆·沃尔顿在美国中西部本顿维尔小镇盘下第一家杂货店，至 1960 年已在本顿维尔小镇周围地区开设了 15 家商店，年营业总额达到 140 万美元。当时正值折扣店连锁经营理念在美国零售业萌芽发展，山姆·沃尔顿经过两年时间的考察调研，毅然从杂货店转向百货业，于 1962 年在阿肯色州罗杰斯城开办了第一家 Wal-Mart 百货商店，提出的目标是为人们省钱，从而使他们生活得更美好，并打出了"售价最低""保证满意"的企业经营理念和对顾客的承诺。经过50多年的发展，沃尔玛在全球27个国家开设了超过1万家商场，下设69个品牌，在全球拥有220多万名员工，每周光临沃尔玛的顾客约有2亿人次。作为世界连锁零售商巨头的沃尔玛，从2002年起多次荣登《财富》杂志世界500强企业榜首并当选最具价值品牌，并在《财富》杂志"2010年最受赞赏企业"调查的零售企业中独占鳌头。如今，作为沃尔玛总部的本顿维尔小镇的名气也越来越大。越来越多的商人相互询问"你去过本顿维尔镇吗?"它成了零售商、承包商和推销员必去的地方。

1996年，沃尔玛进入我国市场，在深圳建立了第一家国内沃尔玛购物广场和山姆会员商店。在华初期其布局形式为：以深圳为中心，主要在华南沿海地区的二级城市开设门店；后在东北、西南等地区的二级城市分别设立门店。到2003年，以深圳为中心的华南地区共设立了16家门店。同年，沃尔玛成立了沃尔玛华东百货有限公司，开始向华东地区零售市场发展，并设立了深圳、天津两个配送中心。至此，沃尔玛在华南沿海、华北、东北、西南四个地区布下门店。截至2014年年末，沃尔玛已经在全国19个省、2个自治区、4个直辖市的164个城市开设了415家商场、11家鲜食配送中心和9家干仓配送中心。

"我们不要向生活索取什么，而应该向我们所生活的社区作出贡献，同时传播好的事物。"山姆·沃尔顿的妻子海伦·沃尔顿的这句话，被奉为沃尔玛企业文化的内涵。其核心理念是"尊重个人、服务顾客、追求卓越"，这一理念使得沃尔玛能够积极贯彻落实企业社会责任计划。同在其他国家一样，沃尔玛在我国同样重视承担社会责任和利益相关者关系的管理，坚持其"专注于开好每一家店，服务好每一位顾客，始终为顾客提供优质平价、品种齐全的商品和友善的顾客服务"的宗旨。自1996年进入我国市场以来，沃尔玛在华承担企业社会责任的表现及在可持续发展方面做的各项努力可圈可点，赢得了社会的认可，并获得了一些奖项和荣誉。下面将从经济责任、法律责任、伦理责任、环境责任和慈善责任五个方面深入分析沃尔玛承担企业社会责任的表现。

二、企业承担社会责任内容

（一）经济责任

企业的经济责任是承担其他社会责任的基础。沃尔玛在承担经济责任方面的努力主要体现在以下几个方面。

1. 农超对接项目

多年以来，我国政府为建立现代农产品流通体系采取了一系列政策措施，包括发展农村市场，完善农产品，物流特别是冷链物流系统，扶持农民专业合作社的建立和发展等。"农超对接"则是近年来我国政府在完善农产品流通体系、解决农产品交易难、稳定农产品市场价格、增加农民收入、提高食品安全等方面采取的一个创新模式。

沃尔玛自 2007 年开始农超对接项目的尝试。2008 年 12 月，沃尔玛（中国）被商务部和农业部评定为国家首批"农超对接"试点企业。2009 年 10 月，与商务部和农业部签署《共促"农超对接"合作备忘录》，推广"农超对接"项目的成功经验。自 2011 年 4 月以来，我国部分地区陆续出现蔬菜"卖难"、积压的现象。沃尔玛针对这一情况积极与商务部市场运营司取得联系，了解全国蔬菜滞销的整体情况并在参与解决农民蔬菜"卖难"情况的基础上，沃尔玛积极联系并配合地方政府，利用农超对接网络，有针对性地在各地开展了直采"卖难"蔬菜的专项行动。同时，沃尔玛还在商场中对"卖难"蔬菜进行零利润或微利的"爱心菜"专柜销售。三年间，沃尔玛共在我国 23 个省/直辖市建立了 81 个基地，总计面积超过 84 万亩，带动农民 81 万余人，并在 15 个省、自治区、直辖市销售了 530 多吨滞销菜，为抑制菜价暴跌、稳定地方蔬菜市场做出了贡献。

除了从农民和农村专业合作社手中直接采购农产品外，沃尔玛还针对参加"农超对接"项目的农民开发了可持续发展培训课程，帮助农民提高市场适应能力、引导标准规模化生产、指导其在生产中推进环境保护，不仅为农民增加了收入，也带给中国消费者新鲜、安全、可口、实惠和环保的农产品。

2. 为供应商提供帮助

沃尔玛不收回扣和进场费，相反，为压缩采购成本，会帮助供应商改进工艺、提高质量、降低劳动力成本、控制存货，甚至分享沃尔玛的信息系统，根据沃尔玛库存组织生产等。沃尔玛的革新节约了很大一笔钱，并把这笔钱通过降低价格的方式转给了消费者。如今，由于沃尔玛的创新，许多公司可以更好地管理商品和原材料的流通，形成从供应商经公司到消费者的相互联系的商业链。公司通过信息技术来追踪商品——从供应商到仓库到货架再到收银机，并且保证商品一旦被售出，在货架后还会有替代品等待着下一位顾客。

3. 促进就业

据统计，沃尔玛已经在我国创造了超过 10 万个就业机会，2014 年全年新增三十多家门店和物流配送中心，创造了 6000 多个工作岗位。有数据显示，沃尔玛的平均小时工资大多超过了国家的最低工资标准，并且比同行业给出的工资高。除此之外，沃尔玛还强调内部晋升，很高比例的高级管理者是从基层晋升上来的。沃尔玛注重人才本土化，鼓励人才多元化，特别是培养和发展女性员工及管理层，目前沃尔玛的本土员工约占 99.9％，商场总经理全部由我国人才担任，员工中超过 60％为女性员工，管理人员中女性约占 40％。在刚刚落幕的以"扬帆梦想，玛上启航"为主题的沃尔玛 2014 年度全国校园招聘中，吸引了超过两万名应届本科和硕士毕业生报名，竞争异常激烈，应聘率将近 440∶1。

4. 对股东和债权人的回报

在沃尔玛看来，债权人和股东投资回报的重要保证是销售和利润的高速增长及稳健的市场扩张。在中国市场，沃尔玛通过内部经营管理的创新与改革达到股东和债权人的要求。以沃尔玛超市和社区店的销售状况为例，通过商场内部设备结构和人员结构的调整，以及促销策略和本土化策略的优化，2014年，沃尔玛在我国实现销售和利润的同步增长，根据尼尔森数据，截至2014年年底，已连续8个季度实现大卖场品类中的市场份额增长。

（二）法律责任

跨国企业在全球市场拥有强大的垄断优势和竞争优势，随之引发了各种社会问题，越来越多的法律法规、政府政策及社会舆论要求跨国企业积极承担社会责任。在这方面各种国际组织都做了不懈的努力，制定了各种企业社会责任标准，如经济合作与发展组织（OECD）制定的《跨国公司行为准则》、国际劳工组织（ILO）制定的《关于跨国公司和社会政策第三方宣言》、社会责任国际组织（SAI）其他国际组织制定的社会责任国际标准（SA 8000），以及国际标准化组织制定的ISO 26000标准等。

诚信经营是企业承担法律责任的重要表现，现如今人们最关注的就是食品安全问题，在经历了沸沸扬扬的"绿色猪肉"事件后，沃尔玛在保证食品安全方面又做了很大努力。包括增加供应商审核和产品检测频次；大面积覆盖生鲜配送中心范围，推出"14天内鲜食商品100％无条件退款"服务，提升质量保障；提升店内食品安全标准，加强门店管理审核；建立更专业的食品检测团队等多个内容。

2013年5月，沃尔玛创新性地在广东省各门店推出食品安全移动检测车，每辆车都配有专业的检测设备和4名专业的食品安全第三方检测人员，平均每车每年投入近200万元。这个快速检测的创意来自沃尔玛员工，实现了高效灵活地对门店在售食品的瘦肉精、甲醛、三聚氰胺、农药残留物、菌落总数等多项重点指标进行快速检测，对食品尤其是生鲜食品的安全进行了有效把关。

2014年6月，沃尔玛出资将一门防范食品掺假的网络课程翻译成中文。旨在帮助我国消费者、供应商及零售商提升反食品掺假的意识，改进全球食品供应链，共同防范食品掺假现象。该课程由密歇根州立大学教授、密歇根州立大学反食品掺假倡议主管John Spink博士创立。Spink博士拥有丰富的食品安全经验，其为期两周的公开课程结合了食品专业知识和实际应用，吸引了不同国家的企业和消费者的广泛关注。

2014年年底，为了建立严格的食品安全体系，沃尔玛引入了SPARK（sustainable paperless auditing and record keeping，可持续的无纸化审计和记录）系统，即无纸化的检查及记录系统，执行食品安全管理为顾客提供优质低价的商品。SPARK系统可以汇总全国各门店商品的食品储藏温度数据，沃尔玛食品安全团队经过精确分析，便可找到门店温度控制方面存在的问题，及时采取措施。一个手机大小的终端，外加测温检测仪，两台设备之间用蓝牙进行数据连接，就可以实现对商场食品进行温度测定。沃尔玛投入了560万元人民币为我国所有门店购置SPARK设备系统，并宣布在此后每年投入500万元支持该系统的运转。

（三）伦理责任

1. 帮助女性独立

沃尔玛承担企业社会责任的主要方向之一就是推动女性经济自立，帮助女性创业，以提升女性的社会地位。在这方面，沃尔玛做了诸多努力。

2011年，沃尔玛启动了"沃尔玛全球妇女经济自立"项目，旨在通过自身在全球庞大的供应链系统网络帮助推动全球妇女经济自立。截至目前，由中国女性经营的企业已有45家加入这一项目。2014年，沃尔玛从中国女性经营的企业的采购金额已达到约27亿元人民币。

2010年10月，沃尔玛首次与中国妇女发展基金会合作，建立"沃尔玛妇女发展基金"，并捐赠100万元人民币作为启动资金，用这笔资金支持妇女发展基金会建立的"母亲创业循环"项目。该项目为贫困家庭提供资金援助，入户帮扶贫困母亲，通过自主创业帮助女性脱贫致富。2014年11月，沃尔玛再次向中国妇女发展基金会分阶段捐款1000万元人民币，用于未来三年支持"母亲创业循环"项目。这是沃尔玛第5次捐赠该项目。截至目前，沃尔玛（中国）向该项目累计投入共计504万元人民币。

2014年11月，在北京举行了国际女性企业联盟2014年度会议（WEConnect International China 2014 Marketplace）用于支持女性企业家，创造更多的交易机会。这项会议由沃尔玛（中国）捐赠支持，沃尔玛已经连续3年捐赠此项目，捐赠金额共计80万元。多年来沃尔玛始终积极参与国际女性企业联盟在中国的女性企业家项目。鉴于沃尔玛在支持妇女经济独立自主方面所取得的成就，国际女性企业联盟还授予沃尔玛"中国2014年度企业卓越贡献奖"（2014 Corporate Supporter of the Year）。

2014年11月，在北京沃尔玛基金会公布了其工厂女工项目的进展及投入情况。该项目于2011年开始启动，目的是对工厂一线女工进行培训，使她们学习到在家庭和职场中所需的技能，如财务规划、时间管理、健康与福利、职业发展和领导力，以帮助她们取得成功。项目预计在2016年年底实现目标，共计投入将超过1000万美元。

2. 帮助供应商提升能效

2010年，沃尔玛在深圳总部办公室，通过与全球贸易森林网络（GFTN）合作，为我国木制品供应商开展培训，并分享供应链管理运用于林业产品中的最佳实践经验。

2014年8月，在深圳沃尔玛全球采购办公室举行了供应商峰会，并宣布了一项新的承诺，希望通过提升我国工厂能效来进一步深化全球供应链的可持续发展进程。这项承诺明确表示沃尔玛在我国的采购工厂近七成将于2017年年底前加入能效提升项目。沃尔玛希望通过这个项目提高工厂能源使用效率，大幅减少总能源消耗量。通过提升10%的工厂能效就可以减少超过百万吨二氧化碳排放，相当于20万辆汽车一年正常行驶的排放量。为了实现这个目标，沃尔玛将会为每一位供应商提供符合其工厂具体情况的提升能效的相关工具与资源，并辅助相关培训，以帮助工厂克服在实施过程中可能遇到的困难，并实时记录追踪项目的总体进展情况。例如，沃尔玛帮助我国的一些印染厂进行节能改造，改造后每产出一吨布所释放的温室气体量减少了1~2吨，既有益于环境，同时也使供应商能够更加节能高效地运营，提高了企业的竞争能力。

(四) 环境责任

沃尔玛作为全球最大的零售商，始终相信坚持可持续发展既能让公司自身受益也能让与其开展业务的供应商有所收获，最重要的是，可持续发展将从本质上满足顾客的需求，从而实现公司的使命——"帮助顾客节省开支，使他们生活得更美好"。沃尔玛从 2005 年开始就将可持续发展作为其全球至关重要的企业使命并开始为三大目标而努力：①100％使用可再生能源；②"零"浪费；③出售有利于资源和环境的商品。为了实现这三大目标，沃尔玛制订了"可持续发展 360"战略，希望与供应商共同打造可持续发展的绿色供应链，形成一个彼此共赢的公益模式。在我国，沃尔玛积极参与各项环保项目，范围涵盖了环保节能、绿色能源利用、植树造林等各个方面。

1. 降低能耗

沃尔玛希望到 2015 年年底，能从全球供应链中减少 2000 万吨的二氧化碳排放量。为了实现这一目标，沃尔玛进行了各种努力。例如，在所有的店铺内使用 LED 灯，沃尔玛公司的 LED 灯已经完成了试用、推广阶段，进入大面积商用领域，从室内到室外，从普通照明到重点照明，从招牌到冷柜照明，都有 LED 灯的应用，广泛地扩大 LED 灯在商场的使用范围。

2. 沃尔玛 (大连) 清除油污大型志愿活动

2010 年 7 月 24 日，大连沃尔玛近 400 名同事联合大连市环保志愿者协会，共同清除因原油泄漏造成的海上油污。沃尔玛的举动带动了许多游客也积极加入其中，取得了良好的社会效应，并受到了大连市政府的高度赞扬。

3. 沃尔玛地球月

沃尔玛积极响应每年 4 月 22 日的世界地球日活动，创新性地将地球日扩展为"地球月"。2012 年 4 月初，在北京、上海、深圳、昆明和大连五个城市相继启动了沃尔玛年度地球月活动，活动以"播种绿色，清新社区"为主题。沃尔玛号召全国员工在所在城市与当地的社区志愿者、当地环保组织、供应商代表等机构联合开展植树活动，借此减少城市中温室气体排放对环境造成的负面影响，改善生态环境，净化城市空气，创建美丽社区，构建绿色家园，五个城市共计植树近万棵。此次地球月活动是沃尔玛连续三年积极响应由世界自然基金会发起的"地球一小时"的外延活动，在地球月的一个月时间里，全国所有沃尔玛门店在非营运高峰期关闭店面 1/3 的照明。同时，沃尔玛也号召全国 10 万名员工积极参与，在家中熄灯一小时，此次活动节约用电将近 50 万度，相当于节约了人民币 50 万元。

4. 沃尔玛签订可持续发展合约

沃尔玛还通过积极与中国政府、供应商伙伴、行业协会等签署可持续发展备忘录 (见表 5 - 2)，共同合作达成可持续发展的目标，努力建立世界领先的高价值可持续发展供应链。

表 5-2　　　　　　　　　　沃尔玛签署可持续发展备忘录

日　　期	合作单位	签署文件	目　　的
2008 年 10 月	中国林业产业协会	《环境可持续发展合作谅解备忘录》	进行森林认证培训，分享关于森林认证的流程及专业意见
2008 年 10 月	中国 21 世纪议程管理中心	《环境可持续发展备忘录》	加强包括沃尔玛供应商在内的生产制造型企业在技术创新和可持续发展方面的能力
2008 年 12 月	环保部认证中心	《环境可持续性谅解备忘录》	制定绿色超市环保标准及绿色超市的认证标准
2009 年 10 月	中国 21 世纪议程管理中心	《关于可持续发展竞赛的谅解备忘录》	引导青年增强自主创新意识和节能减排理念，激发科技创新活力
2010 年 4 月	中国饮料工业协会	《饮料产品绿色生产和绿色运营推进计划》	共同推进中国饮料行业的清洁生产和可持续发展
2010 年 10 月	国家林业局森林认证中心	《环境可持续发展合作谅解备忘录》	促进森林可持续经营
2010 年 12 月	北京大学	《沃尔玛中国超市废弃物处理的合作协议》	共同推进废弃物管理及回收方案及减少超市废弃物

（五）慈善责任

1. 救助灾区

2013 年 7 月，甘肃定西市发生地震，沃尔玛管理层在得知地震发生后第一时间召开紧急会议，商讨赈灾救援方案。在了解了灾区的实际需求后，沃尔玛总部迅速联系了距离定西市震区最近的沃尔玛西安门店负责人，紧急向灾区捐赠价值 15 万元的赈灾物资，包括饮用水、食品、照明设备、帐篷及日常生活必需品等。

2014 年 7 月，广西和海南受到第 9 号超强台风"威马逊"的重创，造成 144 个县近千万人受灾，沃尔玛与壹基金联合紧急启动响应机制，迅速展开行动，调集价值 40 余万元的救灾物资，在第一时间向受灾情况严重的钦州地区进行捐助，调拨了大量的米、食用油、蚊帐、洗衣粉、硫磺皂、花露水等食品和生活用品作为应急物资。此次援助行动中，沃尔玛利用广西钦州门店集中物资，对钦州受灾严重的地区提供了及时的救援。而由于海南省还没有沃尔玛门店，沃尔玛安排了距离灾区最近的深圳配送中心、深圳沃尔玛购物广场参与救灾物资的调集工作。

2014 年 8 月，云南鲁甸发生了 6.5 级地震，震源深度 12 千米，受灾人口达 400 万人。沃尔玛与壹基金联合启动灾难响应机制，在 48 小时内，通过云南十几家门店紧急调集了总价值近 50 万元，总计 45 吨的大米、食用油及炒锅等救灾物资，向遭受地震鲁甸县进行捐赠。

2014 年，为支持中国扶贫基金会"爱加餐"项目，沃尔玛携手其主要供应商之一玛氏脆香米品牌发起了"脆乐童心，玛上出发——百万千米，百万捐赠"活动。该项目历时半年，通过利用沃尔玛和玛氏各自的资源及品牌影响力，发动顾客支持"爱加餐"项目，顾客通过扫描二维码关注沃尔玛（中国）官方微信参与里程贡献，顾客每走每一千米就会捐赠一元钱。该捐款将用于为贫困地区的青少年提供每日一个鸡蛋加一盒牛奶的营养组合，改善贫困地区青少年营养健康，助力贫困地区的青少年儿童茁壮成长。截至2015年1月，共实现捐款110万元，其中包括沃尔玛捐赠100万元，玛氏脆香米捐赠10万元。

2. 支持教育

多年来，沃尔玛一直支持我国基础教育事业的发展，资助希望工程、科研性研究项目、灾区学校建设等教育项目，以实际行动支持中国教育事业的发展，以多种方式帮助优秀学生成才。由于缺乏热爱零售行业的人才，近年来，沃尔玛十分注重对我国零售人才的培养。

2014年8月，沃尔玛向中国连锁经营协会（CCFA）分阶段捐赠500万元，用于支持"零售明日之星培养计划"项目，该项目针对我国零售业人力成本不断提升、需要拥有专业能力和综合素质高的基础岗位人员的现状，面向我国百余所商贸类专业的职业院校进行帮助。计划到2016年年底为我国零售业培养200名零售行业在职教师，以及两万名热爱连锁零售、吃苦耐劳、责任心强的一线零售员工，以满足我国零售市场对日益增长的高素质基础岗位人员的需求。

2014年11月，由沃尔玛与中国青少年发展基金会联合支持的"沃尔玛零售人才专业培训课程实习室"在北京百年农工子弟职业学校正式挂牌启用。该实习室是沃尔玛与中国青少年发展基金会及百年职校合作推进的"沃尔玛零售人才专业培训课程"项目的重要组成部分，它将为参加零售专业培训课程的同学们提供实际操作和见习的平台，让热爱零售业的人们学习专业的零售课程，帮助贫困的年轻人获得全程免费的职业教育。在这个零售课程实习室，同学们可以进行各项零售业务基本技能的学习和实际操作，包括商品陈列基本原则、商品销售技能、商品库存管理、顾客服务、补货标准、订货管理、收银系统及收银员工作、食品安全标准、清洁卫生标准、零售店长基础管理等，通过在零售课程实习室的实践及实际操作，让同学们对零售最基础岗位及业务管理有了更加直观的认知和了解。

三、结论

据调查显示，沃尔玛进入我国市场后，对我国的员工、消费者、供应商等利益相关者，以及作为竞争对手的中国本土零售企业，带来的影响是非常复杂的。这种影响包括沃尔玛为消费者提供了便利的购物服务、为员工提供了更多的就业机会等正面影响，更重要的是，沃尔玛的进入给许多利益团体带来了负面影响，例如沃尔玛带给本土竞争对手的强大压力使得许多小型零售企业倒闭；沃尔玛与消费者的消费纠纷不断，有数据显示，沃尔玛顾客投诉频率为每两小时一次；沃尔玛的开业给周边社区带来环境及交通问题等①。

（1）沃尔玛进入中国以来，对社区居民的消费习惯、消费行为、娱乐方式、生活环境都有较大影响，既有正面影响，也有负面影响。正面影响包括为社区居民带来购物便利、丰富社区居民生活等方面；负面影响主要包括影响居民生活环境、占用社区用地等。沃尔玛对于给社区造成的负面影响认识不充分，没有及时采取有效措施消除影响，应该通过社区基础设施投资、便民政策、扶持弱势群体等手段，对社区承担一定的社会责任。

（2）沃尔玛的进入对本土零售企业的影响很明显，它为我国零售企业带来全新的经营理念和技巧，同时也夺走了国内零售业相当数量的顾客甚至促使整个零售市场的变革，使零售市场竞争趋向国际化。在沃尔玛的压力下，很多社区超市和商店倒闭或转行，但与此同时，一些本土零售企业通过差异化经营，提供沃尔玛无法提供的商业服务，保证一定的市场份额。在外资零售企业的巨大冲击下，我国零售企业应在保持竞争优势的同时，克服自身的弱点，形成独特的企业核心竞争力。

（3）沃尔玛为我国员工提供了均等的就业机会，使员工在成熟的管理理念和深厚的企业文化底蕴中获得自身的成长和发展，能获得较好的学习和锻炼机会。但是近年来，许多外资企业包括沃尔玛在内，往往为了减少雇用成本大量采用劳务派遣制的灵活用工形式，而我国员工对自身权益的保障关注不够，维权意识相对薄弱，这些都导致了劳资双方的冲突问题。有数据指出，沃尔玛的员工流动率相对较高，"半数的全职工会在一年内跳槽到其他公司"。

（4）中国社科院经济学部企业社会责任研究中心发布的《中国企业社会责任研究报告（2014）》得到的企业社会责任指数中，沃尔玛评分较低的原因很大一部分是沃尔玛没有发布2014年沃尔玛在中国的企业社会责任报告。而在2012年度企业社会责任报告中，编制形式不够规范科学，披露的相关信息质量不高，有意绕开负面新闻和重大事件的反馈，报告多局限于一些基础性的环保、公益、获奖情况，信息不完整、不全面，缺乏与公司经营状况相关的财务数据。

针对上述问题，我国政府、沃尔玛、消费者、利益相关者等应该采取一定的应对措施。

（1）我国政府作为市场的规制者和管理者，需要完善与竞争者、股东、顾客与消费者这些利益群体相关的法律，包括《知识产权法》《公司法》《消费者保护法》《劳动法》等相关法律法规，约束外资企业的运营在法律允许的范围内活动。完善法律的同时加大执法力度，切实保护我国雇员、消费者、社区居民、竞争者等利益群体的权益。

（2）在竞争方面，外资企业可以利用母国对于企业社会责任方面的先进认知和意识，将先进的技术和管理经验介绍和引入到我国，帮助我国本土企业更好地实施战略企业社会责任。我国政府应该通过过税收等途径，在维护市场平等竞争的前提下，保护和支持我国本土零售企业的发展，鼓励本土零售企业以更多的形式扩大规模，构建

---

① 《中国企业社会责任报告2006》，关于沃尔玛对中国利益相关者影响的调查报告。

企业的核心竞争力。

（3）外资企业在华应该严格遵守劳动法律法规，承担更高层次的雇主责任，构建和谐的劳资关系。积极与员工签订无固定期限劳动合同和集体合同，一方面表现了企业管理的规范化，另一方面也体现了企业积极维护员工利益，从而提高员工的工作积极性和满意度，以产生更大的经济绩效。雇员既是企业社会责任的承担者，也是企业社会责任的传播者，因此，企业要遵守人力资源法律法规的相关规定，根据企业的实际情况，通过各种途径努力构建和谐的劳资关系。

（4）外资企业应该努力不断完善企业社会责任报告的内容和形式，使企业社会责任报告真正成为企业同利益相关者沟通的直接平台。外界要求企业对外公布社会责任报告的一个重要目的就是通过公开、透明的信息发布监督企业承担社会责任的情况。企业社会责任报告既向利益相关者汇报了企业社会责任的绩效表现，也是利益相关者比较和评价企业社会责任绩效表现的重要依据。企业社会责任报告在起草过程中可以参照国资委及全球报告倡议组织（GRI）等组织发布的各种文件中的标准规范，结合企业经营活动，完整全面地展现出企业承担社会责任的现状及今后发展的目标。

第三部分　我国民营零售企业社会责任案例研究

在我国国民经济中，民营企业具有重要的地位和作用，其履行企业社会责任的状况对我国企业社会责任的发展意义深远。我国民营企业相对国有企业而言一般更加重视经济责任的履行，同时也会因为政治因素寻求政府支持而积极承担社会责任。事实上，民营企业是中国经济发展的重要力量，应该积极履行各类企业社会责任，不能盲目追求企业利益最大化。民营企业的所有者是单一或多个个体，生产资料的所有制决定了其追逐利润的动力和目标。但是民营企业也不应该为了追求利益而置其他社会责任于不顾。经济责任与社会责任之间并不是完全对立的，经济责任是社会责任的一个有机组成部分。民营企业履行社会责任，包括更高层次的伦理责任和慈善责任，从某种程度上来说能够促进企业更好更快地实现经济责任。应当注意的是，民营企业在履行社会责任的过程中还要注意量力而行，循序渐进，根据企业自身的实际情况履行环境责任、伦理责任和慈善责任。与国有企业和外资企业相比，大多数民营企业的起点仍较低，技术和经营管理经验相对落后，对于环境保护的意识还有待提升。即便如此，民营企业也要重视国家和政府的各项规定，比如民营企业即便无法加大环境保护的成本投入，最起码也要控制对环境的污染破坏程度，尽量减少污染，降低社会成本，杜绝短期化行为。

案例四　上海豫园旅游商城股份有限公司企业社会责任

一、企业简介

上海豫园旅游商城股份有限公司（以下简称豫园商城），经历了由庙市、老城隍庙市场、豫园商场、豫园商城的历史演变过程，地处上海市黄浦中心商业区，与相邻的豫园、沉香阁、老城隍庙等名胜古迹和人文景观融为一体。豫园商城起源于150多年前清朝同治年间的老城隍庙市场，方圆5.3公顷内聚集了邑庙、美食、园林、商铺、建筑等，豫园商城被认为是上海深厚历史文化底蕴及现代商业发展的缩影，具有浓郁的民俗风情、丰厚的文化底蕴及鲜明的经营特色。经历了元朝、明朝、清朝及民国时期，700多年来豫园地区一直是上海的政治、经济、文化中心，是上海特有的文化名片和人文标志，被人们称为"上海的根"而享誉海内外。

自豫园商城成立以来，公司借助豫园深厚的传统文化底蕴及优越的地理位置，加快改革发展，在围绕以旅游服务为主题，逐步做大做强餐饮服务和小商品百货等传统业务时，同时继续拓展业务范围，逐步在黄金饰品销售、食品加工、中医药生产销售及房地产等领域积累了较为明显的竞争优势。如今，凝聚百年经典的豫园商城已发展成为集黄金珠宝、旅游、医药、食品、百货、餐饮、房地产、物业、进出口贸易、电子商务和金融投资等产业为一体，多元发展的国内一流综合性商业集团。豫园商城于1990年上海证券交易所上市，成为中国最早上市的商业股份制公司上市公司。其旗下拥有众多产业品牌资源，包括中国名牌1个、中国驰名商标3个（老庙黄金和亚一金店）、中华老字号13个、上海市著名商标14个及海外注册商标52个，拥有商业设施近13万平方米，全年客流超过4000万人次。根据中国商业联合会、中华全国商业信息中心对全国大型零售企业商品销售情况的统计调查结果表明，豫园商城经营业绩连续十年名列全国大型零售企业（单体）第一位。豫园商城自2005年首次入选由世界品牌实验室编制的《中国500最具价值品牌》排行榜以来，连续多年蝉联这一荣誉。2014年，豫园商城以259.62亿元的品牌价值位列榜单第79位。

豫园商城《2014企业社会责任》反映了其在完善管理机制、规范运作流程、健全内控制度，在履行商业道德、生产安全、职业道德、保护劳动者的合法权益、节约资源、注重环境保护等社会责任方面所做的工作，后面将从经济责任、法律责任、伦理责任、环境责任及慈善责任五个方面进行分析。

二、企业承担社会责任内容

(一) 经济责任

1. 对股东和投资者

从近五年的企业社会责任报告中可以看出，豫园商城注重承担对利益相关者的经济责任，努力为投资者创造价值，在立足业务发展的同时，不忘回报投资者。2011—2013年，公司以现金方式累计分配的分红为三年实现的年均可分配利润的74.28%。公司的现金分红金额和比例符合《上海证券交易所上市公司现金分红指引》的要求。同时，为了做好投资者关系管理工作，提高信息披露的水平和透明度，秉承其公平、公正、公开的企业原则，豫园商城还制定了《年报信息披露重大差错责任追究制度》《内部信息知情人管理制度》，补充和完善了《年报信息披露重大差错责任追究制度》和《加强对外部信息使用人使用公司未公开信息管理的制度》。保障投资者的知情权及相关合法权益，平等诚信对待所有的投资者，充分维护投资者的利益。

豫园商城为了坚持务实高效的投资者关系管理原则，在这一方面做了诸多努力。例如，梳理优化了投资者调研的接访流程，规范接访内容，既能让投资者了解公司的生产经营情况，又能保证信息披露守法合规，以此做到公平对待所有股东。此外豫园商城还有效地利用了电话、网络等平台与投资者进行充分的沟通交流，展示出该公司诚信透明的企业形象。

2. 对员工

员工综合素质的提升是单位文明素质的直接体现。依法维护员工合法权益是构建和谐劳动关系的基础，也是企业承担经济责任的基础。豫园商城提出以"企业发展依靠员工，员工共享发展成果"为宗旨，解决员工最关心、最直接、最实际的需求，将员工的成长与企业的发展结合，为他们提供实现自我价值的机会与环境。2014年，豫园商城为了实现年初在职代会上对员工的承诺，一直不断努力，始终积极努力回应员工诉求，为员工办实事，对员工负责，与员工共享企业发展成果。

（1）员工福利。2014年，豫园商城坚持践行"企业发展成果与员工共享"的理念，认真履行《集体合同》和《工资集体协商协议》的相关规定，积极与工会、职工代表和基层员工沟通，各子公司行政与工会积极开展工资集体协商，最终决定各子公司在编在岗员工的平均增资比例幅度为5％～9％。员工除了各项法定福利（如五险一金、带薪年假等）以外，还享有企业特设福利。2014年，豫园商城投入了171.3万元为3000多名员工投保泰康门急诊住院商业保险；投入145.04万元，为员工进行体检，并对特定年龄的女职工增加检查项目；投入32.9万元为员工投保上海市职工互助保障会"B类保障计划"。除此之外，豫园商城及下属子公司还不断开展员工旅游、节日关怀等活动。例如：有的子公司主动提高员工旅游补贴标准、工作午餐标准、员工献血的经费补贴和假期天数；有的子公司因企制宜组织各种形式的员工生日沟通会。

（2）员工发展。豫园商城还紧紧围绕人才培养和员工发展的要求，开展了大量的企业教育培训工作，调动员工的积极性，增强员工、企业之间的凝聚力。例如，对一线员工进行入职培训，内容主要包括企业规章制度、劳动人事制度、发放学习《员工手册》、企业文化宣讲、销售技巧分享等；对中高级管理层，注重观念更新、自律守纪意识和专业能力的提升；对青年储备干部，注重强化人力资源、市场营销等企业管理的系统知识学习；对现场管理人员，注重提高管控技术和能力。为每个员工制订符合自身条件的个性化发展方向，形成多层面并行的培训框架。据统计，2014年豫园商城及各子公司共有8000多名员工参加各类培训，其中涉及管理类培训、上岗、转岗（岗位适应性）类培训、职称、技能类培训、外送培训等，年度使用教育经费总额为129.09万元。

（3）员工帮助。2014年豫园商城为职工救急济难累计金额达3.9万元，投入了20.5万元对212名员工因病致贫、意外致困及困难员工子女进行帮扶，有效地保障了员工的生活质量。豫园商城在节假日还通过各种形式对退休员工进行慰问，例如春节之前，工会对部分困难退休人员走访慰问；各子公司也积极帮助退休职工办理参保《上海市职工保障互助会退休职工住院保障计划》等，每年慰问人数达7000多人，慰问金达225万余元。

（二）法律责任

民营企业在履行经济责任的基础上，还应该遵纪守法，遵守国家相关的法律法规，坚持完善公司治理，严格依法经营，按照国家有关法律、法规和规范性文件的要求，并以中国证监会组织开展的上市公司治理专项活动为契机，完善法人治理结构和内控制度，加大各项制度的执行力度。腐败对于企业而言，无论是在个人层面还是在组织层面都是巨大的挑战。贿赂虽然是一种个人行为，但它最终会受企业文化的影响。因此企业应该加强防范意识，杜绝腐败现象发生。在这方面，豫园商城做得非常出色。

2014年3月，豫园商城开展了党的群众路线教育实践活动；集中开展对党员、干部、群众的反腐倡廉建设的学习教育等活动；6月底，召开"因为我是共产党员——豫园商城纪念建党 93 周年暨'七一'主题大会",以"重温入党誓言、践行群众路线"的特殊活动来纪念建党 93 周年,推进"七一"系列活动。8 月,豫园商城党委召开党的群众路线专题民主生活会,提出要聚焦问题找根源,直面批评不回避。同时开设了"道德讲堂",立足于"廉洁从业、坚守职业道德防线;读书敬业、提升思想道德水平;技能立业、升华道德境界"三方面,督促中高级管理人员队伍的自觉建设、强化提高勤政廉洁的职业素养意识。10 月,豫园商城召开了党的群众路线教育实践活动总结大会。

豫园商城为了使诚信体系建设管理有序,对于商品质量也进行了严格的规范和管理,并将企业制度标准化。近年来,豫园商城陆续制订了《豫园商城商品质量标准》《豫园商城质量检查标准》《豫园商城市场管理制度》《豫园商城服务规范标准》《豫园商城商品计量标准》《商户规范经营手册》等规范。通过对企业制度规范化,豫园商城按照国家标准的要求共形成 500 多项体系标准。其中包括 180 多项引用国家、行业和地方标准,根据企业不同产业结构编写 300 多项豫园商城企业标准,主要包括商城企业标准、黄金珠宝集团企业标准、绿波廊企业标准、童涵春堂企业标准、文化旅游企业标准,以标准来规范和约束服务行为。与此同时,豫园商城下属各子公司也积极努力打造消费者心目中信得过的商业品牌,通过各项质量认证规范经营管理夯实品牌基础。其中包括:老庙黄金、亚一金店取得了 ISO 9000 国际质量管理体系的认证;童涵春堂连锁公司、药品批发部通过了《药品经营质量管理规范》,制药厂通过了《药品生产质量管理规范》;餐饮集团落实 6T 实务,旗下南翔馒头店在沪上餐饮业率先通过 HACCP 认证;五香豆厂、老庙食品厂、梨膏糖厂通过了 QS 认证。

(三) 伦理责任

1. 宣传诚信理念,推进质量管理

豫园商城运用各种宣传手段和形式来加强企业内部诚信理念宣传,使每一位员工认识到加强质量和服务管理与诚信经营的重要性。宣传方式主要包括以下三个方面:一是以公司晨会为平台展开宣传。豫园商城下属各子公司的晨会点覆盖了公司所有经营网络,值班经理会利用每天早上十分钟左右的晨会,提出相关的政策规定、普及商品知识。通过晨会向员工普及质量管理、服务知识、加强礼仪培训等,以生动的案例交流等形式对一线员工进行潜移默化的理念宣贯,使服务品质得到进一步提升。二是树立优秀示范标杆,发挥楷模作用。以各子公司评选出的党员示范岗、星级柜组、青年文明称号等优秀集体与个人为示范标杆,在一线员工内发挥以点带面、纵深推进的模范带头作用,使产品质量与服务面貌焕然一新。三是通过大型活动扩大宣传效应。如豫园商城开展了"质量赢诚信,服务传真情"竞赛活动。评选出了一批优秀的"优质服务示范店/柜"、"十佳值班经理"等优秀集体与个人,带动员工的工作热情。同时,每年公司都会聘请第三方专业检测机构开展顾客满意指数测评、食品安全和产品质量宣讲等活动,在豫园人心中牢牢地刻上了"以真诚赢得信誉,用信誉保证效益"的印记。

2. 加强全面监管，夯实诚信基础

为了将豫园商城诚信体系建设彻底落实，避免形式化，公司领导高度重视其建设情况，并加强了全面的监督管理。首先，建立自律检查制度，进一步夯实诚信体系建设基础。公司设有督查队伍联合优秀值班经理队伍对日常商品、服务质量进行巡查及定期互查，每月品控综合评分计入各子公司经理的业绩考核中，提升经理及员工的自律意识。同时，加强阶段工作力度，通过组织联合大检查和品控综合整治等活动，集中解决重难点及突出问题，提升企业诚信品牌形象。为了加大第三方监督力度，公司还组织进行了神秘顾客调研，通过多种方式增强员工自律意识，提高公司管理水平。其次，高度重视引导行业标准规范，全面提升诚信意识。为了进行更具针对性和专业性的日常管理，豫园商城加强与公司内部质监、工商等部门协作，不断拓展新的宣传方式，加强诚信体系建设宣传，聘请专业指导人员，组织交流会、培训讲座等，使每一位员工充分认识到诚信经营的重要性。报告期内先后组织了纺织品、珍珠品、珠宝玉器、卓越绩效管理等专题培训，营造出一种企业自觉践行、行业监管的氛围。最后，根据行业标准为准绳，建立合格的品控体系。商品质量与服务质量是企业的生命线。豫园商城积极指导各子公司，尤其是食品、药业、餐饮产业践行行业标准，为顾客提供优质商品与服务。

实践证明，诚信经营为豫园商城带来了丰厚的回报，2014 年，商城下属子公司及公司员工荣获多项个人和集体荣誉，也表明了豫园商城诚信体系建设取得了阶段性的成果。

（四）环境责任

豫园商城重视环境保护和生态文明建设，历经多年的努力，通过引进新型能源设备，构筑了文明有序的景区环境，并以此建立健康环保的社会诚信形象。

1. 持续改进，夯实安全基础

2014 年，为了加强安全生产工作，豫园商城以"创建安全生产标准化企业"作为工作重点，并添加到各子公司考核项目中。先后六次邀请区安监局专家对参评子公司的评审标准选择、申报文件编制、自评活动开展及评审资料汇总等工作进行指导和点评。同时，还对公司安全生产管理人员进行了考核培训，包括公司总裁、分管安全副总裁、各子公司负责人、分管领导、安保干部在内的 54 人参加考核并且全员通过。目前，黄金珠宝集团、物业公司、童涵春堂药业、房产公司和餐饮集团旗下的和丰美食楼、南翔馒头店等多家单位已通过安全生产标准化评审。根据各店实际情况开展安全生产自查自纠工作。2014 年 6—9 月，豫园商城开展了"三心"百日竞赛活动，5000多名员工参与安全生产标准化创建，一千多名员工参加安全生产应急演练，排查防范了 90 多项安全生产隐患。

2. 对接政策，增强能耗管理

豫园商城是黄浦区唯一获得上海市"十一五"节能减排先进集体奖项的商业企业，奖状由上海市发改委等六个市级部门联合颁发。2014 年公司申请成为黄浦区"大型公共建筑分项能耗数据计量监测（二期）"和"大型公共建筑温度控制在线监测"的免费试点单位。3月，天裕楼、悦宾楼、华宝楼、国购中心完成了在线监控系统的安装，实现了空调节能的精确控制。6月，涉及天裕楼、和丰楼、华宝楼、豫园百货、悦宾楼、老饭店六家单位的"大型公共建筑分项能耗数据计量监测（二期）"正式上线运作，实现了耗能情况的实时计量，进而实现了控制运行节能、设备运行节能，有效提高了能源使用效率。

3. 多管齐下，展现豫园新貌

2014年3月，豫园商城以九曲桥广场、荷花池为中心，对南翔馒头店、绿波廊、豫园礼品商店等核心区域，亚一金店、小世界等沿线楼宇，侯家路、沉香阁路等周边建筑进行了外立面整修，共计投入费用约550万。同时对城区内道路，绿化、公共标识等进行了系统的调整优化，豫园商城的整体面貌焕然一新。为了确保荷花池水质达到最佳观赏要求，豫园商城投入大量人力物力财力进行治理。除了采取常规的循环换水、气泵增氧等措施，还对荷花池内的生物结构进行了调整，逐步实现水质的改善。5月，当水质达到初步净化目标，商城又引入生物药剂治理方案，通过投放—灭藻—沉淀—净化的科学过程，以期荷花池水质达到清澈见底的预定目标。

（五）慈善责任

1. 践行感恩，公益回馈

豫园商城积极奉行感恩文化，通过投身公益事业回报社会，进行多渠道、多层面的社会捐助。2014年向社会捐助达60余万元，其中包括1月参与上海市慈善基金会举办的"元旦千店义卖、好心人帮好心人"活动，捐赠36万余元；黄金珠宝集团向复星公益基金会捐赠30万元；8月，云南鲁甸发生了6.5级地震，餐饮集团通过红十字会捐赠1万余元赈灾款项；并投入黑眼睛公益，向拉萨贫困地区捐赠390千克的食品及生活用品。

2. 志愿精神，弘扬新风

豫园商城过半数员工自愿报名成为志愿者，其中全部党员均从事志愿者工作。豫园商城建立了完善的志愿服务信息平台和数据库，记录所有志愿者的服务时间，评选志愿服务先进榜样，将志愿工作进行到底。2014年，公司先后组织员工参加3月学雷锋公益行活动；5月亚信峰会平安志愿服务；6月哈萨克斯坦纳扎尔巴耶夫大学师生代表团来访；7月国际少儿艺术节等重大活动的志愿服务，得到社会与政府的一致认可。

为了能更好地服务全球各地游客，豫园商城作为志愿者活动基地，创新性地推出了百项温馨服务，并成立了多语种志愿者队伍及室外导购导游队伍，全方面、多角度地服务国内外游客。在持续开展志愿服务的同时，有序落实公司各项工作任务，为建立长效机制，协调好各单位的生产经营，公司特招募一批储备志愿服务队伍，参与各类主题的志愿实践活动。通过积极参与志愿活动，展示了豫园商城青年员工服务社会、服务人民的良好形象，为营造文明和谐的城区贡献力量，并借此契机推动青年志愿服务向公益化、长效化、专业化的方向发展，全面倡导"奉献、互助、友爱、进步"的志愿者精神。

3. 同创共建，拥军优属

2014 年是中国人民共和国成立 65 周年，同时也是上海解放 65 周年，豫园商城为更好地承担企业社会责任，全面实现豫园双拥商城的创建目标，公司将"拥军优属、拥政爱民"纳入企业文化建设中，与塑造品牌价值、构建和谐氛围和支持国防和军队建设相结合，强化组织领导、深化结对共建、提升服务质量等工作有序推进，取得了较好成绩。

三、结论

从《中国企业社会责任研究报告（2014）》中我们可以看出，上市民营零售企业平均得分与上市国有零售企业相比，基本相差无几，近些年来在民营零售企业社会责任方面呈现出"承担意识越来越强，承担内容越来越多，承担能力越来越高"的趋势，充分发挥了在市场和行业中的活力和创造力。如今，民营企业作为我国经济发展中的生力军，已经成为我国经济的一个重要组成部分。不仅为国民提供了无数的就业机会和就业岗位，为税收做出了巨大贡献，创造了巨大的社会财富，而且从整体上提高了我国经济的整体竞争力。在经济全球化的今天，民营企业迎来了新的挑战，面临更为严酷的市场竞争，不得不借助经济全球化的契机，把企业社会责任作为突破口，转变企业经营和管理的模式，全力打造企业的核心竞争力，成为走出国门、走向世界的现代化企业。民营企业在承担企业社会责任方面还有很大的进步空间。

（1）在反腐败和遵守法律方面，豫园商城表现得较为出色，但是在缴纳税收方面的表现还存在差距。民营企业必须加强税收方面的意识，依法缴纳税收，不偷税漏税，明确自己在经济上对国家的职责和义务，将税收视为对自己对国家的重要贡献和经济绩效的重要表现，积极缴纳各项财政税收。

（2）豫园商城的企业社会责任报告采用了中规中矩"事后总结"方式编写，涉及问题只关注本年度或以前的情况，而没有形成像沃尔玛等大型跨国企业的具有前瞻性的企业社会责任整体规划。民营企业应该积极构建战略企业社会责任体系，把握与供应商或竞争者的共赢机会，积极建立与其他利益相关者在商业领域的合作，通过将企业社会责任纳入企业战略管理体系、企业绩效评价体系、企业价值链管理体系中，来提升我国民营企业的竞争力。企业社会责任涉及广泛的利益相关者，这些利益相关者构成了民营企业整体的供应链和价值链。从这个意义上来说，民营企业承担社会责任就是在整合企业资源，履行社会责任有助于帮助民营企业提升社会资本。民营企业需要从战略的高度出发，将社会责任贯穿于企业的整体经营中。同时，民营企业必须超越狭隘的股东价值观，不能盲目追求一时的利润，应该从长远视角看待承担企业社会责任带来的无形收益。

（3）通过分析豫园商城 2012—2014 年三年的企业社会责任报告可以看出，就形式和内容来看，报告规范性越来越工整，数据越来越完善，但报告内容基本一致，每年在社会责任问题上创新内容较少，这反映出企业对社会责任还缺乏更加深入的理解。民营企业应该在充分调查市场需求的基础上，通过整合资源并且持续深化，使企业社会责任真正具有可持续性，建立系统化的战略企业社会责任体系。目前之所以我国大部分民营企业在企业社会责任上投资不足或投资缺乏连续性，主要是没能充分将企业社会责任和企业战略紧密结合，导致企业的社会责任实践大多成了"亏本投资"。企业内部的各项社会责任行为就像一盘散沙，同企业日常的运营和经济效益割裂开来，履行企业社会责任变成了"为责任而投资"而不是"为投资而投资"，缺少系统性和战略性的整体思维，结果往往导致企业社会责任无法持续实施下去。而那些在企业社会责任上一直缺乏投资的中小民营企业有的更是将社会责任和经济责任对立起来，无视两者之间的相互依存和可调和性，将企业社会责任看成企业发展的负面投资或"累赘"。我们需要知道，企业需要的不是不计投资效率和投资利润的企业社会责任投资，而是应该深刻思考如何将企业社会责任融入到企业价值链经营中。

（4）包括豫园商城在内的多数企业，其社会责任报告发布后在信息反馈上做得很不足。各利益相关者和潜在的利益相关者是企业社会责任报告的主要阅读者，企业对外公布社会责任报告，不仅仅是通过社会责任报告单向地"告诉"利益相关者其前期的业绩表现，一个更重要的环节是将报告作为企业与利益相关者之间互动的桥梁，发挥战略沟通工具的重要作用。

（5）企业不仅需要从业务上对环境保护有所贡献，还要在业务以外积极向公众宣传和教育环保意识，积极推行节能环保理念。在这方面豫园商城从自身的旅游、餐饮项目出发，积极承担环保责任，控制管理降低能耗，取得了不俗的成绩。但是在业务以外，豫园商城却没有秉持这种理念，企业在宣传公众环保意识上做出的努力还不够。民营企业不仅需要积极学习和谐社会和科学发展观的理念，也需要从各个方面做出最大的努力来推行这种理念，这种推行不仅需要在企业的自身运行上着手，还需要向外界尽全力去扩散这种观念。因此，向公众推行环保意识是豫园商城今后要继续努力的方向。

民营企业作为改革开放最大的受益者，必须具有一定的社会责任感。民营企业家们在不断创造财富、追求经济利益、增强和谐社会建设物质基础的同时，也要为建设和谐社会承担更多的社会责任。我们能够看到，我国的民营企业对社会的贡献越来越明显。随着民营企业的规模和影响力的日益增大，其国际化程度也更高，我国的民营经济已经越来越深入地参与到全球经济大环境中，这样的竞争迫使民营企业改变自身的不良现状，寻求与国际接轨的积极理念，以便更好地融入全球经济的大家庭。

参考文献

［1］黄群慧，彭华岗，钟宏武，等．中国企业社会责任研究报告（2014）［M］．北京：社会科学文献出版社，2014.

［2］HOWARD R BOWEN. Social responsibility of the Businessman［M］. New York：Harper and Row，1953.

［3］EELLS R，WALTON. Conceptual Foundation of Business［M］. Homewood，ill.：Richard D. Irwin，1961.

［4］MCGUIRE，JOSEPH WILLIAM. Business and society［M］. New York：McGraw‐Hill，1963.

［5］WARTICK S L，COCHRAN P L. The Evolution of the Corporate Social Performance Model［J］. Academy of Management Review，1985（5）.

［6］王明洋．试论企业社会责任［J］．经营管理者，1989（7）.

［7］袁家方．企业社会责任［M］．北京：海洋出版社，1990.

［8］王志平．现代企业的社会责任［J］．上海经济研究，1996（5）.

［9］陈炳富．企业伦理学概论［M］．天津：南开大学出版社，2000.

［10］卢代富．企业社会责任的经济学与法学思考［M］．北京：法律出版社，2002.

［11］张彦宁．中国企业发展报告［M］．北京：企业管理出版社，2004.

［12］周祖城．企业社会责任：视角、形式与内涵［J］．理论学刊，2005（2）.

［13］高勇强．企业社会责任研究中的困惑［J］．当代经济管理，2009（5）.

［14］马学斌，徐岩．企业社会责任评价技术应用研究［J］．系统理论与实践，1995（2）.

［15］李富平，宋爱东．矿业企业社会责任评价方法研究［J］．有色金属，1997（3）.

［16］贾生华，陈宏辉，田传浩．基于利益相关者理论的企业绩效评价——一个分析框架和应用研究［J］．科研管理，2003（12）.

［17］李立清．企业社会责任评价理论与实证研究：以湖南省为例［J］．南方经济，2006（1）.

［18］王林萍，施婵娟，林奇英．农业企业社会责任指标体系与评价方法［J］．技术经济，2007（9）.

［19］熊勇清，周理．企业社会责任的分析与评价——以深交所制造业上市公司为例［J］．管理科学文摘，2008（1）.

［20］HIGOR ANSOFF. Corporate stagey［M］. New York：McGraw‐Hill，1965.

［21］ FREEMAN，R. EDWARD. Strategic Management：A Stakeholder Approach ［M］. London：Pitman Publishing Inc，1984.

［22］ CLARKSON. A stakeholder framework for analyzing and evaluating corporate social performance ［J］. Academy of Management Review，1995（1）.

［23］ THOMAS DONALDSON. Corporations and morality ［M］. New York：Oxford University Press，1982.

［24］ DONALDSON T，DUNFEE T W. Toward a Unified Conception of Business Ethics：Integrative Social Contracts Theory ［J］. Academy of Management Review，1994（2）.

［25］ RONALD H COASE. The problem of social cost ［J］. Law and Economics，1960（10）.

［26］李伟阳，肖红军. 企业社会责任的逻辑 ［J］. 中国工业经济，2011（10）：87 - 97.

［27］刘娜，古安伟. 可持续发展观下企业社会责任概念新解 ［J］. 社会科学战线，2013（2）：268 - 269.

［28］辛杰. 企业社会责任自律与型构：非正式制度的嵌入 ［J］. 当代财经，2014（5）：81 - 90.

［29］赵杨，孔祥纬. 我国企业社会责任履行绩效评价体系构建研究——基于利益相关者理论及分项评价模式 ［J］. 北京工商大学学报：社会科学版，2010（6）：48 - 55.

［30］买生，匡海波，张笑楠. 基于科学发展观的企业社会责任评价模型及实证 ［J］. 科研管理，2012（3）：148 - 154.

［31］ JOSEPH MCGUIRE. Business and Society ［M］. New York：Graw Hill，1963.

［32］胡文斌，孟波，王少梅. 基于贝叶斯网络的权重自学习方法研究 ［J］. 计算机集成制造系统，2005（12）：1781 - 1784.

［33］刘学侠. 我国非政府组织的发展路径 ［J］. 中国行政管理，2009（4）：69 - 71.

［34］张汉斌. SA 8000 与企业社会责任 ［J］. 经济与管理，2005（7）：21 - 23.

［35］赵勋升. 论零售企业社会责任 ［J］. 改革与战略，2008（4）：145 - 147.

［36］李文川，卢勇，张群祥. 西方企业社会责任研究对我国的启示 ［J］. 改革与战略，2007（2）：109 - 112.

［37］顾宝炎，许勤，许秋菊. 论大型品牌零售企业的社会责任 ［J］. 广东商学院学报，2004（5）：4 - 8.

［38］于苗，李敬强. 首尔零售业发展对北京零售业的启示 ［J］. 中国流通经济，2010（4）：69 - 72.

［39］吴金波，胡继连，董雪艳. 企业履行社会责任评价指标体系设计 ［J］. 当代经济，2010（17）：38 - 40.

［40］孙乃娟，由莉颖. 零售企业社会责任评价体系及结构模型分析 ［J］. 黑龙江社会科学，2011（4）：71 - 74.

[41] 姜万军，杨东宁，周长辉．中国民营企业社会责任评价体系初探 [J]．统计研究，2006 (7)：32 - 36.

[42] 王倩．构建我国企业社会责任体系问题研究 [D]．西安：西北大学，2007.

[43] 王勇．零售企业的社会责任建设和信息披露——针对我国上市零售企业的实证研究 [J]．北京工商大学学报：社会科学版，2011 (1)：28 - 35.

[44] 冀彩芳．关于我国企业社会责任实现机制构建的思考 [J]．河南教育学院学报：哲学社会科学版，2011 (4)：53 - 56.

[45] 郭馨梅，孙文茜．首都现代零售业发展所面临的机遇与挑战 [J]．北京工商大学学报：社会科学版，2008 (1)：29 - 36.

[46] 沈洪涛．公司社会责任与公司财务业绩关系研究 [D]．厦门：厦门大学，2005.

[47] 陈留彬．中国企业社会责任理论与实证研究 [D]．济南：山东大学，2006.

[48] 刘文纲，梁征伟，唐立军．我国零售企业社会责任指标体系的构建 [J]．北京工商大学学报：社会科学版，2010 (1)：11 - 17.

[49] 朱婵敏．反垄断法视野中的通道费现象 [J]．法制与社会，2010 (7)：69 - 70.

[50] 翟金芝．低碳经济下中国零售业发展的对策 [J]．经济与管理，2010 (5)：84 - 87.

[51] 张玉红．从企业与社会的关系出发构建我国企业社会责任 [J]．知识经济，2010 (21)：90 - 91.

[52] 申光龙，金炳秀，陈礼伟．供应链视角下的企业社会责任管理研究 [J]．物流技术，2009 (7)：185 - 188.

[53] 张桃．关于企业社会责任缺失的原因及对策研究 [J]．甘肃农业，2006 (8).

[54] 万鹏．构建和谐社会时期的中国企业社会责任分析 [D]．武汉：武汉科技大学，2007.

[55] 王丹．构建政府主导的企业社会责任推进机制 [J]．上海企业，2008 (8)：19 - 20.

[56] 余晓敏．国际玩具供应链中的企业社会责任——沃尔玛中国玩具供应厂的经验研究 [J]．开放时代，2008 (5)：77 - 87.

[57] 赵勃升．基于和谐社会的零售企业社会责任研究 [J]．江苏商论，2008 (6)：9 - 10.

[58] 孙瑜．国内企业社会责任理论研究综述 [J]．河北经贸大学学报：综合版，2011 (4)：60 - 63.

[59] 段文，晁罡，刘善仕．国外企业社会责任研究述评 [J]．华南理工大学学报：社会科学版，2007 (3)：49 - 55.

[60] 周员凡．基于企业能力的企业社会责任内容体系构建——以江西景德镇陶瓷企业为例 [J]．产业与科技论坛，2010 (7)：82 - 83.

[61] 沈泽．基于消费者视角的企业社会责任对企业声誉的影响研究 [D]．杭州：

responsibility in china: an analysis of domestic and foreign retailers

浙江大学，2006.

　　[62] 韦寒燕．建立和完善我国公司社会责任法律制度 [D]．厦门：厦门大学，2006.

　　[63] 吕英．基于员工视角的企业社会责任与员工满意度关系的实证研究 [D]．西安：西北大学，2008.

　　[64] 龚博．基于员工视角的企业社会责任和企业声誉关系的实证研究 [D]．长春：吉林大学，2009.

　　[65] 韦琦．进一步提升零售企业物流管理水平 [J]．商业时代，2005 (36)：14-16.

　　[66] 许清．跨国公司在华履行社会责任问题研究 [D]．上海：华东师范大学，2007.

　　[67] 刘长喜．利益相关者、社会契约与企业社会责任 [D]．上海：复旦大学，2005.

　　[68] 颜海轶．零售中小企业信用管理模式研究 [J]．经济研究导刊，2010 (30)：24-25.

　　[69] 程世宝．论公司社会责任的理论基础及其实现机制 [D]．北京：中共中央党校，2006.

　　[70] 王慧．论企业社会责任（CSR）[D]．武汉：华中科技大学，2005.

　　[71] 江彬．论企业社会责任与企业竞争力 [J]．法制与社会，2007 (8)：513.

　　[72] 蒋米仁．论述零售商主导供应链的企业社会责任行为 [J]．商场现代化，2006 (10)：16-17.

　　[73] 席建国．论中国企业的社会责任 [J]．上海企业，2005 (11)：29-30.

　　[74] 袁华，皮菊云．美国企业社会责任实践研究 [J]．经济师，2007 (2)：93-94.

　　[75] 蒋宗峰．民营企业社会责任履行与政府监管的博弈研究 [D]．青岛：中国海洋大学，2006.

　　[76] 邵翔．企业的环境社会责任研究 [D]．南京：河海大学，2007.

　　[77] 李建民，王丽霞．企业的社会责任问题与中国经济的伦理化 [J]．当代经济研究，2005 (1)：60-65.

　　[78] 陈支武，陈跃．企业的社会责任与 SA 8000 认证 [J]．经济论坛，2005 (21)：68-70.

　　[79] 王春香，张志强．企业目标与社会责任 [J]．大连大学学报，2006 (1)：80-84.

　　[80] 李海婴，翟运开，董芹芹．企业社会责任：层次模型与动因分析 [J]．当代经济管理，2006 (6)：18-21＋130.

　　[81] 席建国．企业社会责任：我国企业发展史上的一场革命 [J]．上海企业，2005 (12)．

　　[82] 余飞侠．企业社会责任的驱动力及作用机制研究 [D]．北京：中国人民大学，2007.

　　[83] ANS KOLK，PAN HONG，WILLEMIJN VAN DOLEN. Corporate social

responsibility in china： an analysis of domestic and foreign retailers′ sustainability dimensions ［J］. Business Strategy and the Environment，2010，19 （5）：289 - 303.

［84］ HARMEN OPPEWALA，ANDREW ALEXANDERB，PAULINE SULLIVANC. Consumer perceptions of corporate social responsibility in town shopping centres and their influence on shopping evaluations ［J］. Journal of Retailing and Consumer Services，2006，13 （4）：261 - 274.

［85］ MIN - YOUNG LEE，ANN FAIRHURST，SCARLETT WESLEY. Corporate social responsibility： a review of the top 100 US retailers ［J］. Corporate Reputation Review，2009 （12）：140 - 158.

［86］ FABIOMUSSO，MARIO RISSO. CSR within large retailers international supply chains ［J］. Symphonya： Emerging Issues in Management，2006 （1）.

［87］ Ulf ELGA，JENS HULTMANA. Retailers' management of corporate social responsibility （CSR） in their supplier relationships—does practice follow best practice? ［J］. The International Review of Retail，Distribution and Consumer Research，2011，21 （5）.

［88］ HOWARD R BROWEN. Social Responsibilities of the Businessman ［M］. New York： Harper & Brothers，1953.

［89］ PETER F DRUCKER. Management： Task，Responsibilities，Practices ［M］. New York： Harper Row，1973.

［90］ ANDY LOCKETT，JEREMY MOOM，WAYNE VISSER. Corporate Social Responsibility in Management Research： Focus，Nature，Salience and Sources of Influence ［J］. Journal of Management Studies，2006 （1）：115 - 136.

［91］ ARCHIE B CARROLL. A Three - Dimensional Conceptual Model of Corporate Performance ［J］. Academy of Management Review，1979 （10）：497 - 505.

［92］ DUANE WINDSOR. Corporate Social Responsibility： Three Key Approaches ［J］. Journal of Management Studies，2006 （1）：93 - 114.

［93］ FITCH H GORDON. Achieving Corporate Social Responsibility ［J］. Academy of Management Review，1976 （1）：38 - 46.

［94］ JONATHAN P DOH，TERRENCE R GUAY . Corporate Social Responsibility，Public Policy，and NGO Activism in Europe and the United States： An Institutional - Stakeholder Perspective ［J］. Journal of Management Studies，2006 （1）：47 - 73.

［95］ JOSEPH ELLA. Promoting Corporate Social Responsibility： Is Market - based Regulation Sufficient? ［J］. Public Policy Research，2002 （6）：96 - 101.

［96］ MDTTUN ALTE. Realigning Business，Government and Civil Society： The C （S） R Model Compared to the （neo） Liberal and Welfare State Models： The European Academy of Business in Society - 3rd Annual Colloquium： The Challenge of Sustainable Growth： Integrating Societal Expectations in Business，Vlerick Leuven Gent

Management School，September27 - 28，2004［C］.Belgium，2004.

［97］MICHAEL BLOWFIELD，JEDRZEJ GEORGE. FRYNAS. Setting New Agendas：Critical perspectives on Corporate Social Responsibility in the Developing World［J］.International Affairs，2005（3）：499 - 513.

［98］MILTION FRIEDMAN. The Social Responsibilityof Business is to Increase Its Profits［J］.New York Times Magazine，1970（9）：32.

［99］MICHAEL E PORTER，MARK R KRAMER. Strategy and Society：The Link Between Competitive Advantage and Corporate Social Responsibility［J］.Harvard Business Review，2007（6），136 - 137.

［100］RALPH HAMANN，NICOL A CAUTT. How Should Civil Society（and the Government）Respond to Corporate Social Responsibility? A Critique of Business Motivations and the Potential for Partnerships［J］.Development Southern Africa，2003（6）：255 - 269.

［101］VALOR CARMEN. Corporate Social Responsibility and Corporate Citizen-ship：Towards Corporate Accountability［J］.Business and Society Review，2005（6）：191 - 212.

［102］ZADEK SIMON. The Logic of Collaborative Governance：Corporate Re-sponsibility，Accountability，and the Social Contract Corporate Social Responsibility Initiative Working Paper No. 17［R］.Cambridge，MA：John F. Kennedy School of Government，Harvard University，2006.

［103］彼得·德鲁克.管理使命、责任、实务［M］.罗晓军，刘岩，张俊，等，译.北京：人民邮电出版社，2006.

［104］詹姆斯·韦伯，安妮·劳伦斯，詹姆斯·波斯特.企业与社会：公司战略、公共政策与伦理［M］.张志强，王春香，张彩玲，译.北京：中国人民大学出版社，2001.

［105］菲利普·科特勒，南希·李.企业的社会责任［M］.姜文波，译.北京：机械工业出版社，2006.

［106］陈振明.公共管理学［M］.北京：中国人民大学出版社，2005.

［107］田虹.企业社会责任及其推进机制［M］.北京：经济管理出版社，2006.

［108］殷格非，于志宏，崔生祥.企业社会责任行动指南［M］.北京：企业管理出版社，2006.

［109］卢代富.企业社会责任的经济学与法学分析［M］.北京：法律出版社，2002.

［110］刘俊海.公司的社会责任［M］.北京：法律出版社，1999.

［111］李来来，郭虹，邹宝丰.企业社会责任在中国［M］.北京：经济科学出版社，2004.

［112］黎友焕.SA 8000 与中国企业社会责任建设［M］.北京：中国经济出版

社，2004.

[113] 企业社会责任项目组．中国企业社会责任报告2006［M］．北京：中国社会出版社，2007.

[114] 陈留彬．我国企业社会责任的治理及实现［J］．东岳论丛，2006（1）：78-80.

[115] 吴向党，翟运开．企业社会责任及其实现机制研究［J］．武汉理工大学学报，2006（12）：104-111.

[116] 许晓明，陈啸．企业需求、企业能力与企业社会责任的匹配探讨———一种新的企业履行社会责任的理论分析框架［J］．上海管理科学，2006（6）：78-81.

[117] 陈超，李刚．企业社会责任的实现机制［J］．哈尔滨工业大学学报：社会科学版，2006（3）：92-96.

[118] 单双．公司社会责任的实现机制［J］．中国司法，2004（12）：32-36.

[119] 陈宏辉，贾生华．企业社会责任观的演进与发展：基于综合性社会契约的理解［J］．中国工业经济，2003（12）：85-92.

[120] 杜中臣．企业的社会责任及其实现方式［J］．中国人民大学学报，2005（4）：39-46.

[121] 李双龙．试析企业社会责任的影响因素［J］．经济体制改革，2005（4）：67-70.

[122] 姜万军，杨东宁，周长辉．中国民营企业社会责任评价体系初探［J］．统计研究，2006（7）：32-36.

[123] 朱先奇，李天泽．我国企业承担社会责任的途径研究［J］．太原理工大学学报：社会科学版，2006（9）：61-63.

[124] 于光平，杨艺．企业社会责任：国外理论演进及最新文献述评［J］．石家庄经济学院学报，2007（2）：12-17.

[125] 侯历华．企业社会责任与企业竞争优势［J］．中外企业文化，2007（3）：9-10.

[126] 张峻峰，张锋．全面实施企业社会责任的原则与机制［J］．WTO经济导刊，2007（1）：106-109.

[127] 郑若娟．西方企业社会责任理论研究进展———基于概念演进的视角［J］．国外社会科学，2006（2）：35-39.

[128] PORTER M E，KRAMER M R. The Link Between Competitive Advantage and Corporate Social responsibility［J］. Journal of Business Systems，Governance and Ethics，2010，5（3）：7-22.

[129] LIN-HI N，MULLER K. The CSR bottom line：Preventing corporate social irresponsibility［J］. Journal of Business Research，2013，66（10）：1928-1936.

[130] PETER JONES，DAPHNE COMFORT，DAVID HILLIER. What's in store? Retail marketing and corporate social responsibility［J］. Marketing Intelligence & Planning，2007（25）.

[131] TILLMANN WAGNER，PELIN BICEN，ZACHARY R HALL. The dark

side of retailing: towards a scale of corporate social irresponsibility [J]. International Journal of Retail & Distribution Management, 2008 (36).

[132] LUCIANO BARIN CRUZ, DIRK MICHAEL BOEHE. How do Leading Retail MNCs Leverage CSR Globally? Insights from Brazil [J]. Journal of Business Ethics, 2010 (91).

[133] 田梅. 论企业社会责任的实现保障 [J]. 生产力研究, 2011 (10): 197 - 199.

[134] 张衍, 谭克诚. 企业社会责任: 基于马克思经济学的思考 [J]. 教学与研究, 2014 (1): 35 - 41.

[135] 蒋米仁. 论述零售商主导供应链的企业社会责任行为 [J]. 商场现代化, 2006 (10): 16 - 17.

[136] 刘聪粉, 郭彬, 仲伟周. 我国电子商务零售企业履行社会责任的协同机制 [J]. 经济问题, 2014 (4): 60 - 63.

[137] 赵敬明. 广百商学院——校企合作的实践性探索 [J]. 广东技术师范学院学报, 2010 (1): 20 - 22.

[138] 陈荣平, 苏越良. 流通企业社会责任竞争力的增强策略——以广百集团为例 [J]. 现代商业, 2010 (36): 10 - 11.

[139] 甄悦. 对制度的信仰: 华润如何落实社会责任 [N]. 第一财经日报, 2013 - 12 - 12.

[140] 张红丽. 生鲜农产品 "农超对接" 模式分析——以华润万家超市为例 [J]. 农业经济, 2014 (7): 127 - 128.

[141] 姚琼. 沃尔玛社会责任研究 [D]. 北京: 首都经济贸易大学, 2009.

[142] 余晓敏. 国际玩具供应链中的企业社会责任——沃尔玛中国玩具供应厂的经验研究 [J]. 开放时代, 2008 (5): 77 - 87.

[143] 吴金勇, 陈楠. 沃尔玛和他的 "伙伴们" [J]. 商务周刊, 2008 (9): 24 - 33.

[144] 刘英奎, 李莹. 做模范企业公民 服务北京国际商贸中心建设——沃尔玛京津冀公司事务总经理张涛谈企业文化与社会责任 [J]. 时代经贸, 2010 (8): 16 - 29.

[145] 朱林. 零售企业社会责任的地区差异: 以沃尔玛为例 [J]. 价值工程, 2013 (34): 6 - 9.

[146] 高展, 金润圭. 企业社会责任理论研究与拓展 [J]. 企业经济, 2012 (9): 39 - 42.

[147] 李彦龙. 企业社会责任的基本内涵、理论基础和责任边界 [J]. 学术交流, 2011 (2): 64 - 69.

[148] 田彦芬. 当代中国民营企业社会责任问题及对策研究 [D]. 石家庄: 河北师范大学, 2014.

[149] 陈旭东, 余逊达. 民营企业社会责任意识的现状与评价 [J]. 浙江大学学报: 人文社会科学版, 2007 (2): 69 - 78.

[150] 周慧霞 . 我国民营企业社会责任评价研究 [D] . 太原：山西财经大学，2013.

[151] 黄群慧，彭华岗，钟宏武，等 . 中国100强企业社会责任发展状况评价 [J] . 中国工业经济，2009 (10)：23 - 35.

[152] 姜启军，贺卫 . 企业社会责任的战略选择与民营企业的可持续发展 [J] . 商业经济与管理，2005 (11)：51 - 56.

附录1 零售企业社会责任评价指标体系调查问卷

您好：

我是北京工商大学企业管理专业的研究生，为了解关于零售企业的社会责任评价指标体系，特进行这次问卷调查，您宝贵的意见和建议将成为我们学习的重要参考资料。对您的回答将予以保密，期待能收到您填写完整的答卷，谢谢。

本部分问卷将分为两部分，第一部分是个人信息，请您在符合个人信息的答案后打勾或在＿＿＿处填上您的答案；第二部分是关于零售企业社会责任评价指标体系的具体问题，我们在前人研究的基础上，从利益相关者的角度总结归纳了一些有代表性的社会责任评价指标，请您对切实能反映零售企业履行社会责任的指标分别进行判定，在您认为准确的答案后打勾或在＿＿＿处填上您的建议。

第一部分

1. 您的工作岗位： 企业管理人员□ 研究员□ 教师□ 其他＿＿＿
2. 您的受教育程度：高中□ 本科□ 硕士研究生□
   博士研究生及以上□ 其他＿＿＿
3. 您所在单位规模： 小型□ 中型□ 大型□ 特大型□
4. 您所在单位性质：国有及国有控股企业□ 民营企业□ 外商独资企业□
   中外合资企业□ 台港澳资企业□ 研究院□
   高校□ 其他＿＿＿

第二部分

1. 您认为以下指标能在多大程度上反映零售企业对其投资者履行社会责任状况？
（请根据您的认识打分，其中，7分代表最高评价，1分代表最低评价）

指 标	评 价						
	7	6	5	4	3	2	1
股东权益报酬率							
资本保值增值率							
股东所得率							
每股收益							
股东股利支付率							

指　标	评　价						
	7	6	5	4	3	2	1
速动比率							
每股经营现金净流量							
资产负债比率							
主营业务收入增长率							

您认为对投资者的社会责任履行状况还需从哪些方面评价？并给出评判分数。

_____

_____

2. 您认为以下指标能在多大程度上反映零售企业对其员工履行社会责任状况？（请根据您的认识打分，其中，7分代表最高评价，1分代表最低评价）

指　标	评　价						
	7	6	5	4	3	2	1
员工薪酬支付比率							
高管与普通员工薪酬比率							
员工平均薪酬增长率							
社保提取率							
员工平均教育经费							
员工带薪休假时间比例							
员工安全事故率							
员工流失率							

您认为对员工的社会责任履行状况还需从哪些方面评价？并给出评判分数。

_____

_____

3. 您认为以下指标能在多大程度上反映零售企业对其消费者履行社会责任状况？（请根据您的认识打分，其中，7分代表最高评价，1分代表最低评价）

指　标	评　价						
	7	6	5	4	3	2	1
销售增长率							
主营业务成本率							
产品退货率							
消费者投诉率							

您认为对消费者的社会责任履行状况还需从哪些方面评价？并给出评判分数。

_____

_____

4. 您认为以下指标能在多大程度上反映零售企业对其供应商履行社会责任状况？（请根据您的认识打分，其中，7分代表最高评价，1分代表最低评价）

指　标	评　价						
	7	6	5	4	3	2	1
货币资金应付账款比率							
应付账款周转率							
利息保障倍数							
合同履约率							
应付账款拖欠率							

您认为对供应商的社会责任履行状况还需从哪些方面评价？并给出评判分数。

_____

_____

5. 您认为以下指标能在多大程度上反映零售企业对其政府履行社会责任状况？（请根据您的认识打分，其中，7分代表最高评价，1分代表最低评价）

指　标	评　价						
	7	6	5	4	3	2	1
罚项收入比							
税费增长率							
税费上缴率							
资产纳税率							
社会积累率							

您认为对政府的社会责任履行状况还需从哪些方面评价？并给出评判分数。

_____

_____

6. 您认为以下指标能在多大程度上反映零售企业对其环境履行社会责任状况？
（请根据您的认识打分，其中，7分代表最高评价，1分代表最低评价）

指　　标	评　价						
	7	6	5	4	3	2	1
环保投资比率							
环保经费增长率							
单位水电费							
废弃物回收利用率							

您认为对环境的社会责任履行状况还需从哪些方面评价？并给出评判分数。

_____

_____

7. 您认为以下指标能在多大程度上反映零售企业对社会和公众履行社会责任状况？
（请根据您的认识打分，其中，7分代表最高评价，1分代表最低评价）

指　　标	评　价						
	7	6	5	4	3	2	1
捐赠收入比率							
社区居民满意率							
就业贡献率							

您认为对社会和公众的社会责任履行状况还需从哪些方面评价？并给出评判分数。

_____

_____

8. 请对以下零售企业社会责任利益相关者的重要程度进行排序。
投资者、员工、消费者、供应商、政府、环境、社会和公众

_____

非常感谢您填写此问卷。

附录 2　翠微大厦股份有限公司 2013 年度企业社会责任报告

一、董事长致辞

北京翠微大厦股份有限公司于 2012 年 5 月 3 日成功在上海证券交易所 A 股主板上市，成为北京市海淀区首个零售业态国有控股的上市公司。自 1997 年 11 月 18 日开业至今，公司已发展成拥有翠微店（A、B 座）、牡丹园店、龙德店、清河店、大成路店五家店的连锁百货企业。

公司秉承"心诚业精、志在非凡"的企业精神，坚持可持续发展原则，把顾客的利益作为思考问题的出发点，以提升消费者的生活质量和生活品位，传播现代时尚消费文明，开辟现代生活新境界为使命，建设"商品精致、环境精美、服务精心、管理精细"的品牌店。建立"家人式服务"模式，推行"零环节、零距离、零风险、零遗憾"的服务标准。创造了"一强五新"为核心的"1＋N"多店运营连锁管理模式。强化了大顾客观，善待顾客、供应商、员工，营造亲和一体的翠微家园，把顾客满意、企业发展、社会责任三者统一起来，建设资源节约型、环境友好型绿色和谐企业。建立学习型组织，确立了在学习中成长、在管理中教育的终生教育机制，走上了学习型组织的创新发展道路。

2013 年，面对市场多元冲击，翠微以积极的姿态应对，在确保经营业绩的同时，密切关注各利益相关方的诉求，将履行社会责任作为公司可持续发展和提升核心竞争力的重要举措，使其与公司发展战略、经营管理和企业文化相融合，努力实现企业发展与员工成长、生态环保、社会和谐的协调统一。

在新的形势变化面前，展望未来，翠微仍将以诚信经营、"家人式服务"及创新发展为基石，建设顾客的乐园、员工的家园、投资者的沃园，创造中国一流、国际水平的零售服务品牌。

董事长：张丽君

二、公司战略与治理

1. 公司概况

北京翠微大厦股份有限公司成立于 2003 年 1 月 23 日，系在原北京翠微集团翠微大厦的改制基础上发起设立的股份公司。公司控股股东和实际控制人为海淀区国资委直属企业北京翠微集团，创立于1997年。

经中国证监会"证监许可〔2012〕327号"文批准，公司向社会公开发行人民币普通股（A股）7700万股，发行价格每股9元，发行后总股本为30800万股。2012年5月3日，公司股票实现在上海证券交易所挂牌上市，证券简称为"翠微股份"，证券代码为"603123"。

公司是以百货零售业务为主的北京市著名商业品牌和大型商业企业。自设立以来，公司本着稳步扩张的发展战略，实现了由单店经营向连锁经营的转变。公司坚持成熟名品百货店的经营定位，在做精翠微店的基础上，先后开发了牡丹园店、龙德店、清河店、大成路店，经营面积约15.8万平方米。目前，公司已成为以百货业态为主，超市、餐饮等多种业态协同发展的大型现代化商业连锁企业。公司荣获了全国第一批"金鼎百货店"、全国文明单位、全国顾客满意十大品牌、全国学习型组织标兵单位、全国节能减排示范商场、北京市十大商业品牌金奖、首都诚信示范商场等800多项荣誉称号，翠微集团商标被评为北京市著名商标。

2. 公司战略

公司经过18年的发展，规模不断壮大，营业收入持续增长，效益不断增加，创造了稳定的忠诚客户群，对知名品牌的凝聚力越来越强，形成了一套越来越系统、越来越成熟的管理技术，锻炼了一支勇于开拓进取的团队，塑造了在全国同行业具有影响力的品牌，规模、效益排在北京市同行业前列。

（1）经营理念。公司始终以提升消费者的生活质量和生活品质，传播现代时尚消费文明，开辟现代生活新境界为总体目标，秉承"突出主业、做强品牌、文化引领、做大规模"的经营理念。

（2）经营战略。以"认清形势、明确目标、把握机遇、持续发展"为行动指南，在保持公司经营业绩持续稳定增长的基础上，深入研究发挥已形成的翠微品牌、文化及管理优势，以百货连锁经营为方向，提升经营品质，提高核心管理能力，实施规模经营。

（3）经营目标。公司未来五年的经营目标是：立足北京，面向全国。在五年时间内，再开发3~5家引领消费、适度超前的热销成熟名品店，单店平均经营面积超过30000平方米，年销售规模突破100亿元。努力将翠微打造成为北京领先的一流商业企业，在做强的基础上进一步扩大企业规模，创建全国著名的零售商业品牌。

（4）战略支撑体系。经营战略规划体系。公司坚持以"品牌、效益、质量"为发展主线，以品质化经营回报社会，多年来坚持与行业内有质量、有品质、有诚信的供应商建立合作伙伴关系，不断调整品牌构成，品牌升级，组建适合公司定位、市场需求和顾客需求的商品结构；公司根据宏观经济的不同导向，及时调整经营思路，建立外延与内涵相结合的发展模式；深入研究发挥已经形成的翠微品牌、文化及管理优势，以百货连锁经营为方向，提升经营品质，提高核心管理能力，实施规模经营。

（5）人力资源规划体系。强化人才的培养和进步；建立科学的人才评价机制，完善以能力、贡献、业绩为主的评价指标和人才评价方法；建立人才激励机制，以市场化为原则，结合企业实际，理顺薪酬；注重店面基层管理人才的培养，构建品牌专柜导购员信用管理体系，继续推行现场服务管理的流程创新。

（6）信息系统管理体系。依据公司规模发展的战略需要及现代连锁百货经营管理的发展趋势，全面梳理商品管理、顾客管理、经营等流程，规划、设计、开发、升级百货连锁系统；建立入侵检测系统、桌面安全系统等多项安全防范系统；稳健信息管理人员队伍，提高信息管理的专业技术水平。

（7）企业文化建设体系。以人为本，完善企业文化建设，使企业文化建设在目标上同企业发展战略结合；在理念内涵上同管理机制创新相结合；在过程开展上同企业生产经营相结合；通过文化发展，提升学习力，推动企业全面发展，塑造翠微品牌。

3. 公司治理

根据《公司法》《公司章程》及相关法律法规和规范性文件，公司建立了较为完善的公司法人治理结构，设立了股东大会、董事会及其下属各专业委员会、监事会、经营管理层等权利、决策、监督及经营管理机构，制定了相关议事规则和工作细则，形成了科学有效、责权明确、互相协调的治理结构。

公司治理结构如附图2-1所示。

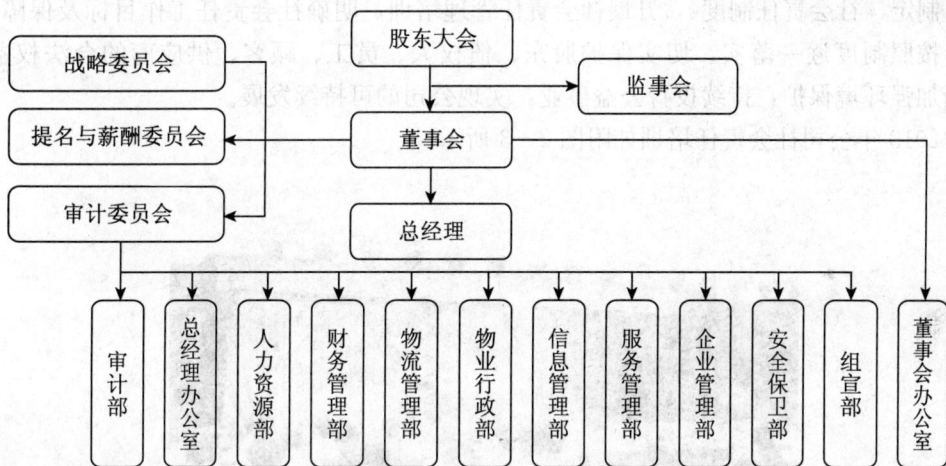

附图2-1　公司治理结构

三、公司社会责任管理

公司秉承"心诚业精、志在非凡"的企业精神，始终坚持诚信经营，在追求经济效益的同时，不断强化"大顾客观"，积极保护股东利益维护债权人和员工的合法权益，诚信对待供应商和顾客，营造亲和一体的翠微家园。积极从事环境保护、社区建设等公益事业，将履行社会责任作为企业可持续发展和提升核心竞争力的重要举措，把顾客满意、企业发展、社会责任三者统一起来，建设顾客的乐园、员工的家园、投资者的沃园。

1. 社会责任管理体系

公司构建了由高管和部门负责人组成的社会责任领导委员会，以总经理办公室为组织和联络机构，各部室、各店设立专项联系人的覆盖全公司的社会责任管理体系。每年度由总经理办公室组织落实和评价公司社会责任制度的执行情况和存在问题，形成社会责任报告。

社会责任管理体系组织机构如附图2-2所示。

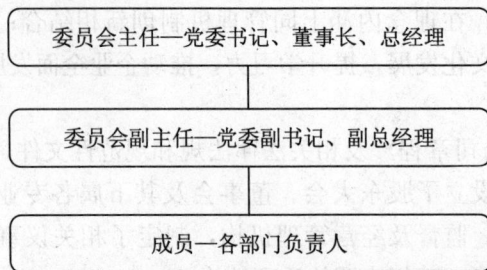

附图2-2　社会责任管理体系组织机构

制定《社会责任制度》，开展社会责任管理培训，明确社会责任工作目标及保障措施，按照制度逐一落实，切实保护股东、债权人、员工、顾客、供应商的合法权益。不断加强环境保护，持续投身公益事业，实现公司的可持续发展。

2013年公司社会责任培训如附图2-3所示。

附图2-3　2013年公司社会责任培训

2. 信息披露义务

公司严格按照《公司法》《证券法》《上市公司信息披露管理办法》等有关规定，真实、准确、完整、及时、公平地进行公司社会责任方面的信息披露，积极主动履行信息披露义务。

3. 利益相关方识别

从实际出发，围绕自身业务，识别和定位公司的利益相关方，建立健全沟通渠道，了解和回应利益相关方的期望和要求，不断提高社会责任工作绩效，实现与利益相关方的共同发展。

企业利益相关方如附表 2-1 所示。

附表 2-1　　　　　　　　　　　企业利益相关方

利益相关方	关注点	回应	沟通方式
股东	诚信经营 透明管理 收益回报 权益保护 可持续发展	持续稳定回报股东 及时、准确披露信息 保护股东权益 提高盈利能力 加强市值管理	股东大会 定期报告 公司公告 投资者交流
员工	基本权益 薪资福利 工作环境 职业发展 学习培训	保障员工权益 贯彻劳动法，完善薪酬体系 建立翠微商学院，提供学习机会 制订"人才发展战略规划" 关爱员工健康，注重员工安全保护	领导接待日 员工信箱
政府	守法合规经营 依法纳税 资产保值增值	主动纳税 完善治理结构 定期进行工作汇报 响应国家政策	定期汇报 政企沟通 信息报送
供应商	公平采购 共同发展 诚信履约	建立公平、透明的采购原则和流程 严格按照合同执行 积极沟通与交流	谈判交流 供应商大会
顾客	商品质量 服务品质	提供亲切、便捷、专业的服务 严格监控商品质量、商品价格	服务热线 满意度调查
金融机构	诚信履约 风险防控 坚守信誉 合作共赢	严格按照合同执行 积极沟通与交流	高层互访 定期沟通
社会公众	促进就业 公益慈善 带动当地产业发展 推动社区公共事业发展	开展慈善捐赠活动 举行社会公益活动 节能减排 提供就业机会	社区活动 慈善活动

四、经济责任

公司积极应对市场变化，公司积极应对市场变化，专注于顾客需求，不断优化供应链管理，推进经营调整和营销变革；始终秉承"大顾客观"理念，服务于顾客、供应商和员工，创造良好的财务指标，提高企业经济责任绩效；重视投资回报，保障股东及债权人等利益相关者的权益，积极履行纳税义务，为社会财富的持续增长贡献力量。

1. 财务指标

2013 年，面对复杂的市场环境，公司不断完善现有规章制度，严格执行内控体系制度，有效防范经营风险；逐步推进全面预算管理，有效节流，保证利润指标的完成，切实维护各相关方权益，实现规模、效益双增长。

公司自上市以来，根据《公司章程》的相关规定，结合盈利情况，明确利润分配政策及合理的利润分配比例，保证了公司可持续发展和股东利益的良好统一，截至 2013 年 5 月，公司已累计向全体股东现金分红 8808.8 万元。2013 年度公司向股东每 10 股派发现金红利 1.8 元（含税），共计 5544 万元，占 2013 年度公司实现合并报表归属于母公司净利润的 41.56%。

2013 年，公司实现营业总收入 468585 万元，同比降低 5.3%；实现利润总额 18201 万元，同比降低 9.20%；实现归属于上市公司股东的净利润 13340 万元，同比降低 9.91%。

公司坚持依法纳税，连续多年被北京市国税局和地税局联合评定为年度纳税信用 A 级企业，多次被北京市海淀区评为年度国税五十强企业。

2. 持续推进营销变革

公司顺应市场环境变化，开展多元化的营销创新，在经营战略、品牌战略、营销策略等方面不断调整，以忠诚、稳定的消费群体为依托，坚持打造体验式营销的主题营销模式；利用翠微品牌的影响力，整合公司与大品牌的营销资源，在稳定现有客户群体的基础上，不断开发吸引大客户群，促进功能性经营与卖场间的联动营销。针对名品新品的特点，制定了特色营销策略；针对会员群体特殊性来制订可行的营销活动，并通过一系列的增值服务加强对会员客户的维护，在巩固现有会员群体的基础上，开发新客户，提升会员忠诚度。

公司以提升服务品质为基础，整合营销资源，广泛开展品位营销、文化营销、情感营销和体验营销。营销活动主要分为两大类：一类是以情感诉求为依托，拉近顾客与公司之间的距离，加深顾客对公司的信任，包括组织学习课堂、生活体验活动及节日期间的小礼品赠送等；另一类活动是促销活动，直接对顾客进行让利销售，公司将促销活动分为三级，第一级为重大节日的大型活动，包括春节、翠微购物节、"十一""五一"等；第二级为针对传统节日的营销活动，如元旦、端午、中秋等；第三级为各店根据区域内主要客户的特点展开的特定营销活动。

公司自 1998 年开创第一个"翠微购物节"至今，始终以"诚、新、实、值"四大营销要素贯穿整个营销活动，前瞻性地将店庆营销活动塑造为"品牌营销"，获得了全国杰出营销奖并入选清华大学经济管理学院营销案例。

3. 专注顾客需求

公司每年都分别针对供应商、顾客和员工开展需求调研，并就调研反映出的问题加以改进，全面提升服务品质。

为顾客提供满意的服务是翠微始终追求的目标，公司制定了完善的客户管理制度，以信息系统为支撑，分析、维护客户信息，并定期对客户流失情况进行汇总，稳固客户资源（见附图2-4）。

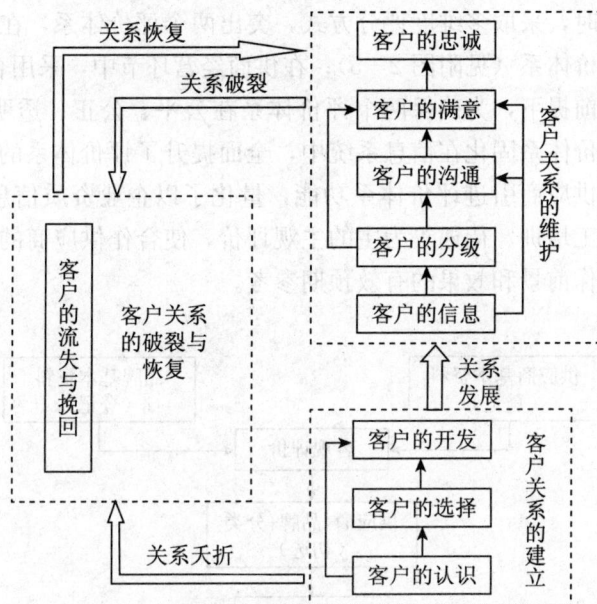

附图2-4 客户关系分析

公司每年组织开展全公司范围的外部顾客满意度调研，汇总分析调研数据，对重点问题提出改进措施并及时整改，为公司各项工作的提升提供依据，并随年报统一发布。2013年公司外部顾客满意度为91.08%。

为保证公司与供应商的良好合作，公司向供应商发放调查问卷，对公司卖场环境、物业服务、安全措施和安全意识、业务解答、结款效率、公司员工服务态度、收银员的业务水平等项目进行调查。

公司高度重视员工的满意度及员工意愿，将员工视为"内部顾客"，关注员工的需求与感受。公司每年开展内部顾客满意度测评，使员工满意度测评周期化、普及化，切实关注各店、各层级员工的利益，通过情景化、互动性的调研方式，增强员工归属感，建立通畅的企业内部沟通渠道，为推进公司服务质量提供依据。2013年内部顾客满意度为90.88%。

4. 优化供应链管理

随着公司连锁化经营的发展，公司注重与供应商建立战略合作伙伴关系，适时调研市场需求，切实提高客户服务质量，全面推进集团化管理机制建设。

公司对信息系统进行了全面升级，2013年5月招商系统一期上线使用，优化了供应商的管理流程，使供应商引进及事项变更由纸质申报转向网签模式，降低了工作成本，提高了工作效率，实现了内控《招商采购管理制度》在实际运营中的落地。

在供应商的管理工作中，贯彻《招商采购管理制度》，明确公司及各店相应部门的管理职能。引进前期，结合国家及公司相关标准审核供应商的经营资质，确保供应商资信信息真实有效。根据公司品牌发展战略和品牌级别划分标准，本着"成熟、名品、热销"的原则，体现"合理、公平、兼顾个性、持续发展"的品牌策略，制定供应商品牌落位标准。同时，采取多维度评分方式，突出两个评价体系，在供商引进环节中，采用供应商引进评价体系（见附图2-5）；在供商经营环节中，采用合作供应商评价体系；在充分调研的前提下，为确保两个评价体系在公平、公正、透明的条件下有效运行，公司将两个评价体系固化在信息系统中，全面提升了评价体系的运行效果。目前，信息系统已实现了供应商引进评价体系功能，量化了以企业资质信息为主的客观评价和以管理经验、员工培训、待遇等为主的主观评价，使合作供应商的经营状况可测量、可比对，提供了合作前景和效果的有效预期参考。

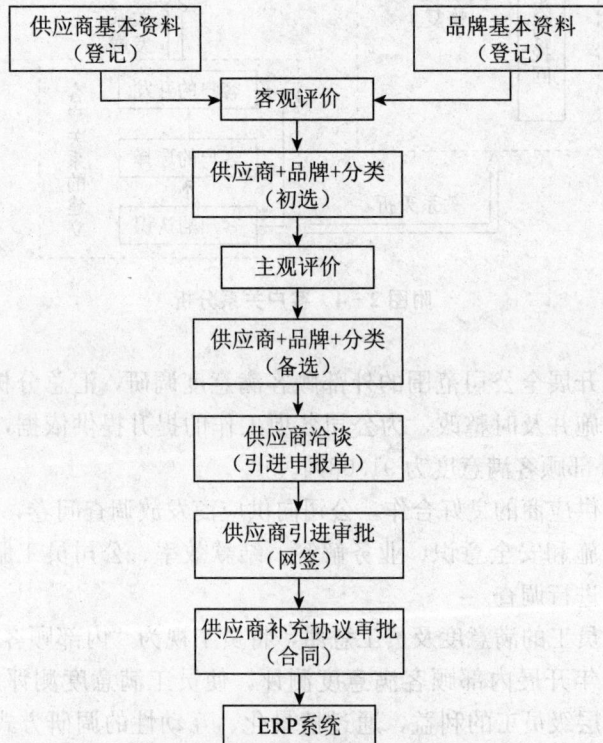

附图2-5　供应商引进流程

在经营管理过程中，公司对供应商实行考核管理，在充分考虑双方战略合作程度的前提下，根据供应商的经营位置、经营面积、经营品类、品牌级别和市场成熟度为供应商分配相应的考核任务，量化考核指标，以季度、半年或全年为考核周期，对商品进行追踪监控，并结合卖场实际经营情况，启用数据分析系统和《供应商经营状况提示单》，对供应商经营状况进行科学、系统地分析，并及时告知供应商实际经营状况等相关信息。

供应商经营状况提示单如附图2-6所示。

北京翠微大厦股份有限公司
地址：北京市海淀区复兴路33号
电话：68160209　传真：68156406

供应商经营状况提示单
___年___月

供应商代码：_____　　　　　　　　　　　　_____店_____采购部

供应商名称				品牌	
本月计划		地段类别		同类地均坪效	
实际销售		本年累计销售		销售月地均	
同比		环比		同类销售排名	
毛利金额		毛利月地均		同类毛利排名	
存在的问题	1. 商品销售： □①低于平均值　□②倒数五名内　□③非正常增长　□④非正常下降 □⑤品种不全　□⑥缺码断号　□⑦补货不及时　□⑧借码销售 □⑨款式陈旧　□⑩陈列效果差　□⑪虚假宣传　□⑫违规打折 □⑬标识不符 2. 人员： □①专业技能低　□②培训不到位　□③综合素质较低　□④人员流动大 □⑤服务质量低　□⑥顾客投诉　□⑦违反员工手册规定 3. 其他方面：				
建议	①引起重视： ②立即整改： ③限期整改：				
状况说明					

采购部经理签字：

签发日期：

—— —— —— —— —— —— —— —— —— —— —— —— —— —— —— ——

回　复

我公司已经收到北京翠微大厦股份有限公司（　　　）店___年__月《供应商经营状况提示单》，并已了解相关告知内容。

负责人签字：

公司盖章

年　月　日

附图2-6　供应商经营状况提示单

公司始终秉承"大顾客观"的理念服务供应商。自2009年开始，公司加大了对供应商的支持力度，采取奖励、预支货款、每月两次结算三项激励措施（对超额完成经营指标的供应商给予一次性奖励，对资金遇到困难的供应商预先支付货款，对销售额较大的供应商提供每月两次结算服务）；为进一步方便与供应商合作，维护供应商的切身利益，公司在实行"一卡通结算"的基础上，于2001年推出"网上结算"方式，实现了供应商在互联网上查询销售情况、库存情况及结算等功能，为销售提供了便利。

5. 加强员工培训

公司设立专门的培训中心，并建成了多媒体网络培训中心、翠微商学院，加强员工培训。教育培训工作围绕提升"两个力"：人才的决策力和执行力；完成"两个化"：人才的职业化、专业化。培训中心定期调研员工培训需求，根据不同岗位需求开展形式丰富的教育培训，如岗前培训与入职培训、岗位培训与学习、专门技能培训和追求卓越管理培训，在开展培训的同时，公司也打造出了一支公司自有的兼职培训教师队伍，为教育培训的长期开展提供保障。

（1）入店培训。截至2013年12月31日，培训新聘员工5批次，共计205人；培训品牌专柜导购员53批次，共计2972人。

员工培训人数如附图2-7所示。新员工培训场景如附图2-8所示。

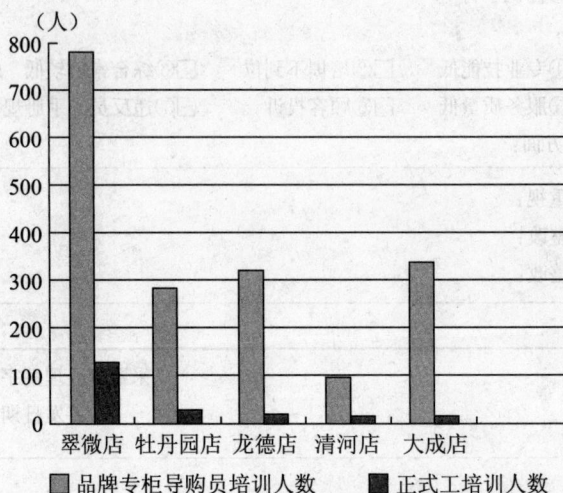

附图2-7 员工培训人数

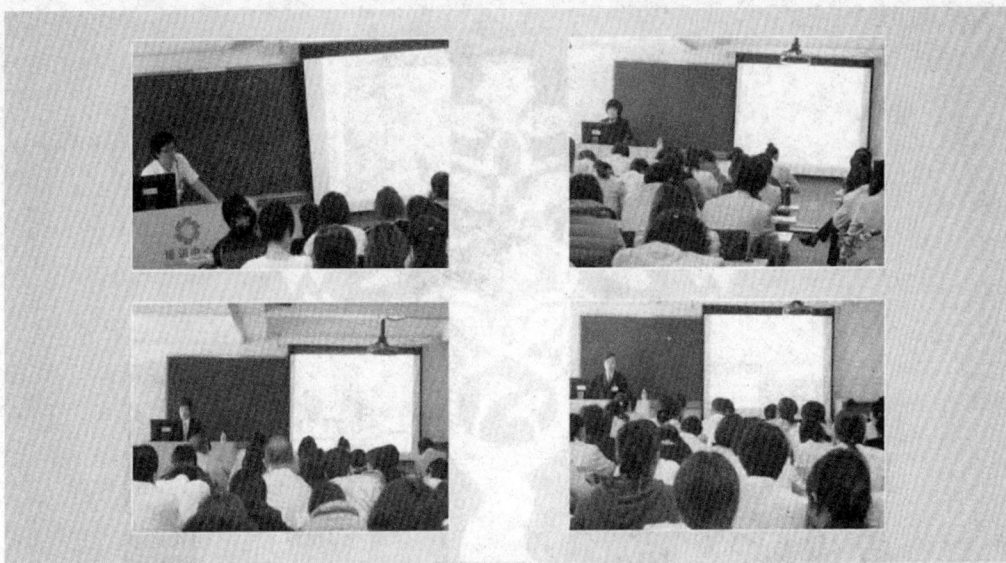

新入店员工——

　　培训中心对新入店员工定期开展"翠微大厦引厂进店员工岗前培训"和"新招聘员工岗前培训"，主要培训课程为企业文化、规章制度、服务规范、质量物价、礼仪常识、购物英语等。

附图 2-8　新员工培训

　　（2）岗位培训。公司组织了 9 批、共 593 人收银岗位全员技能培训，采取理论培训与实操相结合的方式，72 人考核成绩优良。

　　岗位培训人数如附图 2-9 所示。各类岗位培训场景如附图 2-10 所示。

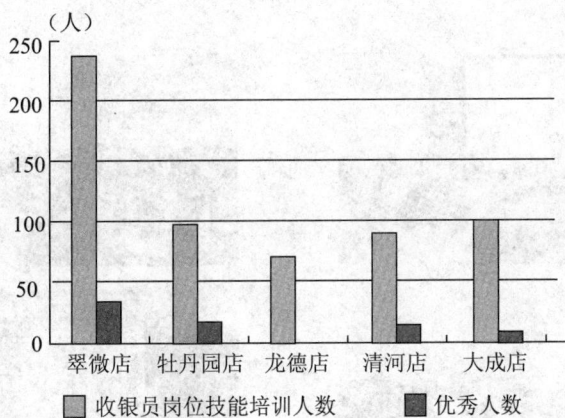

附图 2-9　岗位培训人数

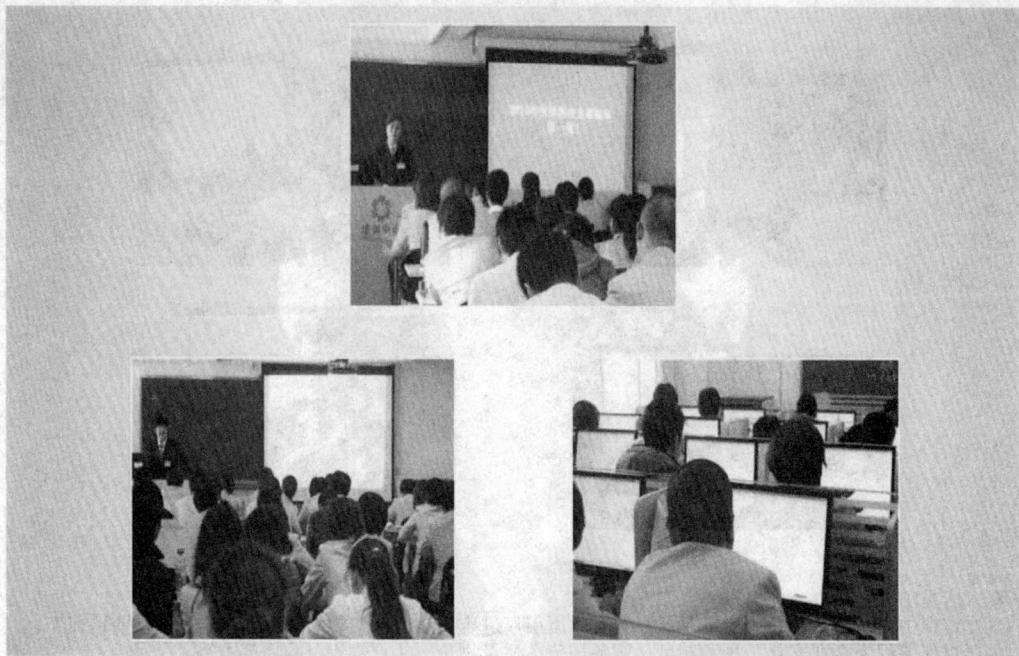

岗位技能培训——

为了普及收银员岗位专业知识，提升收银技能，培训中心组织开展了9批、593名在岗收银员全员培训。

附图 2 - 10　各类岗位培训

（3）管理培训。组织 37 人组成管理研修班，其中经营管理班 13 人，骨干管理班 24 人。组织主管以上专题培训 6 次，640 人次参加。

管理培训如附图 2 - 11 所示。

管理人员培训班——

根据公司发展战略，规模扩张对综合管理骨干人才的需求，组织管理人员培训班，培训班选拔优秀人员，着力培养一批掌握商业行业特点，具备一定科学管理能力和管理风范的复合型的经营管理人才。

附图 2 - 11　管理培训

（4）学历及英语教育。2013年，北京城市学院—翠微商学院2013届本科、专科4个学历教育班共124人圆满完成学习任务（见附图2-12）。

附图2-12　翠微商学院2013届学位授予仪式

英语等级考试中，共19人报名参加学习，3人取得"北京市商业服务业"英语初级合格证书。

英语教育情况如附图2-13所示。

英语考试——
　　公司每年开展"北京市商业服务业英语等级考核"（图为英语笔试、口试现场）。

附图2-13　英语教育情况

（5）职业技能竞赛。公司各部门共980人参加了2013年职业技能竞赛，从中推荐46人参加海淀区赛，并有15人获得了名次。公司共8名选手进入市级决赛，其中5人获得前10名，并被授予"2013年北京市商业服务业服务技能大赛系列活动服饰搭配能手"的称号。

（6）员工职业发展。公司采取专业培训、轮岗、挂职锻炼、岗位竞聘、岗位见习、推荐、自荐等形式，为员工提供多种锻炼晋升平台及畅通的发展渠道。2013年公司组织进行中层以下岗位竞聘，竞聘报名158人，合格49人，为企业管理梯队提供了后备力量。

员工岗位竞聘笔试现场如附图2-14所示。

附图2-14　员工岗位竞聘笔试现场

五、法律责任

公司健全企业法律体系，完善公司主营业务中各环节法律风险防范机制，保障公司合规经营，降低经营风险。公司将合规思想作为企业文化的重要内涵，通过普法教育、合同管理培训、标准化建设，全力打造合规体系，推进合规文化融入公司管理，切实履行法律责任。

1. 合规管理

（1）信息披露。公司制定了《投资者关系管理制度》《特定对象来访接待工作管理制度》《外部信息使用人管理制度》，充分披露公司经营、发展等方面的信息，公平、公开、公正地对待所有投资者。通过电话来访、电子信箱、传真、接待来访等方式与投资者进行沟通和互动交流。

公司2013年第一次临时股东大会如附图2-15所示。

附图 2‑15　公司 2013 年第一次临时股东大会

公司严格执行《信息披露管理制度》《重大信息内部报告制度》《内幕信息知情人登记管理制度》等相关制度，做好信息披露事项的归集、信息的内部传递、审核和披露，坚持真实、准确、及时、完整、公平地披露信息，使公司股东和投资者及时了解、掌握公司经营动态、财务状况及所有重大事项的进展情况，保证所有股东有平等的机会获得信息。

（2）健全守法合规体系。公司建立由内到外的守法合规组织体系，保障合规守法全面落实。结合公司经营发展对合法、合规制度进行全面清理与调整，梳理重点管理环节、完善制度、规范工作流程，强化企业管理。针对内控诊断中查找出的问题项，补充、完善管理制度；开展内控制度的学习、培训；坚持质量体系"工具化""可比较""可测量"的建设方向，强化评价机制，通过了质量管理体系的再认证审核，通过企业的内外评价诊断查找问题点，改进管理。

制定《内部审计管理制度》《内部控管理办法》等规章制度；严把经营，严控流程细节，制定《合同管理办法》《合规风险管理办法》《工程管理办法》《安全生产责任制》《岗位作业指导书》等多项规章制度，完善事前法律防范、事中法律控制和事后法律补救的公司内部法律风险监督流程，有效识别合规风险，主动采取措施，规避风险，使公司的各项经营管理活动合规化。

公司注重对知识产权的守法合规管理。对翠微系列商标进行了注册保护，截至2013 年 11 月公司共有花瓣图形、翠微字样、翠微字样加花瓣图形、翠微百货加字样加花瓣图形、钱华芳、翠微可晶、家人式、翠微集团、惠丰堂共 9 种商标，前述商标总计取得 121 个注册商标证书，覆盖了注册商标 45 大类中的 42 类，基本上实现了对公司商标的较为全面和有效的保护。公司为确保所售商品无冒用认证标志和侵权使用特许标志的行为发生，加强对标有"著名商标""驰名商标"等认证标志商品的检查，有效维护了消费者与生产企业的合法权益。

2. 保障顾客合法权益

公司始终从顾客利益出发，建立了"消费争议快速解决绿色通道"，实行"首问责任制""先行负责制"，并建立了先行赔付基金。在消费争议受理过程中，严格遵循"不出本柜台、不出本商品部、不出本楼层、不出本门店；可修可不修的以修为主、可换可不换的以换为主、可退可不退的以退为主、分不清责任的以我为主"的原则，彻底消除顾客对服务、商品的疑虑，化解顾客后顾之忧，切实维护了广大顾客的合法权益。截至2013年12月公司共受理消费争议568件，处理满意率100%，处理及时率100%。

翠微"家人式服务"源于顾客需求，忠于顾客满意。公司始终遵循"顾客至上"的原则，根据顾客需求，推行"零环节、零距离、零风险、零遗憾的"的服务行动，并在服务管理中建立了六个检查监督系统，即：现场督导检查监督系统；员工自我管理检查监督系统；属地部门级综合自查；公司综合检查监督系统；义务监督员、社会检查监督系统（神秘顾客）；同行业检查监督系统（十大商场暗访、公司五店互访），从而对卖场服务管理工作形成了自我监督、领导监督、社会监督的立体监督网络。

客户信息更改登记表如附图2－16所示。

附图 2－16　客户信息更改登记表

公司客服中心统一按《北京翠微大厦股份有限公司客户信息安全管理规定》相关要求，对顾客的个人信息进行相应处理。对于需要修改的信息，需顾客出示相应证件，填写相关表格确认签字，部门领导审核后方可进行修改，最终对顾客信息统一进行归档保存。

3. 公平交易

公司制定了《商品价格日常检查工作标准》及《商品验收及日常检查工作标准》，统一采用已在海淀区发展改革委员会备案的专用价签（见附图2－17），建立了四级管理网络，严格落实检查标准，确保价签与商品对位做到明码标价，保证价签内容的真实可靠。

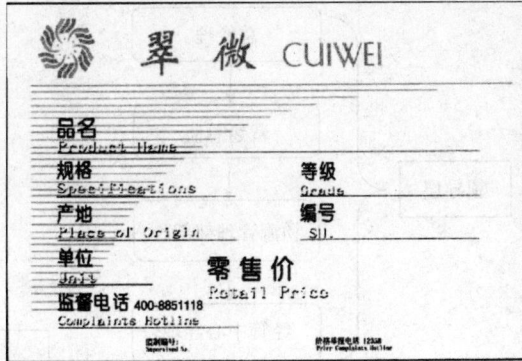

附图2-17 翠微价签

公司建立商品质量管理体系（见附图2-18），对商品质量管理实行三级管理制，即领导层、职能层和执行层（见附图2-19）。在日常检查中实行专管员"三查"制，即每日巡查、每周抽查、每月联合检查。

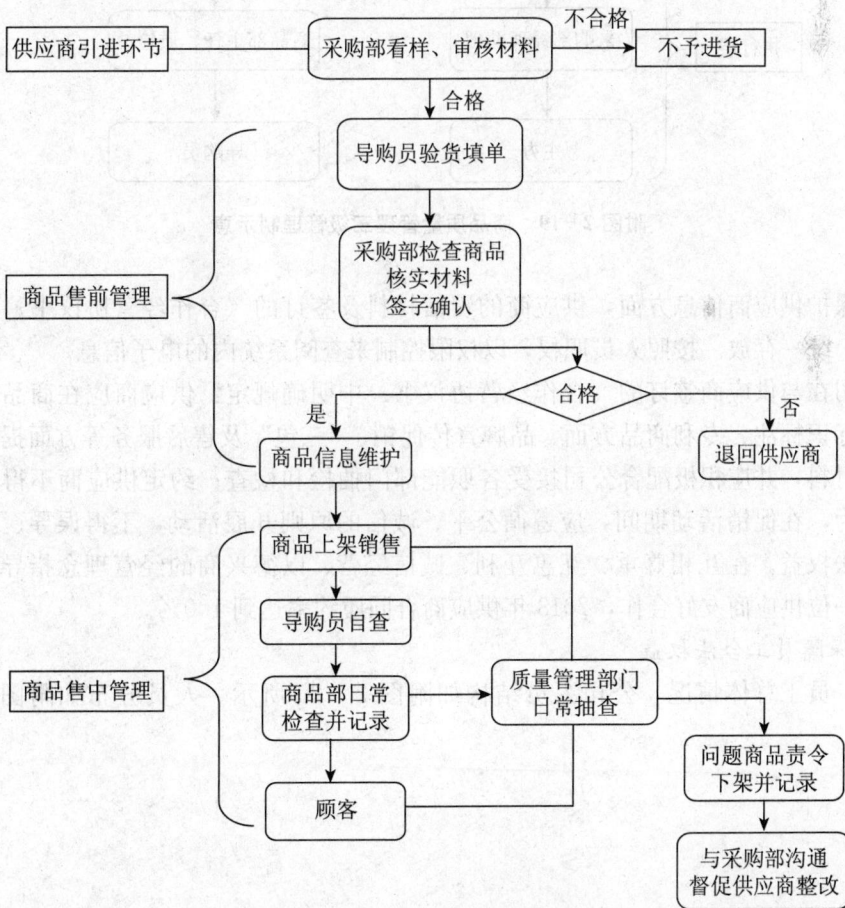

附图2-18 商品质量管理体系

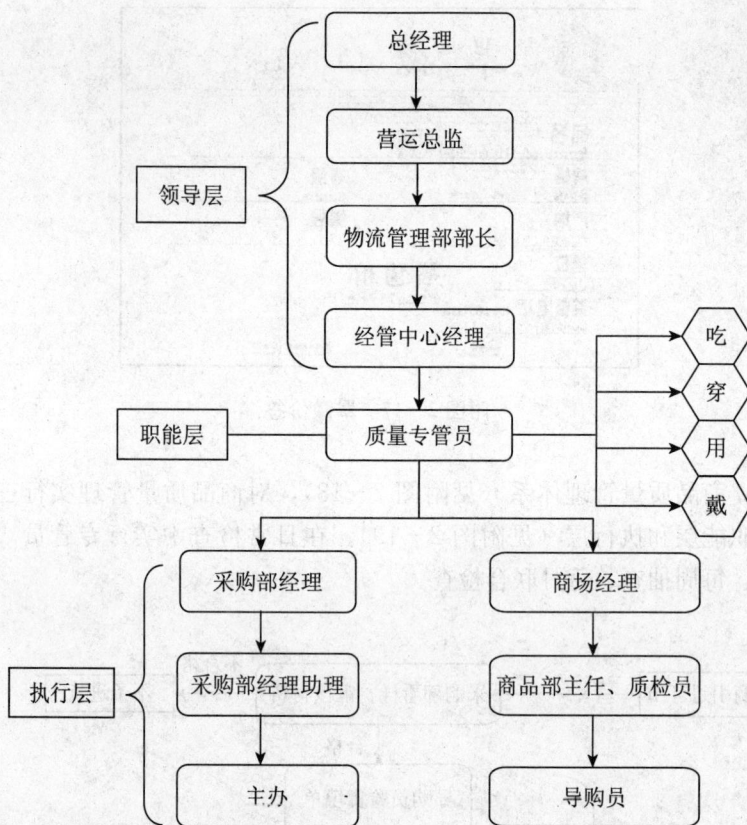

附图 2-19　商品质量管理三级管理制示意

在保护供应商信息方面，供应商的资信材料及签订的《合作经营协议书》按照代码归档、统一存放。按照人员职权，以权限控制来查阅系统内的电子信息。

公司在与供应商签订的《合作经营协议书》中明确规定：供应商应在商品的质量计量、标识标注、专利商品方面、品牌宣传促销、"三包"及售后服务等方面提供合法有效的材料，并应积极配合公司接受各职能部门抽检和检查；约定供应商不得有违规操作行为，在促销活动期间，应遵循公平、诚信的原则开展活动，不得误导、侵害消费者合法权益。在互相尊重、互惠互利、诚信经营、以德兴商的经营理念指导下，公司和每一位供应商友好合作，2013 年供应商合同履约率达到 100%。

4. 保障员工合法权益

（1）员工总体情况。公司人员结构如附图 2-20 所示。人员分布如附图 2-21 所示。

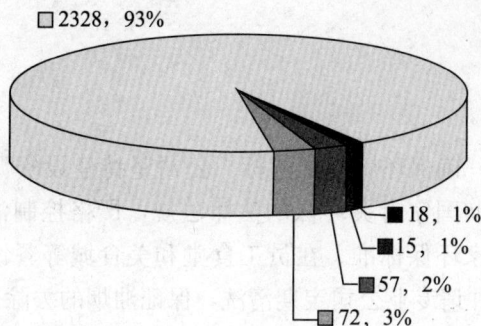

□ 在岗　■ 内退离岗　■ 输出及承包　■ 牡丹集团劳务人员　■ 其他人员（产假、医疗期）

附图 2 – 20　公司人员结构

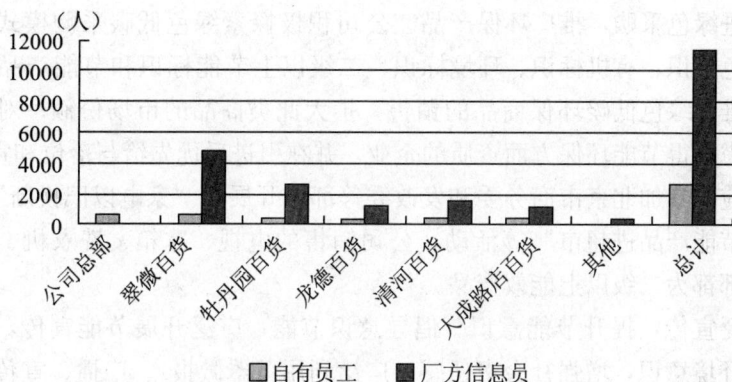

□ 自有员工　■ 厂方信息员

附图 2 – 21　公司人员分布

截至 2013 年 12 月 31 日，公司员工共计 2554 人，劳动合同签订率达 100％。截至同期，品牌专柜导购员共计 10836 人。为解决本市人员的就业问题，公司优先录取本市户籍员工，目前拥有本市户籍的员工 2412 人，本地化雇用率达 97.02％。2013 年公司共接收大学应届毕业生 32 人。

截至 2013 年 12 月 31 日，员工流失率为 8.5％，处于合理范围。公司的核心人才、技术骨干、中高层管理人员的流失率约为 1.7％。

（2）员工薪酬。公司在劳动合同中以条款形式明确规定员工发薪日期，每月按时足额发放员工工资。按照客观评价、效益优先的原则确定分配形式：一线员工重在绩效，管理人员重在责任风险。在经济效益增长的前提下，实现 2013 年员工工资增长达 5.4％。

（3）员工福利。公司严格落实《劳动法》《北京市工资管理规定》等相关法律法规。2013 年公司员工人均带薪休假天数为 8.6 天。为全体员工建立住房公积金，按时、足额缴纳养老保险、失业保险、工伤保险、医疗保险、生育保险等各项社会保险，并根据公司的经济效益及员工实际情况，为员工提供了多项补充保险。

六、环境责任

1. 环境管理

（1）贯彻环保规定，确保环境指标达标。公司坚持建设资源节约型、环境友好型绿色和谐企业，积极贯彻国家有关环保的法律法规，严格控制油烟、污水和垃圾的排放，确保排放物达到国家环保标准。在员工食堂和美食城等餐饮单位的排油烟系统中全部安装了油烟净化器并请专业公司定期清洗，保证油烟的去除效率。排放污水均经环境保护监测站检测，其中污水酸碱度、化学需氧量等指标均达到合格标准。经环保局和卫生局测试，企业的各项环境指标包括温度、湿度、二氧化碳含量、甲醛含量和噪声等均合格。各店生活垃圾每天运往环卫局指定的垃圾处理站，医务室严格按照《医疗废物管理条例》的相关规定，将医用垃圾分类包装，及时送往就近的水利医院进行专业处理。

（2）推进绿色采购，推广环保产品。公司积极探索绿色低碳采购模式，对获得低碳标识、绿色标识、有机标识、环境标识、二级以上节能标识和节能产品认证的商品优先采购，推广绿色低碳环保商品的销售，扩大此类商品的市场份额；对供应商的引进，优先考虑取得节能环保方面资质的企业，并在引进后优先给与落位和宣传。

积极响应、参加北京市商务委和发改委等部门开展的"家电以旧换新""节能家电补贴"和"节能产品进超市"等活动，公司销售的电视、冰箱、洗衣机、空调和热水器等家电全部都为二级以上能效产品。

（3）广泛宣传，提升节能意识。倡导意识节能，广泛开展节能宣传，提高全员的节约意识和环境意识，增强社会责任感。广泛利用《翠微报》、广播、宣传栏和开展质量管理小组活动等多种形式培训和宣传节约资源，开展修旧利废活动，倡导物资的再利用。教育全体员工从"节约一滴水，节约一度电，节约一张纸，节约一粒米"做起，在员工中形成了"人人懂节约，人人会节约、人人去节约"的良好氛围。

节能展板、标语如附图 2-22 所示。

附图 2-22　节能展板、标语

2. 节约能源资源

（1）利用新技术，降低能源消耗。节水方面，设置余水回收桶，公共卫生间全部采用感应式节水器具（见附图2-23）。翠微店自行设计、施工，将废水回收经自建的中水处理装置处理后再次利用，每年回收循环利用水资源超过2万立方米。2013年大成路店完成了中央空调冷却水排水回收引入中水箱的改造。

多项节能措施如附图2-24所示。

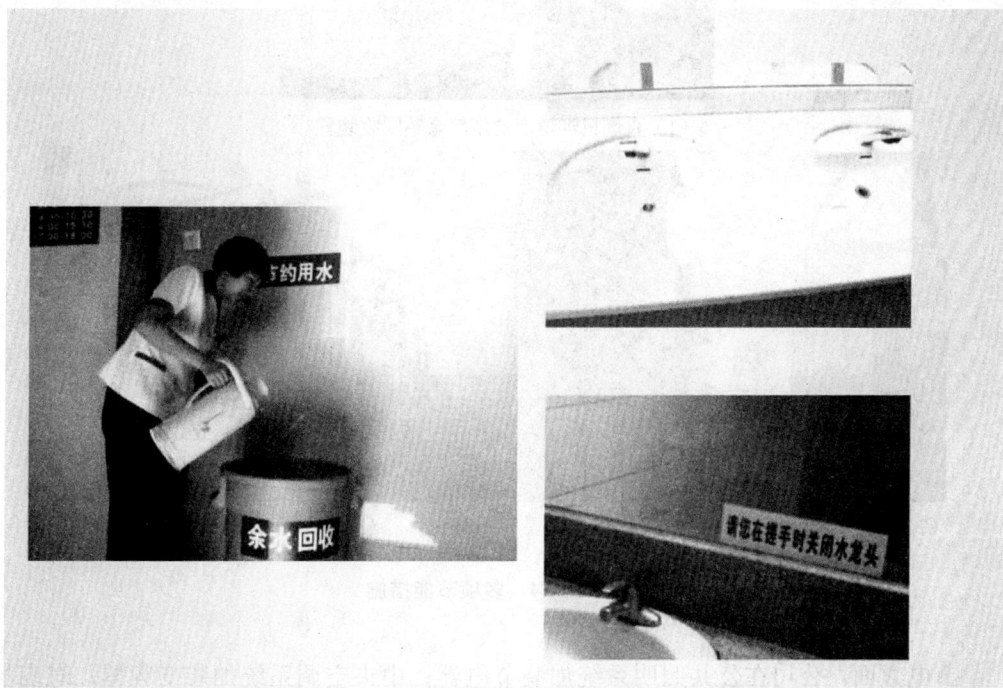

附图2-23　多项节水措施

（1）直燃机烟道上的烟气余热回收装置

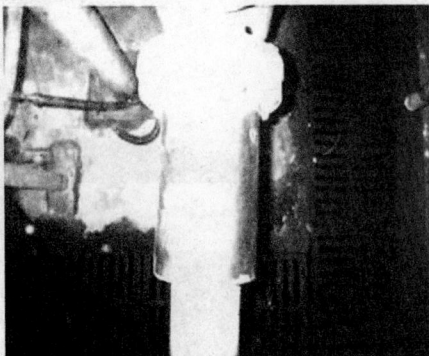
（2）直燃机天然气管道上的磁化节能器装置

（3）冷却塔直接制冷技术

附图 2-24　多项节能措施

节电方面，公司在公共照明系统加装节电器；中央空调系统加装变频器；对商场照明系统实施智能化远程控制改造，将控制开关集中到值班室，采用触摸屏控制照明系统的启闭，每开或关一次灯用时比改造前减少了 40 分钟；根据客流量对商场内外照明和电梯实施分时段逐步开启；选用节能型产品：将原来的 27 台双 45 千瓦的组合式空调机组更新为单 37 千瓦的空调箱；将商场的全部电梯更新为节能电梯；购买离心式冷水机组时选用变频节能型设备。2013 年将翠微店商场公共照明灯具全部更换为 LED 灯，节能率超过了 60%，每年节电近百万千瓦时。

节约天然气方面，生活热水锅炉安装动态热控节能系统，优化燃烧器控制；直燃机烟道加装烟气余热回收装置，直燃机天然气管道加装磁化节能器。

创造性地对翠微店中央空调系统进行改造，在春秋过渡季使用冷却塔直接制冷，在保证商场温度适宜的前提下节约天然气，并将此技术在牡丹园店进行了推广实施。

为使节能减排工作形成长效机制，公司制定了新开门店直接使用节能技术和设备的方针。清河店商场照明使用了 T5 型节能灯；大成路店公共照明全部使用 LED 灯。

公司建立了企业网络办公系统，在文件收发、流转、处理过程中，最大限度地借助电子信息手段实现无纸化办公，坚持做到"尽量减少打印、尽量双面循环、尽量回收废旧纸张"，降低行政办公能耗。坚持精简会议数量，压缩会议流程，严控参会人员；加强大型会议管理，建立视频会议系统，切实降低会议消耗能耗。制定了办公设备管理规定和使用要求，从用电、用水、办公用品、公务招待、电话费和车辆使用等方面推进绿色办公，严控接待、车辆维修、加油等日常支出。

（2）促进绿色物流，降低资源消耗。在物流运输、储存的过程中融入环境保护和可持续发展的观念，选择合理的仓储位置，合理配置配送中心，制订配送计划，提高运输效率以降低货损量和货运量。对运输线路进行优化以减少运输量和燃油消耗，同时选择相对绿色的运输工具以实现降低环境污染、减少资源消耗的目的。

严格执行政府有关限塑的规定。卖场有偿提供可降解塑料袋，公司提供的塑料袋用特殊材料制造，暴露在日光下半年即可自然降解，不会对环境造成污染；公司组织环保相关的宣传活动，向顾客免费发放环保布袋。公司规定所引进、销售的商品包装层数不得多于 3 层，包装空隙率不得大于 60%，初始包装之外的所有包装成本总和不得超过商品售价的 20%。

七、文化伦理责任

公司坚持文化导入管理，理念引导行为，进一步弘扬以"心诚业精、志在非凡"为核心的企业文化，加强诚信商业文化，关怀员工，并组织丰富多彩的文体活动，用多样的平台推进文化建设，使企业文化伦理责任落地。

1. 企业文化建设

公司坚持以人为本，尊重人、理解人、关心人、塑造人。重视员工素质培养，促进员工全面发展，充分调动员工的积极性、主动性和创造性。激发每位员工的发展愿望和动力，实现每位员工的全面发展，最终实现员工、企业和社会的和谐发展。

在公司的发展中不断建设企业文化。在目标上同企业发展战略结合；在理念内涵上同管理机制创新相结合；在过程开展上同企业生产经营相结合。

在学习创新中不断丰富企业文化内涵。在公司的服务文化、管理文化、安全文化建设上与时俱进，通过文化发展，提升企业学习力，推动企业全面发展，塑造翠微品牌。

2. 诚信商业文化建设

公司始终坚持诚信经营、精细管理，通过不断完善管理模式、优化管理机制，增强品牌信誉，建设翠微诚信品牌。

在开发供应商渠道和构建商品品牌上不断探索，合理配置品牌资源，制订品牌引进规划，完善品牌引进机制，严格审核供应商资格，逐级梳理品牌生产经营关系，建立完善的供应商档案，健全品牌经营评价标准，形成有效的调整规律。

通过 ISO 9001 质量管理体系的建立，加强了对企业经营管理环节的有效控制。在所售商品的价格、质量等方面实行专人专责制。通过单品管理、进价核算的信息管理技术应用对所有上架销售商品的相关信息实行统一后台设置，统一管理，统一监控。

通过不断深化延伸"家人式"服务理念，建立良好的服务标准和服务体系，树立诚信服务的品牌意识，打造优秀的服务团队。公司以诚信服务为立足点，将"家人式服务"作为一项系统工程，围绕顾客满意，提出"零环节、零距离、零风险、零遗憾"的四零服务标准。推行"星级"服务管理，将岗位服务标准化，建立了良好的服务体系。

在价格管理上，公司严格遵守国家相关的法律法规和政策规定，为使企业的物价管理有章可循，依据国家相关法规出台了《公司促销行为管理规范》《商品促销活动特殊时期管理办法》《前台商品价格检查规范》等管理标准；建立了由公司主管经理亲自挂帅主抓，采购部经理、行政经理、经管中心四级管理网络组织落实与监控；实行物价专管员负责制，将职责细化，层层落实，从而形成了严密、有效的价格管理体系；通过定期对销售人员进行岗前培训，岗上实操考核，把"价格诚信"真正落实；在日常经营中，商场管理人员和销售人员均能自觉自律价格行为，从而杜绝价格隐患事件的发生；通过计算机管理，规范单品管理流转环节，注重通过计算机网络系统的控制，对商品定价、调价、采价等环节全面监控，实现卖场经营商品价格后台实时监控，确保了商品价格的可信度、真实度。

3. 员工关怀

公司关注员工身心健康，努力为员工提供舒适健康的工作环境，关怀特殊员工，提升企业的凝聚力。

公司每年组织员工体检，邀请专家教授进行健康讲座；为员工提供营养合理、卫生可口的工作餐，并免费提供洗工作服、理发等服务；为全体员工发放生日贺卡、赠送生日礼物；建立了特殊职工档案，党委、工会对于员工特殊群体做到"四必访"，即孤寡病残必访、特困职工必访、劳模先进必访、婚丧嫁娶必访。

公司关怀员工的场景如附图 2－25 所示。

附图 2－25　公司党委书记将爱心捐款送到员工手中

4. 员工文体休闲活动

公司重视开展丰富多彩的员工文体休闲活动，以连续九年开展的职业礼仪系列竞赛活动为载体，通过演讲征文、服务小品、歌舞、知识竞赛等形式，为广大员工搭建展示自我的平台（见附图2-26）。

在2013年公司第九届职业礼仪大赛中，千余名员工参与其中，其中有3位员工代表公司参加了"第七届海淀区商业服务业职业技能服务风采大赛——演讲比赛"，并荣获三等奖；另外共选送12篇作品参加了海淀区征文比赛，其中有2篇作品分获二等奖和三等奖；服务知识竞赛、多语种才艺比赛等活动中，有3个优秀才艺作品代表公司参加了市、区级的服务风采展示。

公司于2013年秋季举行了员工趣味运动会等体育活动（见附图2-27），丰富了员工文体生活，促进员工身心健康，提升了企业的凝聚力。

附图 2-26 职业礼仪系列竞赛活动

附图 2-27 员工趣味运动会

八、社会公益责任

公司作为一个具有高度社会责任感的企业，不仅要让企业内部形成一个整体，更要让企业的光热辐射周边社区，为周边的经济、社会、文化、教育作出有益贡献，积极承担社会公益方面的责任。

1. 爱心工程

2013 年，公司共向社会各界捐款 893750 元。其中，向海淀区慈善协会捐赠"2013 年共产党员爱心捐款"10200 元；向四川雅安地区捐款 260150 元；参加北京市民政局举办的"扶贫月"活动，向新疆、青海、内蒙古、江西等灾区和贫困地区捐款 2 万元；向公司 3 名困难职工捐款 7000 元。

2013 年 4 月，公司还与海淀区苏家坨镇聂各庄村村民委员会签订了"城乡统筹，文明先行"共建协议书，并向对方赠送了价值 6179 元的文化用品；11 月的"翠微购物节"中，公司还向周边学校和贵州省纳雍县的学校进行了捐赠。

2. 支持教育事业

2013 年 11 月的"翠微购物节"中，公司向翠微小学、翠微中学、育英学校等周边学校捐赠教育基金；员工通过"中国扶贫基金会"，向全国贫困县贵州省纳雍县的学校捐赠 2000 多个"静新小书包"，价值 20 余万元，为贫困地区教育事业贡献一份力量（见附图 2 - 28）。

附图 2 - 28　公司员工向周边学校和贫困地区青少年捐赠

3．融入社区

公司始终把服务周边社区作为自己的一份责任：党团员带头成立"贴心服务队"，始终延续"爱心拉手帮扶"的实践活动，"贴心服务队"自组建以来已连续十多年帮助周边社区的特困及需要帮扶的家庭及人群（见附图2－29）。

附图 2－29　"贴心服务队"爱心送万家

公司围绕便民服务的主旨，开展"服务项目进社区"活动：向社区居民提供化妆品、家电产品、服装服饰、电脑等大类商品的选购、使用、保养、维修等方面的咨询；针对不同时期的消费特点，采用课堂内教学、现场演示、主题培训等不同形式，向社区居民讲解消费知识、传播消费信息，引导其树立正确的消费观念（见附图2－30）。

附图 2－30　消费课堂进社区活动

4．关怀特殊人群

公司一直充分考虑残疾人、老年人等特殊群体需求。翠微店率先完成了无障碍坡道、盲道、无障碍专用停车位、专用卫生间、无障碍电梯、低位电话、低位收款台和各种无障碍设施的引导标识等的系统化设置和改造（见附图2－31），翠微店成为北京市首家无障碍示范商场，方便了前来购物的残疾人、老年人、妇女和儿童。公司2013

年投入 2.5 万元，在其他各店开展无障碍设施的改造。

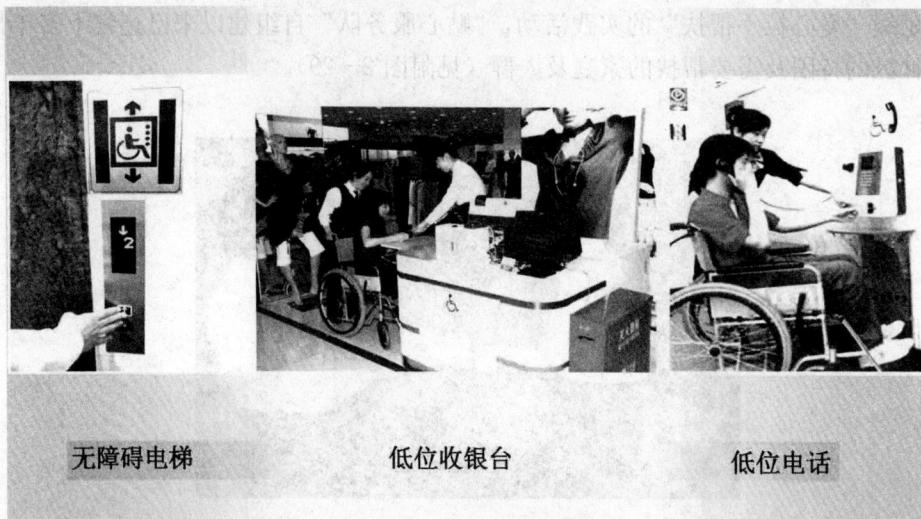

附图 2-31　无障碍设施

　　在基础设施建设之外，公司提供手语服务、无障碍停车服务等（见附图 2-32），方便特殊人群参观购物。

附图 2-32　手语服务、无障碍停车服务

　　公司积极响应国家政策号召，积极吸纳和帮助残疾人就业，目前公司共雇用残疾人 9 人。

九、展望未来

在今后的发展中，公司将在关注经营业绩的同时，一如既往地密切关注包括股东及债权人、顾客、供应商、政府、员工和社区在内的各利益相关方的诉求，将履行社会责任作为企业可持续发展和提升核心竞争力的重要举措，使其与公司发展战略、经营管理和企业文化相融合，努力实现企业发展与企业经济责任、法律责任、环境责任、文化伦理责任及社会公益责任紧密融合，协调统一。

公司将秉承"心诚业精，志在非凡"的企业精神，坚持诚信经营，深化"家人式服务"，不断创新发展，朝着"建设顾客的乐园、员工的家园、投资者的沃园，创造中国一流、国际水平零售服务品牌"这一企业愿景不断前行。

附录 3　翠微大厦股份有限公司 2013 年度企业社会责任报告说明

一、报告范围

报告时间范围：2013 年 1 月 1 日至 12 月 31 日，为年度报告。

报告组织范围：覆盖北京翠微大厦股份有限公司及各分公司。

二、报告编制依据

本报告参照《全球报告倡议组织可持续发展报告指南》（GRI3.1）标准编写，同时符合上海证券交易所《上海证券交易所上市公司环境信息披露指引》及《公司履行社会责任的报告》等相关意见和指引要求。

三、报告数据说明

报告中的财务数据摘自《北京翠微大厦股份有限公司 2013 年年度报告》，该财务报告经德勤会计师事务所独立审计。其他数据来自公司内部系统或人工整理。本报告中所涉及货币种类及金额，如无特殊说明，均以人民币为计量单位。

四、报告保证方式

本报告披露的所有内容和数据已经北京翠微大厦股份有限公司董事会审议通过。

五、报告发布形式

本报告在上海证券交易所网站（www. sse. com. cn）上公开发布，或在本公司网站（www. cwjt. com）查阅。

意见反馈表（附录 4）可按照以下联系方式以电子邮件或信件方式反馈给我们。

六、联系方式

北京翠微大厦股份有限公司总经理办公室

地址：北京市海淀区复兴路 33 号

邮编：100036

联系电话：86 - 10 - 68210092

传真：86 - 10 - 68167760

邮箱：cwzjb@sina. cn

附录4 翠微大厦股份有限公司 2013 年度企业社会责任报告意见反馈表

感谢您阅读《北京翠微股份有限公司 2013 年社会责任报告》，这是我们发布的首次规范化社会责任报告，为了更好地提高报告质量，持续改进，我们真诚地期待您的宝贵意见。请您协助完成意见反馈表中的相关问题并提交，感谢您对我们工作的支持！

1. 您对本报告的评价是____

  □很好　　□较好　　□一般　　□较差

2. 您认为本报告准确地反映了公司在社会责任方面的工作现状____

  □很好　　□较好　　□一般　　□较差

3. 您认为本报告中所披露的信息数据清晰、准确、完整____

  □很好　　□较好　　□一般　　□较差

4. 您认为本报告的可读行（版式、内容安排）如何？

  □很好　　□较好　　□一般　　□较差

5. 您认为本报告中还有哪些您需要了解的信息未被反映？

_____

6. 您对我们今后的社会责任工作及社会责任报告发布有何宝贵意见及建议？

_____